初めて学ぶ

福祉住環境 第三版

Theory on Housing Adaptation and Assistive Products

長澤　泰　監修

水村容子・浅沼由紀・井上剛伸・
定行まり子・橋本彼路子・吉川和徳

市ケ谷出版社

第三版の監修にあたって

　科学工学の技術が長足の進歩を遂げ，経済大国の一翼を担っている日本は，これまでこの面で，世界の関心を集めて来ました。しかし，最近は，日本が高齢化率27％を超えた「超高齢社会」，かつ「人口減少社会」でもあることから，それに伴って発生する生産・介護人口の減少など，さまざまな課題に，どのようにわが国が対処していくかが注目の的となっています。

　本書の初版は，当時創設された「福祉住環境コーディネーター」の関連の教育機関用教科書として，平成16（2004）年に刊行されました。初版発行の背景・経緯については，その後，社会的情勢の変化を反映させて，平成20年（2008年）「新版 福祉住環境」が発刊されました。大野隆司前監修者の「はじめに」に詳しく示されています。

　この第三版では，日本社会の現状とこの問題に関する世界的な方向性を踏まえて，大規模な改編を実施しました。まず，第一部（概論編），第二部（実践編），第三部（事例編）に分けました。また，本書は，固定的な読者を想定しているわけではなく，建築・住居関係，介護・福祉関係，そして運営・経営関係など，幅広い分野の方々にとっても，直面した問題に関連して部分的な読み方ができるのではないかと思います。本書の主旨については，水村容子執筆代表の「第三版発行にあたって」に記されています。

　内閣府が提唱する「第5期科学技術基本計画」に謳われている狩猟社会（Society 1.0），農耕社会（Society 2.0），工業社会（Society 3.0），情報社会（Society 4.0）に続く新たな超スマート社会（Society 5.0）において，我が国が目指すべき未来社会への志向が本書の根底にあります。また，世界中でプロジェクトが進められているIoT（Internet of Things）先端技術を用いて，基礎インフラと生活インフラ・サービスを効率的に管理・運営し，環境に配慮しながら，人々の生活の質を高め，継続的な経済発展を目的とした新しい都市，スマートシティ（Smart city）の構想にも関連付けて読んでいただきたいと思います。

　そして，急激な高齢化，特に後期高齢者や認知症高齢者の増加に対して対応を迫られている日本社会が，直近の目標として目指している「地域包括ケアシステム」の構築に関連して，高齢者だけでなく異なる世代や身体的能力が異なる誰もが快適で豊かな生活を営む，言い換えれば「共生社会」の実現，また医療・介護施設だけではなく，これらを含めて長年住み慣れた地域にあって安心して住み続けられる住宅や社会システムを作り上げるために，本書が一助となれば幸いです。

　2018年9月　　　　　　　　　　　　　　　　　　　　　　監修者　　長澤　泰

第三版発行にあたって

　本書の初版は，平成16（2004）年に刊行されました。日本の高齢化率が約20％に達した2005年の前年でした。当時すでに社会の要請に応えるため「福祉住環境コーディネーター」の資格は創設されており，本書は，その検定試験対応のみならず，建築・福祉を学ぶ学生が「福祉住環境」に関する基本的な考え方・知識を習得することを目的として，執筆・編修されました。

　その後，日本の高齢化はより一層進み，少子化現象とも相まって深刻な人口減少が進んでいます。また，人口動態の急激な変化に留まらず，私達の暮らす社会には様々な問題が噴出しています。都市と地方の格差の増大，空き家の急増，東日本大震災後の住宅再建の遅れ，公共インフラの維持困難な状況など，人口の高齢化に深刻な影響を及ぼす課題が山積みしています。こうした課題をどのように乗り越えて次の時代・世代に日本社会を繋げていくのか，私達の社会は大きな節目に直面しています。

　世界保健機構（WHO）の定義によると，総人口に対する高齢者の占める割合が21％を超えた社会を「超高齢社会」と呼びます。すでに高齢化率が27％を超えている日本社会は，世界で最も高齢者の多い社会，すなわち人類が経験したことのない「超高齢社会」に突入しており，欧米諸国に限らず世界中が私達の試みに注目しています。

　一方，高齢者ケアに関する世界的な動向を俯瞰すると，先陣を切っている我が国と同様な方向性が見えてきます。その方向性とは大きく2つあり，1つ目は75歳以上の後期高齢者や認知症を持つ高齢者の増加およびその対応に重点が置かれること。そして，2つ目は施設ではなく長年住み慣れた地域や住宅においてケアを受ける社会システム構築が目指されていること，になります。

　ヨーロッパでは，戦後，近隣住区理論にもとづく住宅地計画が行われたため，住まいの立地と医療・福祉サービス供給ネットワークがうまく連携した街づくりが成されてきました。それと同時に，早くから高齢者や障害者が自立して暮らすことのできる住宅が数多く供給されました。

　一方，急激な高齢化により対応を迫られた日本社会は，2025年を目処に「地域包括ケアシステム」の構築が急がれています。詳細な内容は本文に記載しましたが，「地域包括ケアシステム」の構築には住宅は必要不可欠な要素であり，これまで以上に高齢者が安心に住み続けることのできる住宅の重要性が謳われています。そのような「安心して住み続けられる住宅」の実現手法が「福祉住環境」整備であり，第三版の刊行にあたっては，最新の社会情勢や考え方を解説するため執筆者を再考し，新たに内容を修正・加筆しました。

　本書で学ばれた皆さんが，これからの社会構築の担い手となり，困難を克服し素晴らしい社会を創り出すことを祈念し，刊行の言葉とさせていただきます。

　　2018年9月10日　　　　　　　　　　　　　　　　　　　　編修主査　水村　容子

は じ め に（初版発行時の監修者のことば）

　"福祉住環境" という言葉・概念がいつごろからのものなのか詳しくはわからないが，「福祉住環境コーディネーター」という資格が，その普及と密接な関係があることは確かである。類似のものに "バリアフリー"，"ユニバーサルデザイン" などがあるが，要素・対象の広さを示す一方で，きめ細かさもイメージさせうる，大変優れたネーミングであると常々思っている。

　時代の要求もあって "福祉住環境" の内容をカリキュラムとして用意する，あるいは準備しつつある大学・短大・専門学校は多いようであるが，受験参考書はともかく，適当な教科書がないことから，本書が企画されたようである。

　編修の手がかりに関連分野の文献や受験参考書を買い集め，周りの識者にいろいろ相談した。その結果，住環境ということで身の回りの用具から住宅そのものまでが対象であり，福祉ということから当事者や家族・関係者，そしてその生活全般までが対象という，極めて多様で幅広い分野が関係しているということがわかった。一方，教科書の利用者としては，住居が専門で福祉を勉強する人，医療が専門で主に住居を勉強する人，福祉が専門で住居や医療を勉強する人，その他諸々で，やはり多様で幅広いことが予想できる。

　編修の過程において，我々は高齢者や障害者の存在，そのあり方について議論を重ねた。その中で，「障害者」という表見は我々と同じ生活者であるこれらの人々を「障害を持っている」という特徴のみに着目し分類しているものであり，望ましい表現ではないという議論があった。討議を重ねた結果，筆者間で，「福祉住環境」とは本来広く個々人の生活状況，価値観，心身状態に応じた住環境を整備するものであるとのコンセンサスを得た。本書においては，障害者を「障害を持つ人」と表現することも検討したが，文章表現上，便宜的に「障害者」という語を使用するという結論に至った。我々のこうしたスタンスも，本書の読者・利用者にはご理解いただきたいと思う。

　成長分野に関わる知識は日進月歩であり，先端的なものはすぐに古くなる。また，関係する施策や社会の変化も著しい。結局，本書では基礎的な知識・考え方に限定して解説することとし，それらを総合的に応用した，処方・実践事例は最小限にとどめている。

　本書の構成は以下の通り，極めて単純・明快である。

　第1章：福祉住環境の背景とその現状・問題点について概説する。

　第2章：当事者とその症状について解説し，家族・関係者を含めた考え方を示す。

　第3章：処方の要素の一つである福祉用具について，その種類と概要を示す。

　第4章：処方の要素の一つである福祉に配慮した住宅について記述する。

　第5章：以上を総合し，応用した結果である "福祉住環境" の処方・実践事例を示す。

　"福祉住環境" はまさに境界領域で，しかもその境界は多様，かつ複雑にまたがっている。構成・内容について，受験参考書の影響を受けたことは否定しないが，学としての "福祉住環境" を考え，その基礎について典型を示していると自負している。

著者はそれぞれの分野の専門家にお願いし，これまでにない教科書を出版しようという関係者の熱意のもと，様々な工夫と調整を試みた。「新しき酒を古き革袋に入れる」の愚をおそれ，著者の多くは新進気鋭の方々だが，それぞれの分野で実績があることは衆目の認めるところである。記述内容に不足・偏りなどあるとすれば，編修過程でのいわゆる詰めが甘いということであり，教科書として安心して使っていただけるよう，さらに研鑽を積みたいと思っている。本書が，将来の実践の場において，適切な処方を見いだすベースの一つとなれば幸いである。

　　　平成16年6月　　　　　　　　　　　　　　　　　　　　　監修　大野隆司

市ヶ谷出版社版　**福祉住環境（第三版）**

目　　次

第1部　概論編

第1章　福祉住環境を取り巻く社会状況————1

1・1　人口構造・家族構成の変化と超高齢化————2
　　1．人口構造の変化と超高齢化————2
　　2．家族構成の変化————4
1・2　コミュニティの変容と格差の進行————5
1・3　日本の住まいの問題点————7
　　1．段　差————7
　　2．幅　員————8
　　3．床面積————8
　　4．水まわり————8
　　5．起居様式————8
　　6．室内気候————8
1・4　高齢者の家庭内事故————9
1・5　障害者の住まいと生活————10
1・6　福祉住環境整備の意義————12

第2章　福祉住環境に関連する理論や考え方————13

2・1　福祉や介護に関する考え方————14
　　1．ノーマライゼーション————14
　　2．地域包括ケアシステム————15
2・2　住環境デザインに関する考え方————17
　　1．バリアフリーデザイン————17
　　2．ユニバーサルデザイン————17
2・3　人の心身機能や生活に関する考え方————19
　　1．医学モデルと社会モデル————19

　　2．リハビリテーション————19
　　3．国際生活機能分類（ICF）————20

第3章　福祉住環境に関する諸制度————22

3・1　福祉や介護に関する法制度————23
　　1．介護保険制度————23
　　2．障害者総合支援法————25
3・2　住環境に関する法制度————27
　　1．高齢者への住宅供給に関する法制度————27
　　2．高齢者住宅に関する法制度————28
　　3．障害者への住宅供給に関する法制度————29
　　4．住宅のバリアフリー化や福祉住環境整備に関する法制度————31

第4章　生活機能と基本動作の理解————32

4・1　基本動作と生活機能————33
4・2　重心と重心線と支持基底面————35
4・3　姿勢と動作の理解————37
　　1．寝返り動作————37
　　2．起き上がり／横になる動作————37
　　3．座位保持————37
　　4．立ち上がり／着座動作————40
　　5．立位保持————41
　　6．移乗動作————41
　　7．移動動作————42
4・4　生活行為と基本動作————45
　　1．生活行為の分節化と基本的動作————45

4・5　多職種協働による福祉住環境整備　——50

第2部　実践編

第5章　福祉住環境整備の考え方——53

5・1　福祉住環境整備の目標と効果——54
　　1．福祉住環境整備の目標——54
　　2．福祉住環境整備の効果——54

5・2　個人・環境要因とニーズの整理——56
　　1．福祉住環境整備と障害の捉え方—56
　　2．ニーズの整備——56

5・3　生活改善目標と整備方針——57
　　1．ニーズを踏まえた計画——57
　　2．高齢者の能力と環境圧力の関係—57
　　3．将来変化への対応——58

5・4　整備の視点と手法——59
　　1．整備の規模——59
　　2．福祉用具と住宅改造（建築的対応）
　　の関係——60

第6章　福祉用具の活用——62

6・1　福祉用具とは——63
　　1．福祉用具とは——63
　　2．福祉用具の分類——63

6・2　福祉用具の選択——65
　　1．福祉用具選択のポイント——65
　　2．自立支援と介護支援——66
　　3．福祉用具選択の流れ——66

6・3　生活行為からみた福祉用具——68
　　1．寝る　就寝——68
　　2．整える　整容・更衣——73
　　3．排泄する——74
　　4．入浴する——76
　　5．移動する　移乗——78

　　6．移動する　水平移動（歩行）——85
　　7．移動する　水平移動（車椅子）——88
　　8．移動する　垂直移動——98
　　9．義肢・装具——100
　　10．認知症者に役立つ用具——102

第7章　福祉住環境整備の基本技術-103

7・1　福祉住環境整備に関する技術基準-104
　　1．住生活基本計画における高齢者
　　向け住宅のバリアフリー化——104
　　2．バリアフリー化のための
　　設計指針——104
　　3．住宅性能表示制度における
　　「高齢者等配慮対策等級」——104

7・2　段差の解消——105
　　1．屋外の段差解消——105
　　2．屋内の段差解消——107

7・3　手すりの取付け——108
　　1．使用方法と手すりの種類——108
　　2．手すりの形状——108
　　3．取付け位置——109
　　4．手すり取付け方法と下地補強——110

7・4　動作空間に対するスペースへの
　　配慮——111
　　1．車椅子使用時に必要なスペース-111
　　2．介助に必要なスペース——112
　　3．必要なスペースを確保する方法-113

7・5　建具——114
　　1．建具の種類——114
　　2．建具幅と有効幅員——114
　　3．建具の取付位置と開閉方向——114

4．把手の形状————115

7・6　床・壁などの仕上げ材————116
1．床————116
2．壁————116
3．幅　木————117

7・7　家具，色彩計画————118
1．家　具————118
2．色彩計画————118

7・8　室内環境と設備————120
1．温熱感覚と冷暖房設備————120
2．空気環境と換気設備————121
3．視覚機能と採光・照明設備————121
4．音環境————122

7・9　住宅設備機器————124
1．衛生機器————124
2．水栓金具————125
3．スイッチ・コンセント————125

7・10　非常時対応と緊急通報装置————127
1．緊急通報装置の種類————127
2．通報する方法————127

資料：高齢者等配慮対策等級
（専用部分）————128

第8章　生活行為別に見た空間整備手法————130

8・1　空間整備の考え方————131
1．生活の拠点となる住宅の
空間整備————131
2．平面計画の考え方————131

8・2　寝る（就寝）————133
1．寝室と他室や屋外とのつながり-133
2．就寝形態と寝室の様式・
スペース————133
3．プライベート空間としての
スペース————134
4．快適な睡眠ができる環境の確保-134

8・3　整える（整容・更衣）————135
1．サニタリー————135
2．洗面・脱衣室————135
3．トイレや浴室とのつながり————135
4．使いやすい洗面台————136
5．水を使用する空間への配慮————136

8・4　排泄する————137
1．共通事項————137
2．使用しやすいトイレの配置————138
3．動作や介助をしやすいトイレ
スペース————138
4．一連の動作が安定すること————139

8・5　入浴する————140
1．共通事項————140
2．浴室への移動がスムーズで
あること————141
3．介助しやすいスペース————141

8・6　移動する（つなぐ・屋内移動）
行為をつないで日常生活をつくる—142
1．廊下—水平移動————142
2．階段—垂直移動————143

8・7　食べる（食事），くつろぐ（団らん）
————145
1．食　事————145
2．団らん————145

8・8　家事をする（調理・洗濯・掃除）—147
1．調　理————147
2．洗　濯————150
3．掃　除————150

8・9　仕事をする————151

8・10　外出する　屋外に出る　屋外移動
————152
1．玄　関————152
2．アプローチ————153
3．庭・バルコニー————153

第3部　事例編

第9章　障害に配慮して計画された住まい————155

事例1・1　生活の再構築と生活圏の拡大–156

事例1・2　生活の再構築————160

事例1・3　適切な手すりの設置により生活範囲が広がる————164

事例1・4　屋内外昇降リフトにより介護生活を満喫————166

事例1・5　屋内での車椅子移動を可能に–168

事例1・6　水まわりの改修で加齢による日常の不自由を解消————170

事例1・7　段差解消により車椅子生活を満喫————174

第10章　計画時からバリアフリーとした住まい————178

事例2・1　老後を見据えて————179

事例2・2　将来への備えが役立つ————182

事例2・3　将来を考えた建て替え————185

第11章　ライフステージに配慮した住まい————189

事例3・1　将来を見据えた二世帯隣居の住宅————190

事例3・2　ライフステージに配慮した新築事例————194

参考文献————197

索引————200

第1部　概論編

第1章
福祉住環境を取り巻く社会状況

執筆担当：水村　容子

1・1　人口構造・家族構成の変化と超高齢化 …………2

1・2　コミュニティの変容と格差の進行 ……………5

1・3　日本の住まいの問題点 ……………………7

1・4　高齢者の家庭内事故 ……………………9

1・5　障害者の住まいと生活 …………………10

1・6　福祉住環境整備の意義 …………………12

2　第1章　福祉住環境を取り巻く社会状況

1・1

人口構造・家族構成の変化と超高齢化

1．人口構造の変化と超高齢化

　超高齢社会と称されるわが国は，どのような人口構造を示しているのであろうか。

　表1・1にその状況を示したが，総人口は平成26（2014）年10月1日時点で1億2,708万人であり，平成23（2011）年から4年連続で減少している。一方，65歳以上の高齢者人口は過去最高の3,300万人（前年3,190万人）となり，総人口に占める割合，高齢化率も26.0％（前年25.1％）と過去最高となった。

　65歳以上の高齢者の人口は，男性は1,423万人，女性は1,877万人であり，男性対女性の比率は約3対4となっている。また，高齢者人口のうち，**前期高齢者**と称される「65～74歳人口」は1,708万人で，総人口に占める割合は13.4％であるのに対し，**後期高齢者**と称される「75歳以上人口」は1,592万人で，総人口に占める割合は12.5％となっている。平成26（2014）年までの3年間は，昭和22（1947）～24（1949）年に第1次ベビー・ブーム世代として生まれた，「団塊の世代」が65歳に達してきたため，特に前期高齢者の人口増加が顕著であった。

　一般に，高齢化率が7％を超えた社会を「高齢化社会」，14％を超えた社会を「高齢社会」，21％を超えた社会を「**超高齢社会**」と表現している。「高齢化社会」は，1956（昭和31）年の国連報告書において用いられた定義であり，その後，上記の考え方が一般的に普及してきた。日本は世界各国に先駆けて「超高齢社会」に突入し，その対応が危急の課題となっている。

表1・1　高齢化の現状

単位：万人（人口），％（構成比）

		平成26年10月1日			平成25年10月1日		
		総数	男	女	総数	男	女
人口 （万人）	総人口	12,705	6,100 （性比）94.7	6,528	12,730	6,191 （性比）94.7	6,539
	高齢者人口（65歳以上）	3,300	1,423 （性比）75.8	1,877	3,190	1,370 （性比）75.3	1,820
	65～74歳人口	1,708	810 （性比）90.2	890	1,630	772 （性比）90.0	858
	75歳以上人口	1,592	612 （性比）62.5	979	1,550	598 （性比）62.2	962
	生産年齢人口（15～64歳）	7,785	3,925 （性比）101.7	3,859	7,901	3,981 （性比）101.6	3,920
	年少人口（0～14歳）	1,623	832 （性比）105.1	792	1,639	840 （性比）105.0	800
構成比	総人口	100.0	100.0	100.0	100.0	100.0	100.0
	高齢者人口（高齢化率）	26.0	23.0	28.8	25.1	22.1	27.8
	65～74歳人口	13.4	13.1	13.8	12.8	12.5	13.1
	75歳以上人口	12.5	9.9	15.0	12.3	9.7	14.7
	生涯年齢人口	61.3	63.5	59.1	62.1	64.3	59.9
	年少人口	12.8	13.5	12.1	12.9	13.6	12.2

資料：総務省「人口統計」（各年10月1日現在）
（注）「性比」は，女性人口100人に対する男性人口

1・1 人口構造・家族構成の変化と超高齢化　3

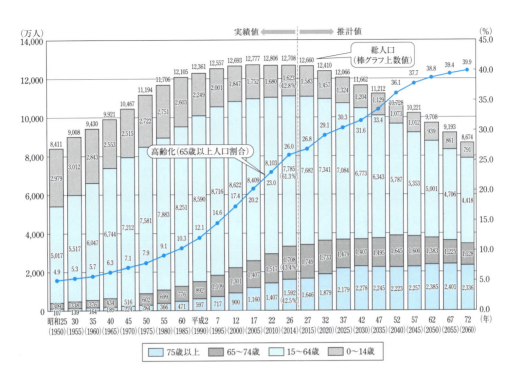

資料：2010年までは総務省「国勢調査」，2014年は総務省「人口推計」（平成26年10月1日現在），2015年以降は国立社会保障・人口問題研究所「日本の将来推計人口（平成24年1月推計）」の出生中位・死亡中位仮定による推計結果
（注）1950年〜2010年の総数は年齢不詳を含む。高齢化率の算出には分母から年齢不詳を除いている。

図1・1　高齢化の推移と将来推計

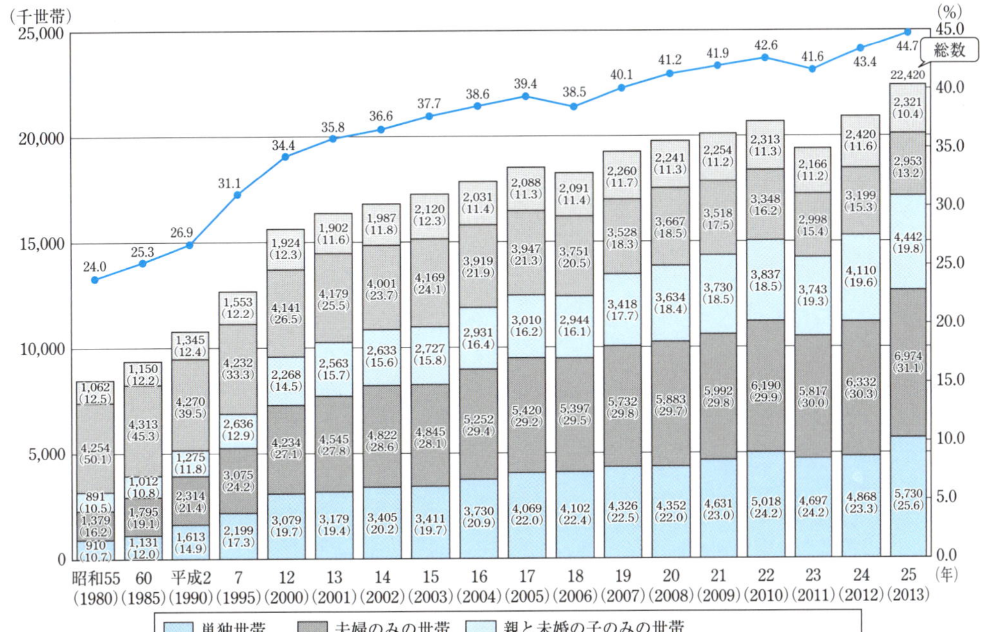

資料：昭和60年以前は厚生省「厚生行政基礎調査」，昭和61年以降は厚生労働省「国民生活基礎調査」
（注1）平成7年の数値は兵庫県を除いたもの，平成23年の数値は岩手県，宮城県及び福島県を除いたもの，平成24年の数値は福島県を除いたものである。
（注2）（　）内の数字は，65歳以上の者のいる世帯総数に占める割合（％）
（注3）四捨五入のため合計は必ずしも一致しない。

図1・2　65歳以上の者のいる世帯数及び構成割合（世帯構造別）と全世帯に占める65歳以上の者がいる世帯の割合

4 第1章 福祉住環境を取り巻く社会状況

　図1・1に，日本のこれまでの高齢化の推移と将来推計を示す。今後平成72（2060）年までに，高齢化率は40%近くまで達することが推計されている。前期高齢者と後期高齢者の割合をみると，今後は後期高齢者の占める割合が前期高齢者を上回ることが予想されている。また，人口減少社会に突入しているわが国は，このような高齢化の進行にあわせて，15〜64歳の生産年齢人口が減少していく。昭和25（1950）年には1人の高齢者に対して12.1人の現役世代（15〜64歳の者）がいたのに対して，平成27（2015）年には高齢者1人に対して現役世代2.3人になっている。今後の人口減と高齢化率の上昇に伴い，平成72（2060）年には1人の高齢者に対して1.3人の現役世代という比率になる。

2. 家族構成の変化

　高齢化の進行とともに，高齢者をめぐる家族の状況も変化を遂げている。図1・2は，高齢者世帯の家族構成について示したものである。平成25（2013）年時点において，高齢者のいる世帯数は2,242万世帯であり，全世帯（5,011万）の44.7%を占めている。家族構成，すなわち世帯構造別の構成割合は，三世代世帯は減少しているのに対し，親と未婚の子のみの世帯，**夫婦のみの世帯**，**単独世帯**は増加傾向にある。特に，平成25（2013）年においては，夫婦のみの世帯が最も多く全体の3割を占めており，単独世帯と合わせると6割近くを占めている。

1・2 コミュニティの変容と格差の進行

　高齢期の生活を安心して送るためには，良好な人間関係や安定した経済状況が必要不可欠な要素である。日本にはかつて，「向こう三軒両隣」という言葉に示されるような，地域社会における**互助・共助**といった強い結びつきが存在した。しかしながら，戦後の都市化を背景に，地域の結びつきは希薄化の一途を辿ったと言われている。内閣府が平成26（2014）年度に実施した「一人暮らし高齢者の意識に関する調査」において，「ちょっとした用事を頼む人」や「一緒にいてほっとする人」に関する問いがあった。その結果は，図1・3，図1・4に示した通りである。「用事を頼む人」に関しては，子供の有無に関わらず，男性の半数が「頼りたいと思わない」と答え，さらには「あてはまる人がいない」という回答の割合も高かった。具体的な人をあげた場合も，そのほとんどが血縁者であり，「近所の人」は3％強の割合であった。一方，女性は誰かしら該当者をあげている者の割合が高いが，「近所の人」に関しては，子供のいる女性で2.1％，子供なしの女性で5.6％であった。「一緒にいてほっとする人」に関しては，男女・子供の有無に関わらず，1％以下という割合である。すなわち，現在の高齢者にとって，近隣の人とのつきあいやコミュニティはほとんど機能せず，血縁者を除くと地域に頼れる相手がいないことが伺える。

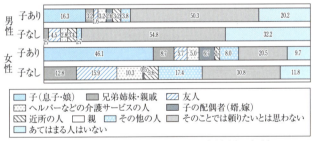

資料：内閣府「一人暮らし高齢者の意識に関する調査」（平成26年度）
(注) 対象は65歳以上の一人暮らしの男女

図1・3　ちょっとした用事を頼む人

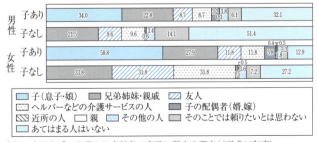

資料：内閣府「一人暮らし高齢者の意識に関する調査」（平成26年度）
(注) 対象は65歳以上の一人暮らしの男女

図1・4　一緒にいてほっとする人

高齢者の暮らし向きに関して、平成23（2011）年に実施された内閣府の「高齢者の経済生活に関する意識調査」の結果を図1・5に示す。年代によって若干のばらつきはあるが、60～70歳代においては7割近くの人が、80歳以上においては8割の人が「心配なく暮らしている」と回答している。しかしながら、このデータは、各年代2～3割の高齢者が経済的に困窮しているということを示している。日本には生活に困窮した者を対象とする生活保護という制度があるが、生活保護受給者（被保護人員ともいう）の変移を示したものが図1・6である。平成25（2013）年における65歳以上の生活保護受給者は88万人であり、過去10年間増加傾向である。また、65歳以上人口に占める生活保護受給者の割合（保護率）は2.76％であり、全人口に占める割合1.67％よりも高くなっている。他の年代と比較すると高齢期に経済的困窮に陥りやすい状況がある。

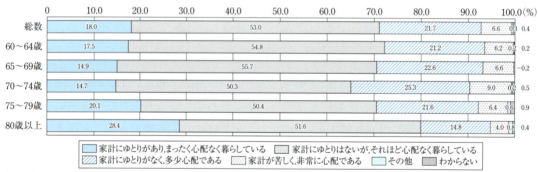

図1・5　高齢者の暮らし向き

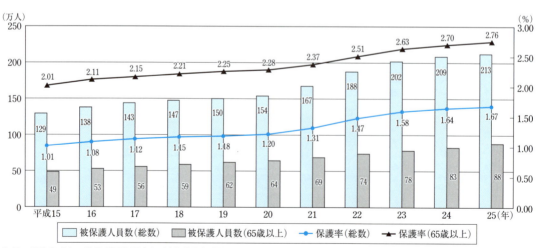

図1・6　被保護人員の変移

1・3
日本の住まいの問題点

　人の心身機能は，一般的には加齢に伴い低下し，虚弱化さらには要介護化へと進む。そのような時に望む生活の場について示したものが図1・7である。日本のデータは平成12（2000）年，平成17（2005）年，そして日本を含めた各国のデータは平成22（2010）年のものであるが，いずれも改築の有無に関わらず「自宅に留まりたい」という希望が大半を占めている。さらに，「最期を迎えたい場所」について図1・8に示しているが，半数以上が「自宅」を希望している。しかし，日本の住まいや住環境は，こうした虚弱期，要介護期の高齢者の生活を受け止める上で，以下のような問題点が存在する。

1. 段差
　現在の高齢者が暮らす住宅の多くは，一戸建ての住宅であり，伝統的な木構造で造られているが，床面に多くの**段差**があり，こうし

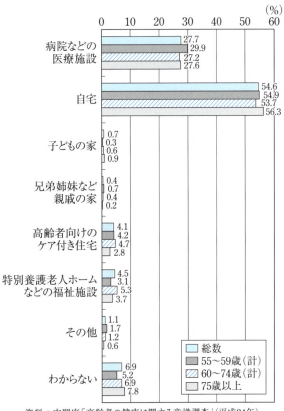

資料：内閣府「高齢者の健康に関する意識調査」（平成24年）
（注）対象は，全国55歳以上の男女

図1・8　最期を迎えたい場所

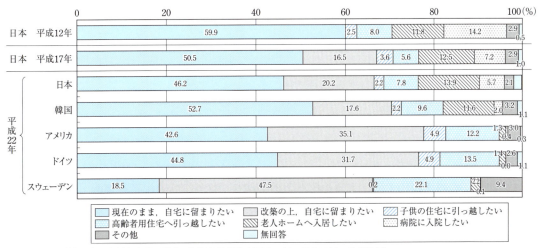

資料：内閣府「高齢者の生活と意識に関する国際比較調査」（平成12年，平成17年，平成22年）
（注）対象は60歳以上の男女

図1・7　衰弱化したときに望む居住形態

た段差が心身機能の低下した高齢者の生活を規制する要因となる。具体的には玄関の上がり框や，廊下と和室や，和室と洋室の境界，洗面脱衣所から浴室への入口部分などに段差があり，こうした段差につまずくことで，転倒などの事故が発生したり，車椅子・歩行器利用者の移動に支障が生じる。

2．幅員

在来の木構造では，寸法として，伝統的な3尺（910mm）をベースにした尺貫法モジュール（基本となる単位）を使用してきたが，寸法体系が国際的なメートル法を取り入れるようになった現在においても，この3尺という寸法が，木造住宅を造る上での基本単位となっている。一般的に，柱心−心の間隔を3尺（910mm）とする場合，介助者の存在や車椅子・歩行器といった福祉用具の使用を想定すると，廊下，階段，開口部などの**幅員**は不十分となり通行不可能となってしまう。

3．床面積

日本の住宅の床面積は，特に，都市部およびその近郊において欧米諸外国より狭小な傾向にある。しかし，伝統的な和式の生活スタイルに加えて，戦後の生活の洋式化の普及に伴い，狭い住宅の中に多くの多種多様な生活財がひしめき合う状況になっている。こうした状況は，高齢者の家庭内事故の発生原因になると同時に，介護動作や福祉用具を用いた室内での移動を困難なものにしている。

4．水まわり

一般的に日本の住様式では，入浴や排泄といった衛生行為が行われる空間は，便所・洗面脱衣所・浴室といった狭い個別の空間で構成される。一方，欧米の場合は，サニタリー室として，面積の広い一室に洗面台・便器・バスタブが配置されているケースが多い。日本では衛生行為に介護や福祉用具利用が伴った場合，各室空間が狭いため行為の実施が困難になる場合があり，自宅への居住継続を脅かす要因となってしまうことも少なくない。

5．起居様式

起居様式には，ユカ座とイス座があるが，戦後生活の洋式化が進む一方，依然として伝統的なユカ座の様式も受け継がれている。ユカ座では，畳の上に布団を敷き就寝する，座布団を敷きその上に正座するなどの生活様式となるが，床からの立ち座り動作は，足腰の筋力や関節の弱った高齢者には不適切である。また，介護が必要になった場合，介護者にも負担がかかる。

6．室内気候

日本の伝統的な木造住宅は，夏の高温多湿な気候に即して造られており，冬季の寒さへの対応が不十分な面がある。一方，都市部における過密居住への対応や新しい構法の登場などにより，住宅の中に環境・外気をシャットアウトし冷暖房空調設備によって調整を行う高気密高断熱構法が登場している。その場合，住戸外の新鮮な空気の取り入れが不十分となるため，室内の気候が抵抗力や免疫力の低下した高齢者に不適切となり，アレルギーや喘息の原因となることもある。

1から6にあげた問題点に対して，
・住宅内の段差を除去する。
・介護者の存在や福祉用具の使用を想定して，移動空間の幅員や便所・洗面脱衣所・浴室などの床面積を十分確保する。
・住宅内の起居様式はイス座を主とする。
・1年を通じて室内気候を快適に調整できるようにする。
などの視点・対応策が有効である。

1・4 高齢者の家庭内事故

人口動態調査から，日本人の死亡原因はここ数年，1位から4位は悪性新生物・心疾患・肺炎・脳血管疾患で占められている。しかし，その次に「**不慮の事故**」がランキングされている年度もあり，「事故死」も主な死亡原因として位置づけられる。図1・9は事故に遭遇する場所を示したものであるが，高齢者が住宅内で事故に遭遇する割合は，77.1%と事故全体の8割近くを占めていることがわかる。さらに，図1・10は住宅内で事故に遭遇した場所を示したものであるが，高齢者に関しては，「居室」が最も高く45.0%，次いで「階段」が18.7%，「台所・食堂」が17.0%である。居室内や居室間移動時に，ちょっとした段差や，床に置かれた物につまずいたことによる転倒事故が多く発生している状況が伺える。

加齢に伴う身体機能低下の特徴として，筋力や関節可動域の低下により歩行が不安定になる，視力や聴力の低下により，安全な環境の認識能力が低下するなどが挙げられる。家庭内での事故を防止するには，身体機能低下を予防するための運動を習慣化することや，事故予防の観点から住環境を整備することが有効である。

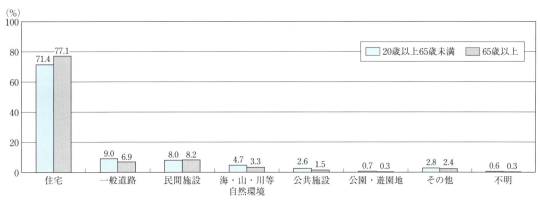

図1・9　高齢者が事故に遭遇する場所

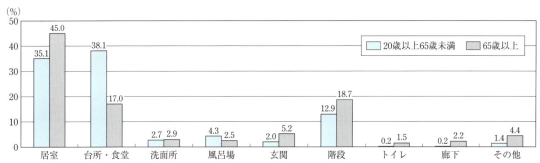

資料：国民生活センター「医療機関ネットワーク事業からみた家庭内事故－高齢者編－」（平成25年3月公表）
(注1) 平成22（2010）年12月〜平成24（2012）年12月末までの伝送分。
(注2) 事故発生場所詳細（室内）については，不明・無回答を除く。

図1・10　高齢者の家庭内事故発生場所

1・5

障害者の住まいと生活

　日本では，平成23（2011）年に改正された**障害者基本法**において，障害者を「**身体障害，知的障害，精神障害**」の３障害のある者として位置づけることが定められた。その概数は表1・2に示した通りであるが，身体障害者393万7千人，知的障害者74万1千人，精神障害者320万1千人であり，人口千人当たり

の人数に換算すると，身体障害者は31人，知的障害者は6人，精神障害者は25人となる。決して多い数字ではないが，我々の社会を構成する重要な一員である。また，施設入所や入院の状況をみると，身体障害における施設入所者は1.9%，精神障害における入院患者は10.1%，知的障害者における施設入所者は

表1・2　障害者数（推計）

（単位：万人）

		総数	在宅者数	施設入所者数
身体障害児・者	18歳未満	7.8	7.3	0.5
	男性	−	4.2	−
	女性	−	3.1	−
	18歳以上	383.4	376.6	6.8
	男性	−	189.8	−
	女性	−	185.9	−
	不詳	−	0.9	−
	年齢不詳	2.5	2.5	−
	男性	−	0.7	−
	女性	−	0.9	−
	不詳	−	0.9	−
	総計	393.7	386.4	7.3
	男性	−	194.7	−
	女性	−	189.9	−
	不詳	−	1.8	−
知的障害児・者	18歳未満	15.9	15.2	0.7
	男性	−	10.2	−
	女性	−	5.0	−
	18歳以上	57.8	46.6	11.2
	男性	−	25.1	−
	女性	−	21.4	−
	不詳	−	0.1	−
	年齢不詳	0.4	0.4	−
	男性	−	0.2	−
	女性	−	0.2	−
	不詳	−	0.1	−
	総計	74.1	62.2	11.9
	男性	−	35.5	−
	女性	−	26.6	−
	不詳	−	0.1	−

		総数	外来患者	入院患者
精神障害者	20歳未満	17.9	17.6	0.3
	男性	10.8	10.7	0.1
	女性	7.0	6.8	0.2
	20歳以上	301.1	269.2	31.9
	男性	123.7	108.9	14.8
	女性	177.5	160.4	17.1
	年齢不詳	1.1	1.0	0.1
	男性	0.5	0.5	0.0
	女性	0.6	0.6	0.1
	総計	320.1	287.8	32.3
	男性	135.0	120.0	15.0
	女性	185.1	167.8	17.3

注1：平成23年患者調査の結果は，宮城県の一部と福島県を除いた数値である。

注2：精神障害者の数は，ICD-10の「Ⅴ精神及び行動の障害」から知的障害（精神遅滞）を除いた数に，てんかんとアルツハイマーの数を加えた患者数に対応している。
　　また，年齢別の集計において四捨五入をしているため，合計とその内訳の合計は必ずしも一致しない。

注3：身体障害児・者の施設入所者数には，高齢者関係施設入所者は含まれていない。

注4：四捨五入で人数を出しているため，合計が一致しない場合がある。

資料：
「身体障害者」
在宅者：厚生労働省「生活のしづらさなどに関する調査」（平成23年）
施設入所者：厚生労働省「社会福祉施設等調査」（平成21年）等より厚生労働省社会・援護局障害保健福祉部で作成
「知的障害者」
在宅者：厚生労働省「生活のしづらさなどに関する調査」（平成23年）
施設入所者：厚生労働省「社会福祉施設等調査」（平成23年）より厚生労働省社会・援護局障害保健福祉部で作成
「精神障害者」
外来患者：厚生労働省「患者調査」（平成23年）より厚生労働省社会・援護局傷害保健福祉部で作成
入院患者：厚生労働省「患者調査」（平成23年）より厚生労働省社会・援護局傷害保健福祉部で作成

16.1％であり，大多数の者は在宅で生活を送っている（表1・2）。

人口の高齢化は障害者においても同様の現象であり，特に在宅の身体障害者に関しては図1・11に示すように，総人口を上回る勢いで高齢化が進行している。身体障害者のみの高齢化率は68.7％にものぼり，総人口の約3倍近くに達している。この数値は，身体の障害に加えて，高齢化が進行している人の多くが在宅で過ごしていることを意味する。介護・看護・医療の提供に即したバリアフリー化や住環境の整備が求められる。

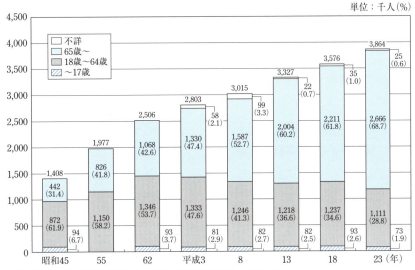

注：昭和55年は身体障害児（0～17歳）に係る調査は行っていない。
資料：厚生労働省「身体障害児・者実態調査」（～平成18年），厚生労働省「生活のしづらさなどに関する調査」（平成23年）

図1・11　年齢階層別障害者数の推移（身体障害児・者（在宅））

1・6

福祉住環境整備の意義

前述の通り，高齢者や障害者を取り巻く社会状況には，様々な課題が出現している。こうした問題への対応として，福祉住環境には以下の5つの意義が存在する。

(1) 自立生活の実現

障害や加齢によって心身機能が低下してしまった場合，住宅の物理的環境を機能低下の状況に適応させることで，生活行為の実施が可能となり，自立生活が実現・維持される。

(2) 安全で安心に暮らせる生活環境の実現

心身機能の低下や介護が必要になった場合でも，施設などへ移居することなく，安心して居住の継続が図られる生活環境が実現される。

(3) 家庭内事故の予防

居室内での転倒や階段から転落，浴室での溺死など，多くの高齢者が遭遇している家庭内での事故を予防する観点で住環境を整備することにより，事故発生の予防が実現される。

(4) 福祉用具の導入への対応

障害や心身機能低下により，車椅子や歩行器などの福祉用具の導入の必要性が生じた場合，その使用に対応できる通路の幅員や室面積の確保が必要であり，住環境整備を行うことによって，こうした福祉用具の導入が実現される。

(5) 介護や看護・医療サービス提供の場としての整備

近年，超高齢化の進行により，医療施設や入所施設の病床数が不足している状況があり，重介護期や終末期を自宅で過ごすことを余儀なくされるケースが生じている。また，自ら最期まで自宅で過ごすことを選択する人も増えてきている。その場合，介護のみならず看護や医療サービスも自宅で利用する必要が想定されることから，様々な医療機器の設置や看護・医療行為に対応できる面積を確保した寝室が必要となる。福祉住環境の考え方に基づく整備はそのような環境の実現にも寄与できる。

第2章
福祉住環境に関連する理論や考え方

執筆担当：水村　容子

2・1　福祉や介護に関する考え方 ……………………………14

2・2　住環境デザインに関する考え方 …………………17

2・3　人の心身機能や生活に関する考え方 ……………19

2・1

福祉や介護に関する考え方

ここでは，福祉住環境を行う上で基本となる，福祉や介護に関する理念を解説する。

1．ノーマライゼーション

ノーマライゼーションとは，北欧諸国で福祉政策の根幹を成す考え方として発展してきたものであり，世界各国の福祉政策に大きな影響を及ぼしてきた理念である。

この理念は，1950年代，デンマークのバンク・ミッケルセンにより初めて提唱された活動に基づいている。当時，デンマーク社会省の知的障害児・者部局の局長であったミッケルセンと知的障害児の親たちは，大規模収容施設に収容され，人権が奪われた状態にある知的障害児・者たちの処遇改善を求める運動を展開した。この運動は「障害者に市民権を与えよう－普通の家に住み教育を受ける」といったスローガンのもと展開され，1959年のデンマーク知的障害者福祉法の制定へと結実した。ノーマライゼーションという言葉自体は，1963年にノルウェーのオスロで開催された会議において，当時のスウェーデン知的障害者協会の事務局長ベングト・ニィリエが初めて使用したと言われている。1969年に，ニィリェは，ノーマラーゼーションの原理を以下の8つの視点により体系づけて説明している。

(1) 1日のノーマルなリズム

(2) 1週間のノーマルなリズム

(3) 1年間のノーマルなリズム

(4) ライフサイクルにおけるノーマルな発達的経験

(5) ノーマルな個人の尊厳と自己決定権

(6) その文化におけるノーマルな性的関係

(7) その社会におけるノーマルな経済的水準とそれを得る権利

(8) その地域におけるノーマルな環境形態と水準

このような北欧諸国での障害者の処遇に対する新たな考え方は，その後，カナダのウォルヘンスベルガーによって北米大陸に紹介され，国際的に認知されていくに従い，障害者全般を包括した人権保障の概念として成長していく。国際連合では，第2次世界大戦終結後の1948（昭和23）年に，人間の自由権，平等権，社会権，社会保障権などを明確にした「世界人権宣言」を，さらに1959（昭和34）には，障害児をも含めた「児童権利宣言」を提唱してきた。こうした人権保障への動きは，ノーマライゼーション理念の登場およびその運動に触発され，1971（昭和46）年の国連「精神遅滞者（知的障害者）の権利宣言」へと帰結した。この宣言においては，知的障害者に様々な権利を保障すると同時に，施設入所が必要とされる場合においても，できる限り通常の生活に近い環境を実現すべきであることが提起されている。さらに，1975（昭和50）年の国連総会では，ノーマラーゼーションの原理を知的障害者だけではなくすべての障害者へと拡大・適用した「障害者の権利宣言」へと帰結した。その後，国連においては，「国際障害者年」（1981（昭和56）年），「国連障害者の10年」（1983（昭和58）～92（平成4）

年）を経て，障害者の権利条約に関する検討が進められ，2006（平成18）年12月の国連総会において「障害者の権利条約」が採択された。

日本では，1981（昭和56）年の国際障害者年のテーマ「完全参加と平等」の基本理念としてノーマライゼーションが紹介され，それ以降徐々にこの概念が福祉施策に取り入れられていった。1993（平成5）年制定の「障害者基本法」は，ノーマライゼーション理念に基づいたものであり，障害者の自立および，社会・経済・文化その他のあらゆる分野への障害者の参加促進を目標としている。さらに，2014（平成26）年には，前述した「障害者の権利条約」を批准し，障害者に対するあらゆる社会的不利益を撤廃するため，2016（平成28）年4月から「**障害者差別解消法**」（2013（平成25）年公布）をスタートさせた。

2. 地域包括ケアシステム

地域包括ケアシステムとは，超高齢化が進行しているわが国において，2025（平成37）年を目途に，「高齢者の尊厳の保持と自立生活の支援の目的のもとで，可能な限り住み慣れた地域で，自分らしい暮らしを人生の最期まで続けることができる」ことを目指して推進されている，地域の包括的な支援・サービス提供体制である。2025（平成37）年とは，すべての「団塊の世代（1947年から1949年までに誕生したベビーブーム世代）」が75歳を迎える年度を意味している。地域包括ケアシステムの文言は，2013（平成25）年に成立した「持続可能な社会保障制度の確立を図るための改革の推進に関する法律」において明文化された。

図2・1は，厚生労働省において開催された地域包括ケア研究会の報告書に掲載された，地域包括ケアシステムの概念図である。このケアシステムは，5つの構成要素によって成立するものであり，「介護」，「医療」，「予防」という専門的なサービスと，その前提としての「住まい」，「生活支援・福祉サービス」が相互に関係し連携しながら在宅生活を支えるイメージで構成されている。また，その構成を支える基盤として「本人・家族の選択と心構え」が重要であることも，このイラストには示されている。すなわち，医療や福祉サービスの供給体制を謳っただけのものではなく，様々な生活サービスが日常生活圏域で適切に供給できるような，地域での体制をも視野に入れたものであり，まちづくりやコミュニティ計画をもあわせて考える必要があることを示唆している。構成要素は以下の通りに説明されている。

(1) すまいとすまい方

生活の基盤として必要な住まいが整備され，本人の希望と経済力がかなった住まい方が確保されていることが，地域包括ケアの前提である。高齢者のプライバシーと尊厳が十分に守られた住環境が必要となる。

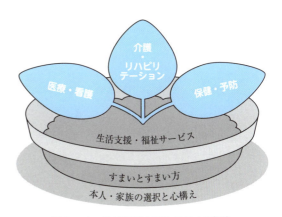

図2・1　地域包括ケアシステムの概念

(2) 生活支援・福祉サービス

心身の能力の低下，経済的理由，家族関係の変化などでも尊厳ある生活が継続できるよう生活支援を行う。

生活支援には，食事の準備など，サービス化できる支援から，近隣住民の声かけや見守りなどのインフォーマルな支援まで幅広く，担い手も多様である。生活困窮者などには，福祉サービスとしての提供も必要になる。

(3) 介護・医療・予防

個々人の抱える課題にあわせて「介護・リハビリテーション」「医療・看護」「保健・予防」が専門職によって提供される（有機的に連携し，一体的に提供）。ケアマネジメントに基づき，必要に応じて生活支援と一体的に提供する。

(4) 本人・家族の選択と心構え

単身・高齢者のみ世帯が主流になる中で，在宅生活を選択することの意味を，本人家族が理解し，そのための心構えを持つことが重要である。

(1)～(4)から，地域包括ケアシステムは，介護保険制度など1つの制度の枠内で完結するものでないことが理解できる。地域に暮らす各個人の暮らしの現状と今後に対する心構え・選択を前提に，地域に存在する多様な関係主体とネットワーク化を図ることが重要になる。その場合，地域の特性，すなわち，その地域の人口動態や存在する関係主体や提供されるサービスの内容は，地域によって大きく異なるものであることから，目指すべき地域包括ケアシステムの姿・仕組みは地域によって大きく異なることになる。図2・2は支え合いの観点からのモデルを示しているが，住み慣れた地域で生活を送る高齢者の多様な生活ニーズに対応する仕組みを創出するためには，「**公助**」「**共助**」だけではなく，「**自助**」を基本としつつ，多様な主体と自治体が協働しながら地域全体を支え合う「**互助**」体制を作っていくことが重要となる。

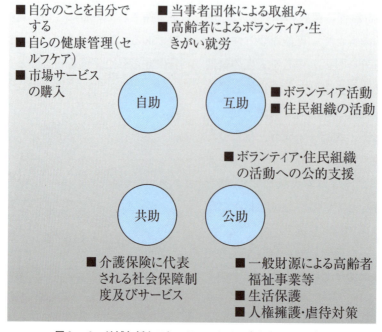

図2・2　地域包括ケアシステムにおける支え合いのモデル

2・2

住環境デザインに関する考え方

福祉住環境整備を行う上で基本となるデザインコンセプトを解説する。

1．バリアフリーデザイン

バリアフリーデザインとは，高齢者や障害者が社会における様々な活動へ参加していこうとする時，社会側にその参加を妨げる現実と環境要因があるという前提のもとに，その妨げる要因をバリア（障壁）と位置づけ，そのバリアを取り払うこと（バリアフリー）により，社会への参加が促進される環境の実現（デザイン）を図ろうとするデザインコンセプトである。

住環境をはじめとした既存の環境の中に，様々なバリアが存在するわが国において，物理的に環境を改善していく上で重要な概念であり，障害者に関わる福祉施策や住環境整備のための諸制度の中に定着している。

2．ユニバーサルデザイン

バリアフリーデザインは，「高齢者や障害者」と「それ以外の人々すなわち健常者」とを区別し，同時に，既存の環境の中での「バリア」の存在を前提とした概念であるが，それに対して，対象者や既存の環境の区別を設けず，環境を作り出す時に，すべての人々が安心して利用できる環境・モノを創り出していこうとする考え方，が**ユニバーサルデザイン**である。

この考え方は，アメリカの建築家兼プロダクトデザイナーであったロナルド・メイスによって提唱された概念である。彼自身9歳の時にポリオに感染し，重い肢体不自由の障害を抱えていた。メイスが中心となって設立された，ノースカロライナ州立大学ユニバーサルデザインセンターによって定義づけられたユニバーサルデザインの7原則は以下の通りである。

① 誰にでも使用でき，入手できること。

② 柔軟に使えること。

③ 使い方が容易にわかること。

④ 使い手に必要な情報が容易にわかること。

⑤ 使い方を間違えても重大な結果にならないこと。

⑥ 少ない労力で効率的に，楽に使えること。

⑦ アプローチし，使用するのに適切な広さがあること。

この考え方は，世界的に高齢社会が進行する状況下において，グローバルスタンダードとして定着しつつある。2006（平成18）年12月に国連総会で採択された「**障害者の権利条約**」の第2条において，「ユニバーサルデザインとは，調整又は特別な設計を必要とすることなく，最大限可能な範囲ですべての人が使用することのできる製品，環境，計画及びサービスの設計をいう。ユニバーサルデザインは，特定の障害者の集団のための補装具が必要な場合には，これを排除するものではない。」と定義づけられ，この条約の締約国においては，この考えに基づいた環境整備や製品作りを行うことを義務づけている。

こうした国際的な動向に先駆けて，日本では国土交通省によって2005（平成17）年ユニバーサルデザイン大綱（以下UD大綱とする）

が策定された。この大綱では，「どこでも，だれでも，自由に，使いやすく」というユニバーサルデザインの考え方を踏まえた，今後の環境整備の基本的考え方として，次の5点をあげている。

(1) 利用者の目線に立った参加型社会の構築

　利用者を中心とした政策展開推進の必要性を位置づけた上で，利用者・住民・NGOなど関係者の多様な参加を促進し，そのニーズを反映させることにより「ユニバーサルな社会環境」の達成を目指している。そのために，持続的・段階的な取り組み（スパイラルアップ）を導入することの重要性が位置づけられている。

(2) バリアフリー施策の総合化

　バリアフリー化の推進は，ユニバーサルデザインの考え方を踏まえた政策展開の中で，最も重要な政策の1つであると位置づけられている。その上で，利用者の視点に立ち，一連の行動に対応した連続的なバリアフリー化を推進すること，交通機関や公共施設・公共空間などについてできる限り対象を拡充すること，人的対応の充実や情報提供のためのサービスなどソフト施策を充実させ，ハードとソフトが一体となった総合的なバリアフリー施策を推進すること，着実な整備の実施に向けた柔軟かつ弾力的な取り組みを推進すること，などの重要性が位置づけられている。

(3) だれもが安全で円滑に利用できる公共交通

　公共交通機関において，乗継ぎを含めた移動全体を円滑かつ利便性の高いものとする「シームレス化（乗継ぎなど交通機関間の継ぎ目における移動をスムーズなものとすることによって，出発地から目的地までの移動を全体として円滑かつ利便性の高いものとすること）」の実現が不十分とした上で，多様な関係者の協働による横断的な取組みによって交通結節点での利便性の向上や乗継円滑化などを図ることや，公共交通機関の整備における地域住民の積極的な参加および事業者との協働を促進すること，などの重要性が位置づけられている。

(4) だれもが安全で暮らしやすいまちづくり

　多様な人々にとって，暮らしやすいまちづくりに配慮することが大切であるとした上で，生活関連施設などが近接するまとまりのあるまちづくり，「歩いて暮らせるまちづくり」に向けた取り組み推進など，高度経済成長期などに形成されたまちの再生事業などを活用しつつ，地域における居住・福祉・賑わいなどの生活機能を創出すること，などの重要性が位置づけられている。

(5) 技術や手法などを踏まえた多様な活動への対応

　観光など非日常的活動への対応，外国人への対応，IT技術の進展に伴う新たな取組みの実施への必要性などをあげた上で，観光をはじめとする非日常的な行動をも対象とした施策展開が必要であること，観光立国に向けた取組みと併せた外国人に対する情報提供のための環境整備の実施，などの重要性が位置づけられている。

2・3

人の心身機能や生活に関する考え方

1. 医学モデルと社会モデル

医学やリハビリテーション，さらには障害者福祉などの領域において，疾病や障害に伴う心身機能低下状態の理解と説明のため，その概念構成を説明する様々な「モデル」が考案されてきた。高齢者が社会の大多数者となると同時に，障害者の様々な権利が重視されるようになった現代社会において，こうした「モデル」を理解し福祉住環境に活かす必要がある。

医学モデルは，障害という事象を「病気や怪我などを原因に個人に生じるもの」と捉え，医療という個別的な治療行為によって問題解決を目指すアプローチである。一方，**社会モデル**は，障害を「主に社会によって作られた問題」と捉え，その問題を作り出している社会環境を整備することにより問題解決を図るアプローチである。これまで医学モデルと社会モデルは対立する概念として捉えられてきた。社会における障害への理解が不十分な段階においては，障害は医療行為の対象であり，その心身状態の改善が主な目的とされてきた。しかしながら，障害は症状が長期化あるいは固定化する場合や，さらには先天的に備わって誕生する場合もある。そうした場合には，障害の症状を改善することよりも，その症状をその人の特性と捉えた上で，生活を再構築し社会の一員として活動できる条件を整備することが重要になる。医学モデルには，こうした障害当事者の日々の生活や社会参加に対する視点が欠如していることから，近年では，介護や障害者福祉，さらには障害児教育の領域において社会モデルを重視する動向がある。

次節以降に解説するリハビリテーションおよびICFは，医学モデルと社会モデルを統合したものとして理解されている。また，福祉住環境においては，社会モデルを構成する一つの要素である住環境を扱うものである。

2. リハビリテーション

リハビリテーションとは，その語源によると「リ（再び）＋ハビリス（適した・ふさわしい）＋〜ション（〜すること）」であり，身体に障害が発生した後に，再びその人の生活を再構築することを意味する概念である。世界保健機構（以下WHOとする）においても，1968（昭和43）年の第48回国連総会で決議された「障害者の機会均等化に関する標準規則」において，「リハビリテーションは障害のある人々が各々の最大限の身体的, 知覚的, 知能的, 精神的及び（又は）社会機能のレベルに達し，それを維持できるようにすることにより，より自立した生活に向けた変化のための手段を提供することを目的とした過程である」と位置づけており，「生活の手段」として生活環境の整備もその射程としている。さらに，リハビリテーションは医学的・心理的・職業的・教育的・社会的など諸側面からのアプローチが必要とされている。

(1) 医学的リハビリテーション

狭義には，リハビリテーション医学において裏付けされる理学療法, 作業療法, 義肢装

20　第2章　福祉住環境に関連する理論や考え方

具製作，心理指導などにより，治療・訓練を
実施することを意味するが，広義には，障害
者のリハビリテーション過程における保健・
治療などの医学的側面全般を含む意味を持つ。

(2)　心理的リハビリテーション

リハビリテーションの過程において，障害
が生じた人に対し，心理的側面から必要な指
導・助言を行うことを意味する。

(3)　職業的リハビリテーション

心身に障害が生じた人などのリハビリテー
ション過程において，職業生活に適応してい
くように，相談・訓練・指導を行い，その人
にふさわしい職につけるように援助すること
を意味する。具体的には，障害者職業センタ
ー，障害者職業能力開発校，身体障害者更生
施設，知的障害者更生施設などで提供される。

(4)　教育的リハビリテーション

心身に障害を持つ子どもの教育面でのリハ
ビリテーションを意味する。

(5)　社会的リハビリテーション

国際リハビリテーション協会は，「社会的
リハビリテーションとは，社会的機能力を身
につけることを目的とした過程である。社会
的機能力とは，各種様々な社会的状況の中で，
自分のニーズを満たすことができ，社会に参
加して最大限に豊かさを実現する権利を行使
できる能力のことである」と定義している。

以上に示した通り，リハビリテーションと
は，生活上のあらゆる場面・側面を包含する
概念として理解する必要がある。

3．国際生活機能分類（ICF）

国際生活機能分類（International Classification of Functioning, Disability and Health：以下ICFとする）は，1980（昭和55）年に発表された「WHO国際障害分類（International Classification of Impairment, Disability and Handicap：以下ICIDHとする）」の改訂版として，2001（平成13）年5月にWHO総会で採択されたものである。

ICIDHでは，障害を疾病による様々な帰結を考慮にいれたものとして「疾病→機能障害（Impairment）→能力低下（Disability）→社会的不利（Handicap）」という3つの段階で位置づけていた。すなわち障害とは，人の身体に何らかの喪失・異常があらわれた状態（機能障害），その機能障害によって生活上の様々な活動を行う能力が制限を受ける状態（能力低下），そして，身体に生じた機能障害や能力低下によって社会的な不利益を被る状態（社会的不利）に分類・定義づけられたのである。

ICFは，ICIDHの考え方をさらにバージョンアップさせたものであり，従来考えられていたような，一部の障害者に適用される狭義の分類ではなく，より広い範囲の人々，例えば高齢者や妊娠中の女性，子供などにも用いることができるよう，健康状態（Health Conditions）に関連した機能状態（Functional States）に着目し改定を行った。そして，ICFにおいては「障害が単独に存在するのではなく，正常な生活機能のそれぞれの次元が問題を抱えた状態が障害なのである」という考え方のもと，生活機能を捉える上で，以下のような構成要素を取り入れている。

(1) **心身機能**（Body Function）：身体系の生理的機能（心理的機能を含む）。
(2) **身体構造**（Body Structure）：器官・肢体とその構成部分などの身体の解剖学的部分。
(3) **機能障害**（Impairments）：著しい変異や喪失などといった，心身機能または身体構造上の問題。
(4) **活動**（Activity）：課題や行為の個人による遂行。
(5) **参加**（Participation）：生活や人生場面への関わり。
(6) **活動制限**（Activity Limitations）：個人が活動を行う時に生じる難しさ。
(7) **環境因子**（Environmental Factors）：人々が生活し，人生を送っている物理的な環境や社会的環境，人々の社会的な態度による環境を構成する因子。
(8) **個人因子**（Personal Factors）：年齢，性別，社会的状況，人生経験など個人に関係した因子。

これらの構成要素間の関係性は，図2・3に示す通りである。生活のある場面における個人の生活機能は，健康状態および環境因子と個人因子によって構成される背景因子との間の，相互作用あるいは複合的な関係とみなすことができる。すなわち，人間の身体状況，生活上の活動および参加は，その人の健康状態や生活環境および，個人がもつ特徴的な側面と影響を及ぼし合うものなのである。環境因子には，物的環境すなわち，建築環境や住環境も含まれるが，そうした環境の整備が人間の生活にいかに大きな影響を及ぼすものであるか，この相互作用図から読み取ることができる。

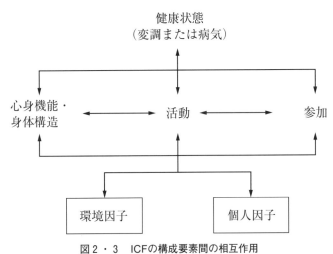

図2・3　ICFの構成要素間の相互作用
出典：WHO「国際生活機能分類」中央法規，2002

第3章
福祉住環境に関連する諸制度

執筆担当：水村　容子

3・1　福祉や介護に関連する法制度 ……………………23

3・2　住環境に関連する法制度 ……………………………27

3・1 福祉や介護に関連する法制度

1．介護保険制度

介護保険制度は2000（平成12）年4月に施行された介護保険法を根拠とする制度であり，要介護高齢者の増加，介護期間の長期化，核家族化の進行，介護する家族の高齢化といった社会背景のもと，高齢者介護を社会全体で支え合う仕組みとして創設された。

従前の高齢者福祉と比較して，創設にあたり新たに取り入れられた考え方・仕組みとして以下の3点があげられる。

(1) **自立支援**：単に介護する高齢者の身の回りの世話をするということを超えて，高齢者の自立を支援することを理念とする。

(2) **利用者本位**：利用者の選択により，多様な主体から保健医療サービス，福祉サービスを総合的に受けられる制度。

(3) **社会保険方式**：給付と負担の関係が明確な社会保険方式を採用。

介護保険制度の基本的な仕組みは以下の通りである（図3・1参照）。

① 運営主体：保険者として市町村が運営主体を担う。

② 被保険者：第1号被保険者：65歳以上。
第2号被保険者：40歳以上65歳未満の医療保険加入者。

③ 保険料：第1号被保険者は所得に応じて，

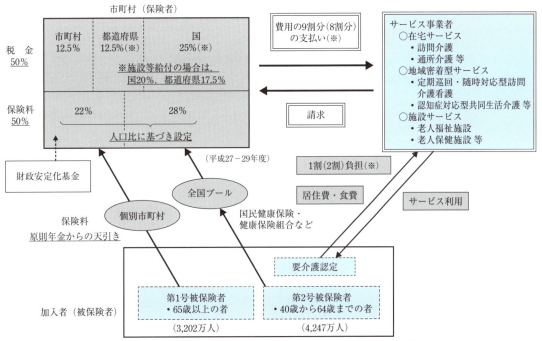

(注) 第1号被保険者の数は，「平成25年度介護保険事業状況報告年報」によるものであり，平成25年度末現在の数である。
第2号被保険者の数は，社会保険診療報酬支払基金が介護給付費納付金額を確定するための医療保険者からの報告によるものであり，平成25年度内の月平均値である。
(※) 平成27年8月以降，一定以上所得者については費用の8割分の支払い及び2割負担。

図3・1　介護保険制度の仕組み

24　第3章　福祉住環境に関連する諸制度

市町村ごとに基準額の1/2から1.5倍までの範囲で，課税状況に応じた段階を設定する。第2号被保険者は医療保険に上乗せして徴収される。

④　介護保険の財源：公費50％および保険料50％で構成される。公費の内訳は，居宅給付費は市町村12.5％，都道府県12.5％，国25％。施設等給付費は市町村12.5％，都道府県17.5％，国20％。保険料の内訳は，2012〜2014年度実績で第1号被保険者21％，第2号被保険者29％である。

⑤　受給資格（表3・1参照）：**第1号被保険者**は，要介護者あるいは要支援者（虚弱）と認定されたものである。**第2号被保険者**は，初老期における認知症や脳血管障害などの加齢に伴って生じる心身の変化に起因する疾病（特定疾病）により介護が必要な者が該当する。

⑥　**要介護認定**までの流れ：本人および家族が市町村の介護保険担当窓口に申請→市町村の職員などによる訪問調査結果により一次判定→一次判定の結果や主治医の意見書をもとに，保健・医療・福祉の専門家で構成された介護認定審査会により審査→市町村が要介護認定（要支援認定）を行う。

介護保険によってサービスが提供される場所は，在宅から施設まで多岐に渡る。詳細なサービスの種類は図3・2に示した通りである。図には記載されていないが，居宅介護（介護予防）福祉用具購入費の支給や居宅介護（介護予防），住宅改修費の支給など福祉住環境整備に関する内容も，各々介護サービスの一つとして位置付けられている。

介護保険制度は，制度が開始された2000（平成12）年以降，4度の介護保険法改正を経て，その都度時代の要請を反映させた内容に改定されてきた。2005（平成17）年改正（2006（平成18）年4月等施行）では，介護予防を重視

表3・1　介護保険制度の被保険者（加入者）

○　介護保険制度の被保険者は，①65歳以上の者（第1号被保険者），②40〜64歳の医療保険加入者（第2号被保険者）となっている。
○　介護保険サービスは，65歳以上の者は原因を問わず要支援・要介護状態となったときに，40〜64歳の者は末期がんや関節リウマチ等の老化による病気が原因で要支援・要介護状態になった場合に，受けることができる。

	第1号被保険者	第2号被保険者
対象者	65歳以上の者	40歳から64歳までの医療保険加入者
人数	3,202万人 （65〜74歳：1,652万人　75歳以上：1,549万人） ※1万人未満の端数は切り捨て	4,247万人
受給要件	・要介護状態 （寝たきり，認知症等で介護が必要な状態） ・要支援状態 （日常生活に支援が必要な状態）	要介護，要支援状態が，末期がん・関節リウマチ等の加齢に起因する疾病（特定疾病）による場合に限定
要介護（要支援）認定者数と被保険者に占める割合	569万人（17.8％） 65〜74歳：72万人（4.4％） 75歳以上：497万人（32.1％）	15万人（0.4％）
保険料負担	市町村が徴収 （原則，年金から天引き）	医療保険者が医療保険の保険料と一括徴収

（注）第1号被保険者及び要介護（要支援）認定者の数は，「平成25年度介護保険事業状況報告年報」によるものであり，平成25年度末現在の数である。
　　第2号被保険者の数は，社会保険診療報酬支払基金が介護給付費納付金額を確定するための医療保険者からの報告によるものであり，平成25年度内の月平均値である。

するようになると同時に，施設給付を見直し，地域密着サービスの創設や介護サービス情報の公表が規定された。2008（平成20）年改正（2009（平成21）年5月施行）では，介護サービス事業者の法令遵守などの業務管理体制の整備が進められた。2011（平成23）年改正（2012（平成24）年4月施行）では，地域包括ケアの推進が謳われ，介護保険事業計画と医療サービス，住まいに関する計画との調和の重要性が位置付けられた。最も直近の2014（平成26）年改正（2015（平成27）年4月等施行）では，地域包括ケアシステムの構築に向けた地域支援事業の充実が強調され，在宅医療と介護の連携や認知症施策の推進などが盛り込まれている。

2．障害者総合支援法

障害者総合支援法は，2011（平成23）年に成立した改正障害者基本法を踏まえた新しい障害福祉施策を推進するため，2013（平成25）年に施行された法律である。改正障害者基本法の理念を受けて，この法律では障害者の「自立」に代わり，新たに「基本的人権を享受する個人としての尊厳」が明記されることになった。この法律においては，前法の障害者自立支援法において障害者として位置付けられていた，身体障害者・知的障害者・精神障害者に加えて，制度の谷間のない支援を提供する観点から，新たに難病（治療方針が確立していない疾病）患者も障害福祉サービスなどの対象者として位置付けられることに

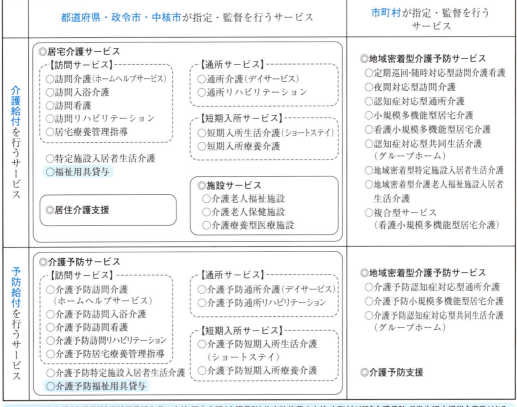

図3・2　介護サービスの種類
出典：東京商工会議所「福祉住環境コーディネーター検定試験2級公式テキスト　新版」

なった。具体的なサービス提供の仕組み，総合自立支援システムは自立支援給付と地域生活支援事業から構成される（図3・3）。

(1) **自立支援給付**

障害の程度に応じて個別に支給が決定される。介護給付，訓練等給付，自立支援医療，補装具費の支援によって構成される。支給を受けるためには，障害者・児の保護者が居住地の市町村の支給決定を受ける必要がある。障害者などからの申請により，市町村は面接のうえ，障害程度区分の認定と支給の要否決定を行う。

(2) **地域生活支援事業**

生活支援事業は，市町村および都道府県によって提供される事業に分類され，市町村においては，障害者などの地域生活を支援する相談支援事業，地域活動支援センター機能強化事業などが位置付けられる。

障害者の間にも高齢化の問題が生じている。高齢化が進み要介護障害者のグループホームへの新規入居，あるいはグループホーム入居後に要介護状態になるケースなどが増加している。そのような状況への対応として，総合支援法においては，前法でのケアホーム（共同生活介護）をグループホーム（共同生活援助）へ統合し，共同生活を行うと同時にケアニーズへの柔軟な対応が実現される住まいの位置付けもされている。

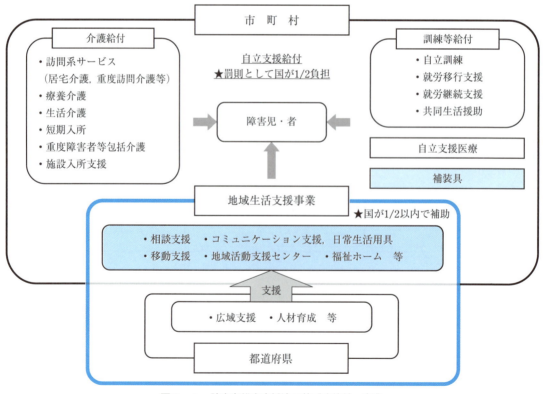

図3・3 障害者総合支援法に基づく給付・事業

出典：厚生労働省「障害者自立支援法の円滑な施行に向けて」

3・2

住環境に関連する法制度

1. 高齢者への住宅供給に関する法制度

(1) 住生活基本法と住生活基本計画

日本の住宅供給は，1966（昭和41）年施行の住宅建設計画法に基づき，高度経済成長期には，住宅建設五箇年計画によって新規に住宅を建設する事業が展開されてきた。しかしながら，2000年以降の少子高齢化や人口減少を受けて政策転換を余儀なくされ，2006（平成18）年6月に新たに**住生活基本法**が施行された。第1条において，「住生活の安定の確保及び向上の促進に関する施策を総合的かつ計画的に推進し，もって国民生活の安定向上と社会福祉の増進を図るとともに，国民経済の健全な発展に寄与することを目的とする。」と法の目的が掲げられ，さらには第6条の「居住の安定の確保」においては，「住生活の安全の確保および向上の促進に関する施策の推進は，住宅が国民の健康で文化的な生活にとって不可欠な基盤であることをかんがみ，低額所得者，被災者，高齢者，子どもを育成する過程その他住宅の確保に特に配慮を要する者の居住の安定の確保が図られることを旨として，行われなければならない。」と規定されている。こうした法の精神を実際の施策に反映させるため，国および都道府県は，表3・2に示したような内容の**住生活基本計画**を策

表3・2 「住生活基本計画（全国計画）」（平成28年3月閣議決定）における目標と成果指標

目標1 結婚・出産を希望する若年世帯・子育て世帯が安心して暮らせる住生活の実現
- ①子育て世帯※における誘導居住面積水準達成率
  【全国】 42%（H25） → 50%（H37）
  【大都市圏】37%（H25） → 50%（H37）
  ※構成員に18歳未満の者が含まれる世帯

目標2 高齢者が自立して暮らすことができる住生活の実現
- ②高齢者人口に対する高齢者向け住宅の割合
  2.1%（H25） → 4%（H37）
- ③（☆）高齢者生活支援施設を併設するサービス付き高齢者向け住宅の割合
  77%（H26） → 90%（H37）
- ④（☆）都市再生機構団地（大都市圏のおおむね1,000戸以上の団地約200団地が対象）の地域の医療福祉拠点化
  0団地（H27） → 150団地程度（H37）
- ⑤建替え等が行われる公的賃貸住宅団地（100戸以上）における，高齢者世帯，障害者世帯，子育て世帯の支援に資する施設の併設率
  平成28～37の期間内に建替え等が行われる団地のおおむね9割
- ⑥高齢者の居住する住宅の一定のバリアフリー化率
  41%（H25） → 75%（H37）

目標3 住宅の確保に特に配慮を要する者の居住の安定の確保
- ⑦最低居住面積水準未満率
  4.2%（H25） → 早期に解消
- （再掲）都市再生機構団地（大都市圏のおおむね1,000戸以上の団地約200団地が対象）の地域の医療福祉拠点化
- （再掲）建替え等が行われる公的賃貸住宅団地（100戸以上）における，高齢者世帯，障害者世帯，子育て世帯の支援に資する施設の併設率

目標4 住宅すごろくを超える新たな住宅循環システムの構築
- ⑧既存住宅流通の市場規模
  4兆円（H25） → 8兆円（H37）
- ⑨（☆）既存住宅流通量に占める既存住宅売買瑕疵保険に加入した住宅の割合
  5%（H26） → 20%（H37）
- ⑩新築住宅における認定長期優良住宅の割合
  11.3%（H26） → 20%（H37）

目標5 建替えやリフォームによる安全で質の高い住宅ストックへの更新
- ⑪耐震基準（昭和56年基準）が求める耐震性を有しない住宅ストックの比率
  18%（H25） → おおむね解消（H37）
- ⑫リフォームの市場規模
  7兆円（H25） → 12兆円（H37）
- ⑬省エネ基準を満たす住宅ストックの割合
  6%（H25） → 20%（H37）
- ⑭マンションの建替え等の件数（550からの累計）
  約250件（H26） → 約500件（H37）
- ⑮25年以上の長期修繕計画に基づく修繕積立金額を設定している分譲マンションの管理組合の割合
  46%（H25） → 70%（H37）

目標6 急増する空き家の活用・除却の推進
- ⑯（☆）空家等対策計画を策定した市区町村数に対する割合
  0割（H26） → おおむね8割（H37）
- ⑰（☆）賃貸・売却用以外の「その他空き家」数
  318万戸（H25）
  → 400万戸程度におさえる（H37）

目標7 強い経済の実現に貢献する住生活産業の成長
- ●（再掲）既存住宅流通の市場規模
- ●（再掲）リフォームの市場規模

目標8 住宅地の魅力の維持・向上
- ⑱地震時等に著しく危険な密集市街地の面積
  約4,450ha（速報） （H27）
  → おおむね解消（H32）
- ●（再掲）都市再生機構団地（大都市圏のおおむね1,000戸以上の団地約200団地が対象）の地域の医療福祉拠点化
- ●（再掲）建替え等が行われる公的賃貸住宅団地（100戸以上）における，高齢者世帯，障害者世帯，子育て世帯の支援に資する施設の併設率
- ●（参考）景観計画に基づく取組を進める地域の数（市区町村数）
  458団体（H26） → 約700団体（H32）
- ●（参考）市街地等の幹線道路の無電柱化率
  16%（H26） → 20%（H32）
- ●（参考）最大クラスの洪水・内水・津波・高潮に対応したハザードマップを作成・公表し，住民の防災意識向上につながる訓練（机上訓練，情報伝達訓練等）を実施した市区町村の割合
  【洪水】－（H26） → 100%（H32）
  【内水】－（H26） → 100%（H32）
  【津波】0%（H26） → 100%（H32）
- ●（参考）土砂災害ハザードマップを作成・公表し，地域防災計画に土砂災害の防災訓練に関する記載のある市町村の割合
  約33%（H26） → 約100%（H32）
- ●（参考）国管理河川におけるタイムラインの策定数
  148市区町村（H26） → 730市区町村（H32）

（☆）は新規

定し，その中に，住宅のバリアフリー化率などの成果指標を位置づけしなければならない。

⑵ **高齢者が居住する住宅の設計に係る指針**

高齢者の心身状況に即した住宅の供給促進を図るため，2001（平成13）年の国土交通省告示第1301号において，**高齢者が居住する住宅の設計にかかる指針**が公表され，住宅のバリアフリー施策が展開された。冒頭に指針の趣旨として「この指針は，高齢者が居住する住宅において，加齢などに伴って身体の機能の低下が生じた場合にも，高齢者がそのまま住み続けることができるよう，一般的な住宅の設計上の配慮事項を示すものであり」とし，部屋の配置や段差・手すり・通路および出入口の幅員・階段などに関して，基本レベルと推奨レベルでの仕様・基準寸法などが明記されている（表3・3）。

2．高齢者住宅に関する法制度

⑴ **高齢者すまい法と制度**

高齢者住まい法（正式名称：高齢者の居住の安定確保に関する法律）は，2001（平成13）年に公布・施行された法律であり，急速に進行する超高齢社会下において，高齢者の居住安定確保に関する基本方針および，都道府県が策定を義務付けられている高齢者居住安定確保計画に関する内容が規定されている。この法の成立により，民間活力の導入や既存ストックの活用を図りつつ，高齢者にとって安心して居住継続が図られる持ち家・賃貸住宅の市場整備が促進されることになった。さらには，2011（平成23）年の改正によりサービス付き高齢者向け住宅制度が創設された。

表3・3　高齢者が居住する住宅の設計に係る指針の概要

○　趣旨
・高齢者が居住する住宅において，加齢等に伴って心身の機能の低下が生じた場合にも，高齢者がそのまま住み続けることができるよう，一般的な住宅の設計上の配慮事項を示すとともに，現に心身の機能が低下し，又は障害が生じている居住者（要配慮居住者）が住み続けるために必要とされる，当該居住者の状況に応じた個別の住宅の設計上の配慮事項を示すもの。
○　主な内容
・一般的な住宅の設計上の配慮事項 　①住宅の住戸専用部分に関する部屋の配置，段差，手すり，通路・出入口の幅員，階段，便所，浴室等 　②一戸建て住宅の屋外部分のアプローチ，階段等 　③一戸建て住宅以外の住宅の共用部分及び屋外部分の共用階段，共用廊下，エレベーター，アプローチ等 ・要配慮居住者のために個別に配慮した住宅の設計の進め方 　①要配慮居住者及び住宅の特性の把握 　②住宅の設計方針の検討及び住宅の設計 　③設計の反映の確認

資料：国土交通省

(2) サービス付き高齢者向け住宅

改正前の高齢者すまい法において，高齢者向けの賃貸住宅として，高齢者向け優良賃貸住宅，高齢者円滑入居賃貸住宅，高齢者専用賃貸住宅といった3種類の制度が位置づけられていたが，量的充足は促進されず，加えて，高齢者の一人暮らしや夫婦のみ世帯の増加，後期高齢化の進行に伴う介護・医療との連携の必要性などの社会的背景から，高齢者への支援サービス提供機能を備えた住宅の確保がより一層重要となった。また，欧米諸国と比較した場合，**サービス付き高齢者住宅**の供給量が圧倒的に少ない状況も受けて，この制度が創設された。制度の概要は図3・4に示した通りである。単身や夫婦のみの高齢者世帯が入居できる賃貸住宅であり，住宅のハード面に関しては，床面積が原則25㎡以上，高齢者の心身能力を考慮したバリアフリー設計であると同時に，ソフト面においては，ケアの専門家による安否確認や生活相談などのサービスが提供される（図3・5）。国による制度の促進や社会的必要性から，現在，この住宅の供給数は急増している。しかしながら，ハード面やサービスの質が十分配慮されていない住宅も存在しており，供給量の確保と質の確保のバランスが課題となっている。

3．障害者への住宅供給に関する法制度

(1) 障害者総合支援法での取り組み

「3・1　福祉や介護に関連する法制度」で解説した障害者総合支援法においては，障害者の地域生活の移行・支援を重要施策として位置づけている。地域生活を実現させる上で住宅の確保は必要不可欠であり，具体的な

【登録基準】（※有料老人ホームも登録可）
《ハード》・床面積は原則 25m² 以上　・構造・設備が一定の基準を満たすこと
　　　　　・バリアフリー（廊下幅，段差解消，手すり設置）
《サービス》・サービスを提供すること　（少なくとも安否確認・生活相談サービスを提供）
　　　　　　［サービスの例：食事の提供，清掃・洗濯等の家事援助 等］
《契約内容》・長期入院を理由に事業者から一方的に解約できないこととしているなど，
　　　　　　居住の安定が図られた契約であること
　　　　　・敷金，家賃，サービス対価以外の金銭を徴収しないこと
　　　　　・前払金に関して入居者保護が図られていること（初期償却の制限，工事完了前の
　　　　　　受領禁止，保全措置・返還ルールの明示の義務付け）

【登録事業者の義務】
　・契約締結前に，サービス内容や費用について書面を交付して説明すること
　・登録事項の情報開示
　・誤解を招くような広告の禁止
　・契約に従ってサービスを提供すること

【行政による指導監督】
　・報告徴収，事務所や登録住宅への立入検査
　・業務に関する是正指示
　・指示違反，登録基準不適合
　　の場合の登録取り消し

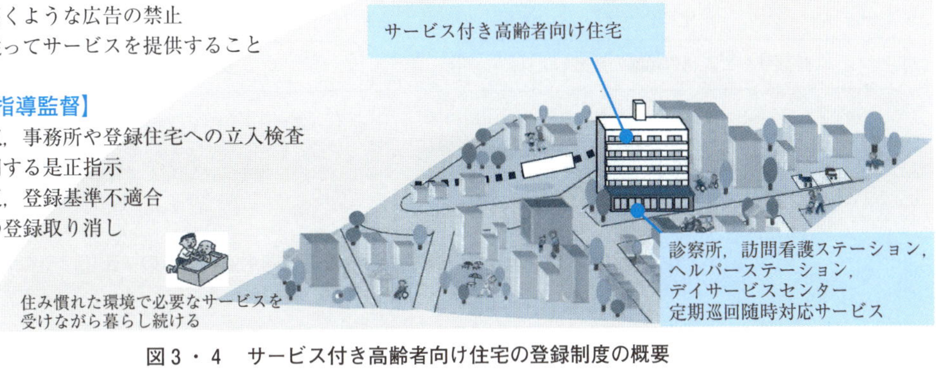

サービス付き高齢者向け住宅

診察所，訪問看護ステーション，ヘルパーステーション，デイサービスセンター定期巡回随時対応サービス

住み慣れた環境で必要なサービスを受けながら暮らし続ける

図3・4　サービス付き高齢者向け住宅の登録制度の概要

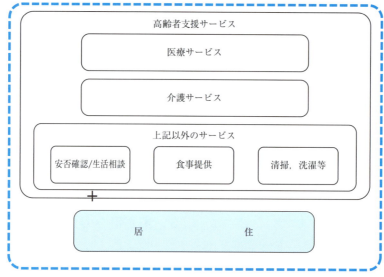

図3・5 サービス付き高齢者向け住宅において提供されるサービスの内容

○ 共同生活を行う住居でのケアが柔軟にできるよう，共同生活介護（ケアホーム）を共同生活援助（グループホーム）に統合。　　　　　　　　　　　　　　　　【平成26年4月1日】

⇨ 障害者の地域移行を促進するために，地域生活の基盤となる住まいの場の確保を促進。

《背景》
★ 今後，障害者の高齢化・重度化が進むことを背景として，介護が必要な障害者のグループホームの新規入居や，グループホーム入居後に介護が必要になるケースが増加することが見込まれる。
★ 現行，介護が必要な人と必要のない人を一緒に受け入れる場合，グループホーム，ケアホームの2つの類型の事業所指定が必要。
★ 現にグループホーム・ケアホーム一体型の事務所が半数以上。

地域における住まいの選択肢のさらなる拡大・事務手続きの簡素化等の観点から**ケアホームをグループホームに一元化**。グループホームにおいて，日常生活上の相談に加えて，**入浴，排せつ又は食事の介護**その他の日常生活上の援助を提供。

（参考）事務所の指定状況

◎グループホームへの一元化に併せて，次の運用上の見直しを検討

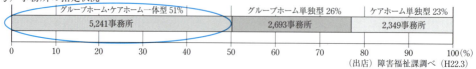

外部サービス利用規制の見直し	サテライト型住居の創設
個々の利用者の状態像に応じて柔軟かつ効率的なサービス提供が可能となるよう，グループホームの新たな支援形態の1つとして，**外部の居宅介護事業者と連携すること等により利用者の状態に応じた柔軟なサービス提供を行うこと**を検討。	共同生活を営むというグループホームの趣旨を踏まえ，1人で暮らしたいというニーズにも応えつつ，地域における多様な住まいの場を増やしていくという観点から，**本体住居との連携を前提とした『サテライト型住居』の仕組み**の創設を検討。

図3・6 障害者に対する支援（共同生活介護の共同生活援助への一元化）

対策としてグループホーム（共同生活援助）の促進を図っている（図3・6）。また，共同居住から，さらに一人暮らしを求める障害者に対して，本体住居であるグループホームとの連携を前提としたサテライト型住居の仕組みの創設も検討されている。

(2) 公営住宅への入居優遇措置

自治体が供給する公営住宅では，1980（昭和55）年から身体障害者，2006（平成18）年からは知的障害者と精神障害者の単身入居が可能となっている。それに伴い，それぞれの自治体の裁量により，障害のある入居者への収入基準の緩和，当選率の優遇，別枠選考などの措置が講じられている。

(3) 住宅改造・改修に関する制度

障害者が暮らす住宅への改造・改修費用を助成する制度として，**在宅重度障害者住宅改造費助成制度**，**障害者住宅整備資金貸付制度**，**生活福祉資金貸付制度**などがある。

在宅重度障害者住宅改造費助成事業は，市町村により提供されるサービスであり，自治体により助成対象や経費などが異なる。概ね身体障害者手帳の1〜2級や療育手帳Aの者またはその保護者で，所得が低い者を対象とし，既存住宅の浴室・洗面所・台所・廊下そのほかの住宅設備を改造するために必要な経費が助成される制度である。

障害者住宅整備資金貸付事業は，障害者またはその同居家族に対して，障害者の専用居室などの増改築や改造に必要な資金の貸付けを行う制度である。実施主体は都道府県および市町村となる。

生活福祉資金貸付制度は都道府県社会福祉協議会が実施主体となり，低所得世帯，障害者世帯，高齢者世帯に経済的自立のための必要経費を貸し付ける制度であり，居住環境整備として，敷金，礼金など住宅の賃貸契約を結ぶのに必要な費用を貸し付ける住宅入居費がある。

4. 住宅のバリアフリー化や福祉住環境整備に関する法制度

(1) 品確法

品確法（正式名称：住宅の品質確保の促進等に関する法律）は，2000（平成12）年に施行された法律であり，消費者が，より品質の良い住宅を取得できるように，分譲された住宅の性能表示などを推進する法律である。住宅性能は10項目により構成されているが，その中に高齢者への配慮としてバリアフリー性能（高齢者等配慮対策等級）も位置づけられている。新築住宅のバリアフリー化の推進に寄与している制度である。

(2) 介護保険による住宅改修費の支給

介護保険制度に関する解説で記述した通り，介護保険制度にも住宅改修費の助成に関するサービスが設けられている。要介護者が自宅の住宅改修を行おうとする時に，必要な書類を提出し，工事が終了した後，領収書など工事実施の事実がわかる書類を提出することにより，改修費用の9割が償還される仕組みである。支給額は，支給限度基準額20万円の9割に該当する18万円が上限となる。このサービスに該当する住宅改修の種類は，①手すりの取付け，②段差の解消，③滑り防止及び移動の円滑化などのための床又は通路面の材料の変更，④引き戸などへの扉の取替え，⑤洋式便器などへの便器の取替え，⑥その他①〜⑤の住宅改修に付帯して必要となる住宅改修，によって構成される。

第4章
生活機能と基本動作の理解

執筆担当：吉川　和徳
イラスト担当：志田　清美

4・1　基本動作と生活機能 ……………………………………33

4・2　重心と重心線と支持基底面 ……………………35

4・3　姿勢と動作の理解 ………………………………37

4・4　生活行為と基本動作 ……………………………45

4・5　多職種協働による福祉住環境整備 ……………50

4・1

基本動作と生活機能

　本章で取り扱う「**基本動作**」とは,起居(き きょ)動作,移乗動作,移動動作のことである(表4・1)。基本動作とは,食事,排泄,入浴などの「基本となる動作」という意味で,食事をするために「座る」,トイレに行くために「歩く」,というように,基本動作自体は目的動作ではなく,目的動作や行為を達成するための「手段」であることに注意が必要である。

　また,「動作」と併せて扱われる概念に「**姿勢**」がある。姿勢とは,頭部・体幹・四肢の身体各部位の相対的位置関係を示す「構え」と,身体が重力の方向とどのような関係にあるかを示す「体位」から構成される概念である(表4・2)。

　例えば,背すじを伸ばして立った姿勢(立位)と,仰向けに横たわった姿勢(仰臥位)は,構えが同じで体位が異なる状態である。また椅子に座って背すじを伸ばした姿勢と,椅子に座って背もたれにもたれかかった姿勢は,椅子座位という体位は同じであるが,構えが異なった状態である。「構え」と「体位」=「姿勢」を「動作」がつないでいると考え

るとわかりやすい。

　このような基本動作と,「生活」との関係性についても再確認する必要がある。まず「動作」の前提として,重力を踏まえた,重心や重心線,支持基底面,摩擦や力といった,物理学や運動学でいう「運動」の概念がある(次項で詳述)。

　「動作」の先には,生育歴や生活歴から構築される「価値」に基づいて,あることをどの程度,どのように行おうと思うか,といった「動機づけ」と,物的・社会的な環境因子との相互作用を踏まえた,目的動作としての「**行為**」(入浴する,排泄するなど)が存在する。

　その上で,**地域自立生活**(表4・3)という意味での「**活動**」があり,自己実現という意味での「人生」がある。

　「廊下を歩くために手すりをつけたが,トイレに行くときには役に立たなかった」などとならないよう,「運動」を前提とした「姿勢と動作」を見極めるだけでなく,「価値」「行為」「活動」「人生」といったその人らしい「生活」をとらえる視点が重要である。

表4・1　基本動作

起居動作	移乗動作	移動動作
○寝返り動作 ○起上り／横になる動作 ○(座位保持) ○立ち上り／座り動作 ○(立位保持)	○立位移乗動作 ○座位移乗動作 ○(リフト移乗)	○歩行動作 ○またぎ動作 ○階段昇降動作 ○床上移動動作 ○車椅子移動動作

表 4・2　姿勢(posture)の概念

構え（attitude）	体位（position）
○頭部・体幹・四肢の身体各部の相対的位置関係を表す ○肩関節外転位，股関節屈曲位など	○身体が重力の方向とどのような関係にあるかを表す ○臥位，座位，立位に大別される

表 4・3　地域自立生活のとらえ方

活　　動	活 動 内 容
労働的・経済的自立	所得の多寡というよりも，人間的成長を促す機会である働く機会を保障する
精神的・文化的自立	歌や絵画やスポーツ等自己表現を精神的にも，文化的にも行う
健康的・身体的自立	身体的に不全ではないといった考え方ではなく，自分の身体を自分でコントロールし，ストレスに対応できる生活が可能かどうか，あるいは生活習慣病ともいえる慢性疾患と上手に付き合い，「一病息災」的生活や医療管理的生活を在宅で可能にさせられるかどうか
人間関係的・社会関係的自立	対人関係能力を含めて，孤独に陥らずに，他者とコミュニケーションをもち，集団的，社会的生活を送れる
生活技術的・家政管理的自立	自分の家計の管理や日常生活を管理し，必要な食事を作る力，掃除をする力，買物をする力などがあるかどうか
政治的・契約的自立	サービスを選択したり，生活上必要なさまざまな契約を行ったり，政治にも関心をもち，参加できる能力

大橋謙策「わが国におけるソーシャルワークの理論化を求めて　日本のソーシャルワーク研究・教育・実践の60年」相川書房　を基に作成

4・2 重心と重心線と支持基底面

我々は経験上，立っているモノが倒れることを知っているが，モノが倒れるという仕組みについては知っているようでいて知らないことも多い。この仕組みを理解することは，動作を理解することの第一歩である。

図4・1をご覧いただきたい。箱（ティッシュペーパーの箱）を立てた状態が左端①で，右端③は倒した状態である。真ん中の図②は倒していく過程をイメージした図である。

ここで②の状態に着目してみると，『あるところ』まで傾けた場合①に戻るが，『あるところ』を越すと③の状態，つまり倒れるということを経験する。この『あるところ』とはどこを指すのかを考えてみたい。

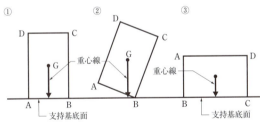

図4・1　重心と重心線，支持基底面

地球上の物体にはすべて地球の中心に向かう「**重力**」が作用しているが，物体には，この重力が一点に作用するとみなすことができる点が存在し，この点を「**重心**」（図4・1ではG）という。また「重心」から地面に垂直における直線のことを「**重心線**」，重心線が通る面のことを「**支持基底面**」とよぶ。つまり①の状態ではA－B面，③の状態ではB－C面を「重心線」が通っているということになる。

したがって，②の『あるところ』，すなわち，倒れる／倒れないの境目とは，重心線が支持基底面の境を超え，次の面を支持基底面とするところ（②の状態から③の方向に傾けていったときに，重心線がBを超えるところ）であることがわかる。

物体の安定性は，支持基底面の広さと重心の高さ，支持基底面と重心線の関係によって規定される。支持基底面が広く，重心の位置が低く，また重心線が支持基底面の中心に近いほど物体の安定性は増す。逆に支持基底面が狭く，重心が高く，支持基底面の辺縁に重心線が落ちている物体は不安定ということになる。

次に，このような関係性について，人体に置き換えて考えてみたい。人体の重心は，身体を正面から見たときの「へそ」の少し下，横から見たときの背中とお腹の中央部に位置している。

立位での支持基底面は，両足で囲まれた面となるので，立位姿勢は両足の間隔を広く取ったほうが安定することになる。さらに，立位よりも座位，座位よりも臥位の方が重心が低く，支持基底面が広いため，安定した姿勢であることがわかる。逆に片足立ちは片方の足底が支持基底面となるので不安定な姿勢となる。

これらのことを理解した上で，立ちあがり動作について分析してみたい（図4・2左）。

座位のときの支持基底面は背中からつま先，立位のときは両足で囲まれた面となり，

どちらの姿勢もその面の中に重心線がある。

椅子から立ち上がるということは，支持基底面が図の下段のように変化し，重心がGからG'に移動することである。このGからG'への重心移動に必要な力は，G→Aの力とG→Bの力に分けることができる（分力）。

実際には，まず両足で囲まれた面（立位での支持基底面）の中に重心線を移動（G→Bの力）してから，B→G'の力（G→Aの力と等しい）で立ち上がることになる。

少しわかりにくいので，実際に椅子に座った状態から立ち上がろうとして，数センチ程度，臀部を椅子から浮かした状態で静止していただきたい（図4・2右）。そうすると，頭部が膝よりも前方にあり，横から見ると重心線が両足で囲まれた面積（立位での支持基底面）の中に落ちていることがよくわかる（誰かにやってもらって，真横から見るとわかりやすい）。つまり，立位での支持基底面の中に重心線を移動（G→B）しない限り，椅子から臀部を浮かす（G→A）ことはできない。

このような「重心」と「重心線」と「支持基底面」の関係を理解せずに，立ち上がりの介助をしようとすると，重心が支持基底面から外れる，すなわち転倒した状態を支えることになり，介助する人に大きな負担が生じる。さらに立位から座る介助をする時には，椅子に尻もちをつくように「ドスン」と座らせることとなり，転倒や骨折などの事故につながりやすい。

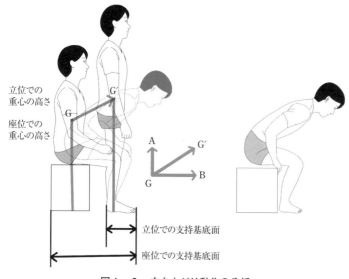

図4・2　立ち上がり動作の分析

4・3

姿勢と動作の理解

1. 寝返り動作

人の寝た状態である臥位には図4・3(a)〜(e)に示した様な状態がある。

仰臥位から側臥位や腹臥位になったり，戻ったりする動作である。自然な**寝返り動作**は，頭部，体幹上部，体幹下部，上肢，下肢など身体の一部分の動作から始まり，身体のねじれとして全身へ波及する動作であって，丸太が転がるような動きではない。

敷布団やマットレスなど寝ている場所の広さや硬さ，掛布団の重さや摩擦，つかまる場所の有無などの物的な環境因子の他，手足のマヒや動かしにくさ，関節の動く範囲の制限などが，動作の方法や行いやすさに影響する。

2. 起き上り／横になる動作

仰臥位から長座位（図4・3f）や横座り位（図4・3h），端座位（図4・3n）になる，またはその逆の動作で，寝返り動作も含んだ動作である。

自然な**起上り動作**は，頭部が持ち上がる（枕から離れる）ことから開始され，横になるときには最後に頭部が枕にのるというように，身体の一部分の動作から始まり，身体のねじれとして全身へ波及する動作であって，上半身を一体的に動かす，介護用ベッドの頭側挙上機能のような動作ではない。

寝ている場所の高さ（ベッドか床上か），広さや硬さ，掛布団の重さや摩擦，つかまる場所の有無などの物的な環境因子の他，手足のマヒや動かしにくさ，関節の動く範囲の制限，掛布団をはぐ，かける動作などが，この

動作の方法や行いやすさに影響する。

3. 座位

座位には床座（長座位（図4・3f），あぐら座位（図4・3g），横座り位（図4・3h），正座位（図4・3i)），端座位（図4・3n），（車）椅子座位（図4・3o），半座位（ファーラー位，セミファーラー位）（図4・3p）がある。

いずれの座位姿勢であっても，股関節（脚の付け根の関節）や膝関節がどの程度曲げられるか，筋肉の緊張状態と重力に逆らって姿勢（構え）を保つ（抗重力伸展）能力の程度，が姿勢（構え）に大きな影響を与える。

（車）椅子座位（図4・3o）は，座面や背面（背もたれ）の寸法や角度，材質等によって大きな影響を受ける。

体格寸法に合致しない（車）椅子を使用すると，座位姿勢を大きく崩し，座面からのずり落ちや体幹の傾きなど，不適切な座位姿勢を引き起こすとともに，褥瘡や拘縮・変形といった二次障害のリスクを高めることにもなる（図4・4）。

（車）椅子座位は，（車）椅子によって大きな影響を受けるため，対象者の「座位能力」（表4・4）の見極めは，（車）椅子からの影響を受けない状態で行う必要がある。足底（靴底）が床（地面）につく高さで，しっかりした座面（運動療法で使用するプラットホームなど）上に，端座位で座った状態を基準として評価する。

半座位（図4・3p）はベッドの頭側挙上

38　第4章　生活機能と基本動作の理解

図4・3　姿勢

4・3 姿勢と動作の理解

りとられることが多い座位姿勢であ
の大きさが体格寸法に
る位置とベッドの可動
りすると，ベッドの頭
ずれ，姿勢を大きく崩
縮・変形といった二次
ことになる。
座位は，何らかの道具
勢であり，座る能力と
活の自立性や二次障害
与える。座位姿勢に詳
療法士が本人の状況を
どの技術者が，本人の
車椅子と専用クッショ
などを供給すること
ることが可能となる。
動作
以下の3種類を考え
ら立ち上がる（図4・
などに移ってから立
(3)椅子から立ち上が
り，同様に3種類が

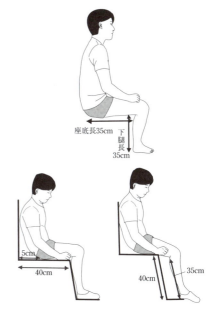

図4・4 体格寸法と（車）椅子の大きさ

(3)椅子から立ち上がる（その逆）動作を例に，立ち座りの容易さや安全性について検討する。

一般に「安全に座れないので困る」と表現されるよりも「立ち上がることができないので困る」と表現されることが多いが，動作としては立ち上がることよりも，安全に（ゆっくりと）座ることの方が難しい。

表4・4 Hoffer座位能力分類（JSSC版）

座位能力1	手の支持なしで座位可能
	端座位にて手の支持なしで30秒間座位保持可能な状態。
座位能力2	手の支持で座位可能
	身体を支えるために，両手または片手で座面を支持して，30秒間座位保持可能な状態。
座位能力3	座位不能
	両手または片手で座面を支持しても，座位姿勢を保持できず，倒れていく状態。

これは，筋肉は収縮力を強めることで関節を動かす（求心性収縮）よりも，収縮力を弱めながら関節を動かす（遠心性収縮）方が，より大きな負荷がかかるためである。

したがって，立ち上がりが困難な人は，ドスンと尻もちをつくように座ることになり，脊椎の圧迫骨折や，転倒や転落などの事故が起きやすい。立ち上がりが困難な場合は，立ち上がる動作よりも座る動作について注意深く観察し，重心と重心線と支持基底面の関係性を踏まえて，対応を考えることが重要である。

その際には，床面や座面の硬さや摩擦，座面の高さや傾き，足を膝下に引き込む空間，座面前方の空間，つかまる場所の有無とその位置や高さ等の物的な環境因子の他，手足のマヒや動かしにくさに加えて，特に下肢の関節の動く範囲の制限が大きな影響を与えることに，十分な注意が必要である。

5．立位

立位は，支持基底面が狭く，重心の位置が高くなるため，不安定である一方で，動き出しやすい姿勢である。

不安定であるがゆえに，全身の感覚器や運動器が総動員されて，転倒しないようにバランスがとられているが，逆にいえば，少しの変調でも姿勢（構え）やバランスに大きな影響を与えるともいえる。

図4・5　床→立位

図4・6　床→椅子→立位

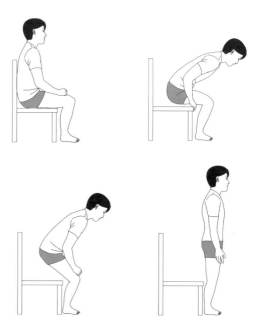

図4・7　椅子→立位

理学療法士や作業療法士とともに，感覚器や運動器の変調の状況を踏まえて，つかまる，よりかかるといった，環境調整や代償動作を検討することで，動き出しやすさと転倒予防との両立を検討することが重要である。

6．移乗動作（6・3・5参照）

移乗動作には，(1)立位移乗動作（図4・8），(2)座位移乗動作（図4・9），(3)持ち上げ（リフト）移乗動作（図4・10）があり，移乗する人の能力と，移乗場面，物的・人的な環境因子を考慮して，移乗動作を選択する。

(1) 立位移乗動作

立ち上がる，方向転換する，座る動作すべてが，（つかまっていれば）安全に行える場合に選択される動作である。これらいずれかの動作が安全に行えない場合は，座位移乗動作，持ち上げ移乗動作を選択する。

(2) 座位移乗動作

座位能力分類（表4・4）が，原則として1もしくは2の場合に選択される動作で，車椅子のアームサポートとレッグサポートが取り外せたり，跳ねあげられたりする必要があるほか，必要に応じて，スライディングボード，スライディングシート，介助ベルトなどの福祉用具（移乗補助用具）を活用する。

(3) 持ち上げ（リフト）移乗動作

座位能力分類が3の場合には，原則として持ち上げ移乗動作が選択され，体重20Kg程度（未就学児程度）以下の体格を除いては，移乗用リフトが使われる。居寝室，トイレ，浴室，玄関，駐車場（自動車）などの場面や住環境との関係で，天井走行式，据え置き式，床走行式，ベッド取付式などが選定される。下肢の支持性が多少ある場合は，立位保持式（スタンディング）リフトが選定される場合もある。

体格寸法や身体状況，ベッド⇔車椅子，排泄，入浴など，使用場面に応じた吊具が選定，

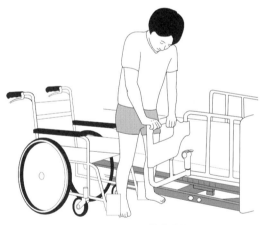

図4・8　立位移乗動作

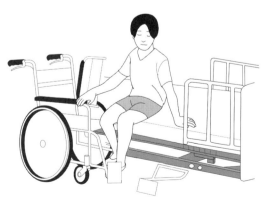

図4・9　座位移乗動作

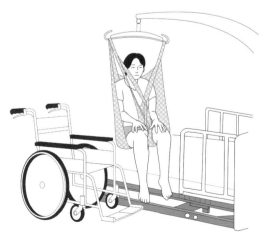

図4・10　持ち上げリスト移乗動作

使用される。

居寝室，トイレ，浴室などの場所や排泄，入浴などの行為ごとに，異なる移乗方法が選択されることもあり，移乗動作の選択とそれに用いられる福祉用具，住環境との関係性について，十分注意する必要がある。

7．移動動作

(1) 歩行動作

前向き歩行，横向き歩行，後ろ向き歩行，それらを組み合わせた方向転換があり，特に家庭内では，障害物を避けたり，開き戸を操作したりする時に，横向き歩行や後ろ向き歩行，方向転換が行われることが多い（図4・12）。

歩行動作は，足が床について体重を支える「立脚期」と，足を空中に持ち上げて降り出す「遊脚期」から構成され，「立脚期」は両足が接地していることもあるが，「遊脚期」は常に片足立ちであり，不安定である（図4・13）。

加齢による変化，身体のマヒや動かしにくさ，関節の動く範囲の制限，目の見えにくさなどの身体的要因の他，気分や認知機能などの心理的要因によっても歩容（歩く時のすがたや姿勢，バランス等）がくずれ，立脚期と遊脚期のバランスなど，歩行パターンが変化する。さらに浴室など滑りやすい床面や傾いた床面（スロープなど），明暗や気温の違い，衣服や履きものの違い，屋外の場合は天候や路面状況などの環境因子によっても，歩容や歩行パターンは変化する。

さらに，家屋内では靴を履かないこと，日中と夜間（就寝後）での違い，薬剤による影響など，生活習慣や生活場面，時間帯，服薬状況，住環境との関係によっても歩容や歩行パターンが変化する。

歩行補助用具や下肢装具などを活用することで，歩容や歩行パターンが修正されることもあるが，生活場面や時間帯などによる変化も踏まえて，理学療法士や作業療法士とともに，歩行動作の観察や分析を行い，歩行環境を調整することが重要である。

(2) またぎ動作

(a) またぐ部分に障害物がない場合，(b) 階段一段分程度の高さの障害物をまたぐ場合，(c) 障害物をまたぎ越す際の前後の床面に高低差（段差）がある場合，(d) 障害物の高さが階段一段分程度よりも高く，下肢を

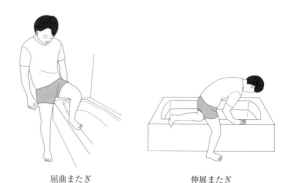

屈曲またぎ　　　　　　伸展またぎ

図4・13　またぎ動作

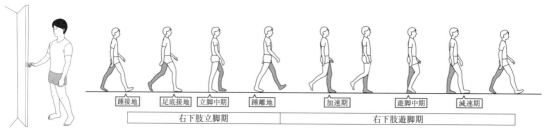

図4・11　開き戸の操作　　　　　　**図4・12　歩行周期**

大きく屈曲しなければならない場合,がある。

(a)は庭先などの敷石を通行する場合や,排水溝や水たまりなどをまたぐ動作であり,遊脚期に下肢を大きく持ち上げる必要はないが,またぐ必要がある溝などの幅によって歩幅が規定される。

(b)はトイレの出入り口が開き戸の場合に,扉の開閉時に脱いだスリッパと干渉しないようにするなどの目的で,かつて多く設置された敷居などをまたぐ動作で,(a)に加えて不安定な遊脚期に下肢をある程度持ち上げなければならず,一段と難しい動作である。

(c)は脱衣室と浴室の間の敷居部分などに多くみられるもので,(b)に段差昇降の要素が加わるため,移動の際のまたぎ動作としては,最も難易度が高い動作である。

(d)は浴槽をまたぐ動作が代表的である。立位で行う場合は,股関節を屈曲させるパターン(図4・13左)と,股関節を伸展させるパターン(図4・13右)がある。浴槽を立位でまたぐことが難しい場合は,入浴用台や浴槽台(バスボード),入浴用椅子などを使用して,座位で行う。

(3) **階段,段差昇降動作**

立位(歩行)の場合には,**一足一段**と**二足一段**の昇降パターンがあり,動作が不安定な場合は二足一段で行う(図4・15)。また手すりが片側にしかつけられなかったり,階段の勾配が急だったりする場合には,昇りは前向き,降りは後ろ向きで行う場合がある。

段鼻が踏み板よりも出ている階段や,蹴込み板がない階段は,上がる際にはつま先をひっかけやすく,降りる際には踏み板の前方に足をのせることになり,いずれも転倒・転落リスクが高まる。

立位(歩行)での昇降が困難な場合には,踏み板に座りながら一段ずつ昇降する場合もある。

段差昇降は,階段一段程度の高さであれば,立位で行うことが多いが,上がり框や縁側など,それよりも高い段差の場合は,段差に腰かけて昇降動作を行う方が安全である。しかし,段差の上側では床から立ち上がる/床に座る動作が必要となることに注意が必要である。

(4) **床上移動動作**

床の上を這って移動する動作である。四つ這い(図4・3j)や高這い(図4・3k),横座り位(図4・3h)でのずり這い,などがある。この動作を行っている場合には,布団,座卓,和式便器など,移動先や日常生活で使用する道具の高さについて,床の高さを基準とする場合がある。

(5) **車椅子移動動作**(6・3・7参照)

車椅子使用者が自ら行う動作として,(a)両手駆動,(b)両足駆動,(c)両手両足駆動,(d)片手片足駆動などがある。この他に電動走行装置による駆動,介助者による駆動があるが,本節では省略する。

(a)両手駆動は,両下肢を自由に動かすことが難しい場合に行う駆動方法で,ハンドリムをつかんで車輪を前後に動かすことで駆動する。

(b)両足駆動は,立位や歩行ができるほど下肢を自由に動かすことはできないが,座

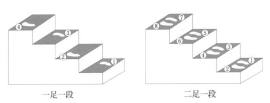

図4・14 階段昇降動作

って足踏みができる程度は動かすことができる場合に行う駆動方法である。車椅子のレッグサポートを取り外した上で，座面の角度を前傾する，座面クッションの前端を低くする，などの工夫を行うことがある。また家屋内で使用する場合は，専用のキャスター椅子を使用することもある。

（c）両手両足駆動は，両手，もしくは両足だけでは，車椅子の推進力を発揮できない場合の駆動方法で，（a）と（b）を組み合わせて行う。

（d）片手片足駆動は，半身麻痺（片麻痺）の場合に行う駆動方法で，非麻痺側の手でハンドリムをつかみ，同じ側の下肢で床をけることにより駆動する。非麻痺側の下肢は推進力を得ることと，車椅子の方向を定めるために使われる。麻痺側の下肢はレッグサポートとフットサポートで支持する一方で，非麻痺側の下肢は床につかなければいけないため，

非麻痺側のレッグサポートを取り外し，座面クッション前端の高さを左右で変えるなどの工夫を行うことがある。

車椅子上での座位姿勢，体格寸法と車椅子寸法との適合性は，車椅子の駆動効率に大きく影響する。また座面の高さや角度，後輪の前後位置（ホイールベース）などは，車椅子の駆動特性に大きく影響を与える。

座位姿勢に詳しい理学療法士や作業療法士が本人の状況を見極め，エンジニアなどの技術者が，本人の状況に見合った適切な仕様の車椅子と専用クッションなどを供給することで，駆動に適した車椅子を入手，活用することが可能となる。

また，車椅子で移動する際の特性として，段差の通行が困難であること，通路の幅員により通行できる場所が規定されること，真横には移動できないこと，開き戸の操作が難しいこと，などを理解する必要がある。

4・4

生活行為と基本動作

「**基本動作**」とは，食事，排泄，入浴などの生活行為の「基本となる動作」という意味で，食事をするために「座る」，トイレに行くために「歩く」，というように，生活行為を実行するための「手段」である。

つまり，病気やけが，加齢などによって「基本動作が制限された」＝「生活行為を実行するための『手段』が制限された」結果，「『座れない』から食事をとれない」，「『歩けない』からトイレに行けない」というように，生活行為に制限や制約が生じると考えることができる。

したがって，「座る」，「歩く」などの基本動作の制限を最小化することで，生活行為の制限や制約を取り除くために，さまざまな介入がなされることになる。

ここで注意が必要なことは，基本動作の実行状況，住宅の間取りや設備，福祉用具などは見える化されやすい一方で，生活行為は見える化がしにくいため，「生活行為の自立性や快適性，安全性を高める」という「目的」が，基本動作の制限を最小化するという「目標」とすり替わってしまったり，住まいや道具の改善そのものが目的化してしまったりしやすいことである。

「トイレに行き排泄する」という「目的」のために，「トイレまで安全に移動する」という「目標」を設定し，トイレに行く動線を検討した上で，段差を解消したり手すりを取り付けたりするはずが，「安全に移動する」ということが「目的」になってしまい，トイ

レに行く動線を考えずに，段差を解消したり手すりを取り付けたりすることなどが散見される。

また，生活行為はその行為をしようと思った場所から開始され，次の生活行為へつながる場所（場面）で終わる一連のものである。したがって，例えば「入浴」という生活行為は，脱衣室から始まって，脱衣室で終わるのではなく，居室や寝室から始まり，そこへ戻るまでの一連の動作や行為から構成されている。こうした一連の動作や行為の見える化が難しいため，住宅の間取りや設備，福祉用具など，見える化されていることについて改善する＝住まいや道具の改善が目的化してしまうといったことになりやすい。

「廊下に手すりはつけたけど，トイレに行く際には使いにくい」，「浴室は改善できたけど入浴行為は改善しなかった」などということにならないために，生活行為をできる限り見える化し，基本動作との関係性を整理した上で，住まいや道具などの環境因子を調整することが重要である。

そこで本節では，代表的な生活行為である**食事**，**排泄**，**入浴**，**外出**について取り上げ，各生活行為を分節化することで見える化し，基本動作能力，住まいや道具などとの関係性を整理する。

1．生活行為の分節化と基本動作

(1) **食事行為**（表4・5）

食事行為とは，食卓について食べ物を口に

46　第4章　生活機能と基本動作の理解

取り込むことのみを考えがちであるが，調理，配膳，摂食・嚥下，下膳，後片付け，口腔ケアまでを含んだ一連の行為として理解する必要がある。

特に注意が必要な基本動作としては，調理や皿洗い等の際の姿勢保持，横向き・後ろ向き歩行および方向転換，配下膳に伴う皿等を持っての移動，摂食・嚥下のしやすい座位姿勢保持があげられる。

また関係する道具（福祉用具）として，調理を手助けするさまざまな自助具，適切な摂食・嚥下姿勢を保持できる（車）椅子やテーブル，摂食行為の自立性を高める食具や食器（自助具）などがあげられる。

なお，配下膳の際の歩行支援のために，腰かけ台のついた四輪付歩行車や車輪のついたテーブルワゴンを使用する場合があるが，これらは敷居の溝程度の段差でも引っかかってしまい，転倒事故につながることがあるので，床面の状態にも注意する必要がある。

できる限り離床して食事することが望ましいが，やむを得ずベッドの頭側挙上機能を使用した半座位姿勢で食事（介助）をせざるを得ないことがある。この場合は，腹部が圧迫された苦しい半座位姿勢となることを避けるため，頭側挙上後に背中をマットから離すようにお辞儀をする動作（背抜き動作）を介助する必要がある。さらに体幹が不自然な格好にならないように気をつけるとともに，嚥下しやすい（誤嚥しにくい）頭頚部の角度（顎を引いて少し前屈）にも注意する。

(2)　排泄行為（表4・6）

トイレへの移動，便器への移乗，着脱衣，清拭，排水，手を洗うことまでを含んだ一連の行為である。

排泄行為は，尿便意を感じる都度行われるため，ある程度の切迫性があることと，日中（活動時間帯）と夜間（就寝時間帯）で，基本動作と使用する福祉用具，および動線が異なる場合があることに注意する必要がある。

特に就寝後にトイレに起きる場合は動作が不安定になりやすく，睡眠導入剤を服用している場合は，その影響も受けることから，転倒事故が起こりやすい。さらに寝起き動作も加わることで，基本動作はより複雑となる。

表4・5　食事行為を構成する動作や行為とチェックポイント

| | 住宅内の場所 | | | | |
	居(寝)室	廊下	台所	食堂	洗面所
動作や行為	起居・移乗・移動（寝具上での食事）	台所や食堂，洗面所への移動	起居・移乗・移動，照明・換気扇の操作，冷蔵庫や収納からの出し入れ，水栓やガスの操作，食材のカット・煮炊き，盛り付け，食器洗い・片付け	起居・移乗・移動，配下膳，食具の使用，摂食・嚥下，服薬	手洗い，口腔ケア（歯磨き）
チェックポイント	基本動作の安全性，快適性　福祉用具の有無や必要性，適合状態　寝具上で食事する場合の姿勢管理	身体機能や介護者能力に見合った移動様式であるか　福祉用具の有無や必要性，適合状態	姿勢保持や方向転換，手にものを持っての移動など，調理の際の特殊性に配慮　調理を手助けする自助具の活用	配下膳時の安全性，快適性　摂食・嚥下姿勢と（車）椅子，テーブルの適合性　食具や食器（自助具）の適合性	座位または立位の安全性

また，脳血管障害の後遺症などで，下肢に装具を装着して歩行している場合，就寝中は装具を外しているため，トイレに起きる都度，装具を装着しなければならないが，現実には装具を装着せずに歩行することも多い。このため，「日中は装具を装着して杖歩行が可能であっても，夜間は手すりを使用しないと歩行が困難となる」こともあるため，注意が必要である。

トイレまでの移動が困難な場合は，やむを得ずポータブルトイレを使用する場合がある。移乗方法と排泄時の姿勢保持，及び着脱衣の場所や方法により，肘かけの有無や着脱（跳ねあげ），ポータブルトイレの置き場所を考慮する必要がある。夜間（就寝時間帯）のみポータブルトイレを使用する場合もある。

さらにポータブルトイレへの移乗が困難な場合は，寝具上での排泄として，尿瓶や特殊尿器，差し込み便器が使われ，尿意や便意のコントロールが困難な場合はオムツが使われることがある。この場合はベッド上での寝返りや上方・側方への移動，および尻上げ動作の自立性を高めたり，介助者の負担を軽減したりするために，ベッド用手すりやスライディングシートなどが用いられる。

これらの他，カテーテルによる排尿，自力での排便が困難な場合に行われる摘便，人工膀胱や人工肛門による排泄行為が行われる場合がある。

(3) 入浴行為（表4・7）

入浴行為というと，「脱衣して浴室へ」ということだけを想定しがちであるが，風呂を沸かす，入浴用品や衣類の準備，脱衣室への移動，着脱衣，洗体・洗髪，浴槽出入り，身体を拭く，整髪・整容，後片付けまでを含んだ一連の行為としてとらえる必要がある。

特に注意すべき基本動作として，浴室内での移動があげられる。裸で素足（装具も装着しない），濡れていて滑りやすい（恐怖心）ということから，他の生活行為では自立歩行が可能な場合であっても，つかまり歩行となったり，歩行困難となったりする場合がある。

また，浴槽の出入り（移乗）方法について，立位や座位能力によって，立位でまたぐ場合，座位でまたぐ場合，入浴用リフトを使用する場合がある。つかまった状態で安定して片足立ちができれば立位でまたぐ方法が，そうで

表4・6　排泄行為を構成する動作や行為とチェックポイント

	住宅内の場所			
	居（寝）室	廊下	トイレ	洗面所
動作や行為	起居，移乗，移動（ポータブルトイレや寝具上での排泄）	トイレ・洗面所への移動	起居，移乗，着脱衣，排尿・排便，清拭，水洗	手洗い
チェックポイント	基本動作の安全性，快適性 福祉用具の有無や必要性，適合状態 活動時間帯と就寝時間帯の相違に配慮	身体機能や介護者能力に見合った移動様式であるか 福祉用具の有無や必要性，適合状態 活動時間帯と就寝時間帯の相違に配慮 切迫時や就寝時間帯の基本動作の安全性	基本動作の安全性，快適性 着脱衣時の姿勢保持と安全性・快適性	座位または立位の安全性

48　第4章　生活機能と基本動作の理解

ない場合は座位でまたぐ方法が検討される。さらに座位が不安定（座位能力分類が2〜3，表4・4）な場合や，浴槽内に湯が張られた（浮力がある）状態で，浴槽内での立ち座りが困難な場合は，入浴用リフトの使用が検討される。これらの移乗方法によって，浴槽や浴室に求められる大きさや設備などが異なるため，注意が必要となる。

　座位が不安定な人が浴槽につかる際に，入浴用リフトを使用しない場合は，背中を浴槽壁につけた状態で，背中と反対側の浴槽壁に，膝が曲がった状態で，足部が届くサイズの浴槽を使用する必要がある。

　背中と下肢で突っ張るようにして浴槽内で座位を保持しないと，浮力により臀部が浮き上がり，重力により頭部が沈むため，溺水のリスクがある。足部が浴槽壁に届かず，浴槽サイズの選択や変更が困難な場合は，浴槽の底に吸盤で固定する入浴用台を横にして，足部側の浴槽壁に固定したり，入浴用台に腰かけて半身浴にしたりするなどの配慮が必要と

なる。

　洗体や洗髪時に入浴用椅子を使用することがあるが，基本動作能力に関わらず，「安全だから」と背もたれや肘かけのついた入浴用椅子を安易に選定すると，狭小な洗い場で動作の妨げとなったり，介助がしにくくなることがあるため，座位保持や立ち座り能力，洗い場の広さに見合った入浴用椅子を選定する必要がある。

(4)　外出行為（表4・8）

　外出先（目的）を踏まえた身支度，戸締り，上がり框の昇降や靴の着脱，屋外道路に出るまでの一連の行為である。現実の外出行為は，屋外に出た後の道路環境や交通機関の有無，経由地や立ち寄り先，目的地，移動距離，天候や気温などによって大きく影響を受けるが，本項では身支度から屋外道路に出るまでを一連行為として取り扱う。
①歩いて外出する場合
　玄関までの移動動作，上がり框の昇降動作

表4・7　入浴行為を構成する動作や行為とチェックポイント

	住宅内の場所			
	居(寝)室	廊下	脱衣室	浴室
動作や行為	起居，移乗，（着脱衣），移動	脱衣室への移動	起居，移乗，移動，着脱衣，身体を拭く，入浴用品の準備・片付け，整髪・整容	起居，移乗，移動，湯張り・湯沸かし，水温・水量・温度調整，浴槽ふた開閉，かけ湯，洗体・洗髪，浴槽出入り，浴槽内立ち座り，浴槽内姿勢保持，入浴用品の準備・片付け
チェックポイント	基本動作の安全性，快適性　福祉用具の有無や適合状態	身体機能や介護者能力に見合った移動様式であるか　福祉用具の有無や必要性，適合状態	基本動作の安全性，快適性　着脱衣や身体を拭く時の姿勢保持と安全性，快適性	滑りやすい，裸で介助者がつかむところがないなど，入浴時の特殊性に配慮　福祉用具の有無や必要性，適合状態　動作や行為の安全性，快適性

と靴の着脱動作，玄関から道路までの動線，が課題となる。

上がり框の昇降動作には，a. 立位で行う，b. 床に座って土間に足をおろして，上がり框の段差に腰かけて立ち上がる（帰宅時はその逆）方法があり，これらが困難な場合には，c. 座位または立位で使用する段差昇降用リフトの使用が検討される。

a. 立位で行う場合は，立ち座りや立位保持能力に応じて，靴の着脱を立位で行うか，座位で行うかを検討し，必要に応じて手すりや腰かけを設置する。

②車椅子を使用して外出する場合

a. 居寝室で車椅子に乗る，b. 玄関で車椅子に乗る，c. 屋外（道路）で車椅子に乗る，d. 屋内用と屋外用の車椅子を使い分けている，で基本動作の注意点が異なる。

a. 居寝室で車椅子に乗る場合は，車椅子のままでの屋外道路への動線を確保することが重要で，特に床面と道路面の高さの違い（段差や階段）が課題となり，車椅子用の段差解消機や車椅子ごと吊上げるリフト，作りつけや可搬型のスロープ等が用いられる。玄関部分での段差解消が難しい場合は，掃き出し窓

等の玄関以外から出入りすることが選択されることがある。また帰宅時に車椅子の車輪を拭いてから家屋内に入ることもあり，その作業スペースの確保も考慮する必要がある。

b.～d. については，上記に加え移乗場所と移乗方法の検討が必要となり，d. の車椅子から車椅子への移乗を玄関内で行う場合は，上がり框部分に移乗用リフトを設置し，リフトの昇降機能を使用して，上がり框の段差を昇降する場合がある。

なお，外出時に自動車（タクシー）を使用する場合，座席への移乗動作を確認する必要がある。ワゴン型ではない自動車に，歩行や立ち座りが安定しない人が立位で乗車する場合，前向きに頭（下肢）から乗り込むのではなく，座席の側面に腰掛けて，臀部を回転して下肢を車内に入れる（降車時はその逆）方法を検討する。

車椅子から自動車の座席に移乗する場合で，上記の動作を安全に行えない場合は，座位移乗動作（p.42参照）を選択し，必要に応じてスライディングボードのLサイズ（通常のものより長い主として自動車移乗用）を使用する。

表 4・8　外出行為を構成する動作や行為とチェックポイント

	住宅内の場所				
	居（寝）室	廊下	洗面所	玄関	玄関から道路
動作や行為	起居，移乗，移動，着脱衣，持ち物確認・整理，窓の戸締り，照明・家電製品・火元の確認	玄関，洗面所への移動	歯磨き，整容，手洗い	起居，移乗，移動（上がり框の昇降），靴の着脱，ドアの開閉，鍵の操作	門扉への移動（階段・エレベータの利用等）
チェックポイント	窓の戸締りや火元確認等通常と異なる動作・動線に配慮 起居，移乗，移動方法と安全性，快適性 福祉用具の有無や適合状態	身体機能や介護者能力に見合った移動様式であるか 移動様式と住環境，福祉用具の有無や適合状況 外出着でかばん等を持っての移動に配慮	座位または立位の安全性	基本動作の安全性，快適性 上がり框の昇降方法 靴の着脱時の姿勢保持 車椅子での外出時の段差解消	移動動作の安全性，快適性

4・5

多職種協働による福祉住環境整備

　基本動作能力を見極め，生活行為との関係性を整理した上で，住まいや道具といった物的な環境因子を適合することで，生活機能を改善するためには，さまざまな専門機能の連携・協働（多職種協働；Inter Professional Work, IPW）が必要となる。

　以下，介護保険制度における指定福祉用具貸与事業を例に，福祉住環境整備にどのような専門機能が必要となるか整理する。

　介護保険制度においては，要介護（要支援）被保険者が，居宅サービス計画書に記載された福祉用具について，「指定福祉用具貸与事業者」からレンタルした場合，月額の区分支給限度基準額の範囲内において，保険給付を受けることが可能となっている。

　ここで，保険給付の要件とされている「指定福祉用具貸与事業者」には，「福祉用具専門相談員」を常勤換算で２名以上配置しなければならないと「指定居宅サービス等の事業の人員，設備及び運営に関する基準」（厚生省令第37号，以下，「運営基準」）第194条に規定されているが，この「福祉用具専門相談員」とは，保健師，看護師，准看護師，理学療法士，作業療法士，社会福祉士，介護福祉士，義肢装具士，福祉用具専門相談員指定講習修了者であると，介護保険法施行令第４条に定められている（表４・9）。

　なお，「福祉用具専門相談員指定講習」とは，都道府県知事が指定した講習事業者が開催するもので，介護保険制度等に関する基礎知識，福祉・介護に関する基礎知識，福祉用具に関する知識や技術について学習する，50時間の講習のことである。受講資格要件はなく，誰でも受講することが可能で，修了試験ではなく，習熟度を測るための修了評価が行われる。

　このような「福祉用具専門相談員」の行う指定福祉用具貸与の方針が，「運営基準」第199条及び第199条の２に定められており（表４・10），「利用者の希望，心身の状況及びその置かれている環境を踏まえ，福祉用具貸与計画を作成する」「福祉用具が適切に選定され，かつ，使用されるよう，専門的知識に基づき相談に応じる」「福祉用具の機能，安全性，衛生状態等に関し，点検を行う」「利用者の身体の状況等に応じて福祉用具の調整を行う」「使用方法の指導，修理等を行う」など，相談支援，専門相談，供給・整備，看護・介護，にまたがる専門機能が示されている。

　以上を整理すると，福祉用具活用のためには，①相談支援（ソーシャルワーク機能），②専門相談（コンサルテーション機能），③供給・整備（サプライ機能），④看護・介護（ケアワーク機能），の４つの専門機能（表４・11）（図４・16）が必要であり，それらを担う人材として，８つの国家資格所持者，及び指定講習修了者からなる福祉用具専門相談員が位置づけられているということになる。

　「使う人の状態」に「住まいや道具」を合わせることで，生活行為の自立性や快適性を高めるためには，「住まいや道具」の立場の専門機能だけでなく，「使う人の状態」を特定する専門機能や，「住まいや道具」を使い

こなして看護や介護を提供する専門機能な　　が重要である。
ど，４つの専門機能が協働して対応すること

表4・9　福祉用具専門相談員の定義（介護保険法施行令）（下線は筆者加筆）

（福祉用具の貸与の方法等）
第四条　法第八条第十二項若しくは第十三項又は法第八条の二第十項若しくは第十一項に規定する政令で定めるところにより行われる貸与又は販売は，居宅要介護者（法第八条第二項に規定する居宅要介護者をいう。）又は居宅要支援者（法第八条の二第二項に規定する居宅要支援者をいう。）が福祉用具（法第八条第十二項に規定する福祉用具をいう。以下この項において同じ。）を選定するに当たり，次の各号のいずれかに該当する者（以下この項及び第四項において「福祉用具専門相談員」という。）から，福祉用具に関する専門的知識に基づく助言を受けて行われる貸与又は販売とする。
一　保健師
二　看護師
三　准看護師
四　理学療法士
五　作業療法士
六　社会福祉士
七　介護福祉士
八　義肢装具士
九　福祉用具専門相談員に関する講習であって厚生労働省令で定める基準に適合するものを行う者として都道府県知事が指定するもの（以下この項及び第三項において「福祉用具専門相談員指定講習事業者」という。）により行われる当該講習（以下この項及び次項において「福祉用具専門相談員指定講習」という。）の課程を修了し，当該福祉用具専門相談員指定講習事業者から当該福祉用具専門相談員指定講習を修了した旨の証明書の交付を受けた者

表4・10　厚生省令第37号「指定居宅サービス等の事業の人員，設備及び運営に関する基準」（下線は筆者加筆）

（指定福祉用具貸与の具体的取扱方針）
　第百九十九条　福祉用具専門相談員の行う指定福祉用具貸与の方針は，次に掲げるところによるものとする。
　一　指定福祉用具貸与の提供に当たっては，次条第一項に規定する福祉用具貸与計画に基づき，福祉用具が適切に選定され，かつ，使用されるよう，専門的知識に基づき相談に応じるとともに，目録等の文書を示して福祉用具の機能，使用方法，利用料等に関する情報を提供し，個別の福祉用具の貸与に係る同意を得るものとする。
　二　指定福祉用具貸与の提供に当たっては，貸与する福祉用具の機能，安全性，衛生状態等に関し，点検を行う。
　三　指定福祉用具貸与の提供に当たっては，利用者の身体の状況等に応じて福祉用具の調整を行うとともに，当該福祉用具の使用方法，使用上の留意事項，故障時の対応等を記載した文書を利用者に交付し，十分な説明を行った上で，必要に応じて利用者に実際に当該福祉用具を使用させながら使用方法の指導を行う。
　四　指定福祉用具貸与の提供に当たっては，利用者等からの要請等に応じて，貸与した福祉用具の使用状況を確認し，必要な場合は，使用方法の指導，修理等を行う。
　五　居宅サービス計画に指定福祉用具貸与が位置づけられる場合には，当該計画に指定福祉用具貸与が必要な理由が記載されるとともに，当該利用者に係る介護支援専門員により，必要に応じて随時その必要性が検討された上で，継続が必要な場合にはその理由が居宅サービス計画に記載されるように必要な措置を講じるものとする。

（福祉用具貸与計画の作成）
　第百九十九条の二
　一　福祉用具専門相談員は，利用者の心身の状況，希望及びその置かれている環境を踏まえ，指定福祉用具貸与の目標，当該目標を達成するための具体的なサービスの内容等を記載した福祉用具貸与計画を作成しなければならない。この場合において，指定特定福祉用具販売の利用があるときは，第二百十四条の二第一項に規定する特定福祉用具販売計画と一体のものとして作成されなければならない。
　二　福祉用具貸与計画は，既に居宅サービス計画が作成されている場合は，当該居宅サービス計画の内容に沿って作成しなければならない。
　三　福祉用具専門相談員は，福祉用具貸与計画の作成に当たっては，その内容について利用者又はその家族に対して説明し，利用者の同意を得なければならない。

四　福祉用具専門相談員は，福祉用具貸与計画を作成した際には，当該福祉用具貸与計画を利用者に交付しなければならない。
　五　福祉用具専門相談員は，福祉用具貸与計画の作成後，当該福祉用具貸与計画の実施状況の把握を行い，必要に応じて当該福祉用具貸与計画の変更を行うものとする。
　六　第一項から第四項までの規定は，前項に規定する福祉用具貸与計画の変更について準用する。

表4・11　福祉用具の活用に必要となる機能（厚生省令第37号「運営基準」の整理）

① 利用者の希望及びその置かれている環境を踏まえて相談に応じる機能（ソーシャルワーク機能）
② 心身の状況を把握して必要な福祉用具を選定し，使用方法を指導する機能（コンサルテーション機能）
③ 安全で衛生的な福祉用具を供給し，それらの調整や点検，修理などを行う機能（サプライ機能）
④ 福祉用具を適切に使用した看護や介護を提供する機能（ケアワーク機能）

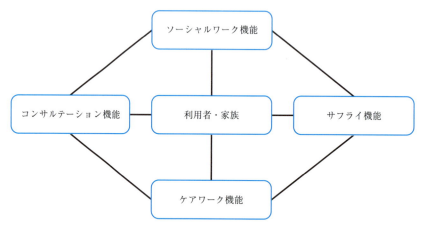

図4・15　福祉住環境整備における多職種協働の概念

第2部 実践編

第5章
福祉住環境整備の考え方

執筆担当：浅沼　由紀

5・1　福祉住環境整備の目標と効果 ……………………54

5・2　個人・環境要因とニーズの整理 ………………56

5・3　生活改善目標と整備方針 ……………………57

5・4　整備の視点と手法 ……………………………59

5・1

福祉住環境整備の目標と効果

1. 福祉住環境整備の目標

　障害や加齢による心身機能の低下は，住宅内での日常生活に不便や不自由を感じたり，住宅外での活動が制限され，本人の活動意欲を低下させる要因となる場合も多い。

　福祉住環境整備の目標は，住み慣れた地域や自宅で，安全な生活環境を確保し，安心・快適かつ主体的な住生活を維持していくことを可能にする環境の構築にある。

　住環境整備のアプローチには，人的援助といったソフト面と，住宅や福祉用具といったハード面に対するものがあり，これらに関わる様々な職種が協働して，本人や家族のニーズに対応した総合的な生活支援計画のもとに住環境整備を行うことが求められる。

　本編（第2部　実践編）では，福祉住環境整備のうち，ハード面に対するアプローチである「福祉用具」と「住宅」を対象として，整備の在り方を論じていく。

　住宅における安全性の確保は，年齢や障害の有無にかかわらず，すべての人にとって最も基本的な要求事項であり，最優先されるべき整備目標である。障害や心身機能低下がある場合には，特に本人の状況を考慮した安全の確保が必要なことに加えて，以下の視点からの住環境整備が重要である。

⑴　サービスを受ける場としての住まい

　福祉用具や各種サービスの活用を考慮した介護者（家族以外の場合もある）の動線やスペースの確保，被介護者の排泄や入浴時のプライバシーの確保，症状の進行や状態の変化

への対応などを考慮する。

⑵　生活拠点としての住まい

　これまでの生活スタイルや価値観を尊重し，プライバシーの確保された私的空間と余暇活動や他者との交流を促す公的空間をバランスよくつないで，様々な活動をしやすい生活環境を整備する必要がある。さらに，本人や家族の意向に沿うかたちでの社会参加を可能にする環境整備が求められる。

　福祉住環境整備は，本人はもちろんのこと，家族にとっても意義あるものでなければならない。

2. 福祉住環境整備の効果

　福祉住環境整備を行うことによる効果には，「自立の支援」「介護負担の軽減」「生活圏の拡大，社会参加の促進」があり，これらの実現が生活の質の向上につながっていく。

⑴　自立の支援

　自立して生活するための基本的な身体的動作である日常生活動作（ADL）の自立は，人間としての尊厳を保つことであり，生活全体に意欲が出て前向きになることにつながっていく。また，状況によってはADLの各動作を，人の手を借りたり道具を用いるなどして行うことができることも重要である。

　生活行為は，自分のことは自分で決める「自己決定」の考えから，本人や家族が決定者となるため，決定を押し付けないよう配慮が必要である。また，整備を行う際には，単に機能性や費用の面から判断するのではなく，本人がどのような生活の再構築を望んでいるの

かをよく理解した上で実施することが求められる。

(2) 介護負担の軽減

住環境整備によって，介護が必要だった生活動作が自立してできるようになったり，介護負担を軽減できる。また，本人や家族に安全・安心をもたらすなど，その効果は大きい。

介護者が家族である場合には，介護の有無や軽減は家族関係の円滑化にも良い影響を与える。

介護者の介護負担の軽減からみた環境整備の効果としては，作業時間の軽減と身体的負荷の軽減がある。この2つの関係から，いずれをより重視するのか，整備の視点を整理することが必要である。

(3) 活動圏の拡大，社会参加の促進

住宅内の活動範囲を広げやすいように，各部屋間の移動を容易にすることが重要である（事例1・3）。ADLの場面ばかりでなく，仕事，余暇活動においても，本人の能力を引き出し，生活の質（QOL：Quality of Life）の向上を図ることができる対応が求められる。さらに生活圏を拡大するためには，玄関廻りの環境整備を行い，屋外での活動や社会参加をしやすい環境づくりが必要である（事例1・1）。

また，移動やコミュニケーションに障害があっても，在宅勤務やインターネットなどの情報通信を活用した社会参加も可能な時代であり，本人や家族が望むかたちでの社会参加を可能にする環境整備が求められる。

5・2

個人・環境要因とニーズの整理

1．福祉住環境整備と障害の捉え方

　福祉住環境整備で重要なのは，本人が主体となった取り組みとして進めるために，本人から真のニーズ（課題）を引き出すことである。

　障害は，人間と環境の相互作用において理解されるものである。ICF（国際生活機能分類：2・3・3）では，生活機能を心身機能・身体構造，活動，参加の概念で捉え，それぞれに問題が生じた状態を機能障害，活動制限，参加制約とし，「障害」と総称している。活動とは個人的次元の学習，知識，コミュニケーション，移動，家事など，参加とは家庭，仕事，学校，地域，情報交換，経済活動，趣味，レクリエーション，対人関係などである。ICFは，生活機能と健康状態，環境因子，個人因子とがそれぞれ双方向に関係する概念として整理されている。個人因子としては，年齢，性別，職業，学歴，経験，性格，ライフスタイルなどがある。環境因子には物的環境，人的環境，社会的環境があり，個人的な環境（住宅，機器，自然環境，家族，友人，仲間，隣人，ケア提供者，価値観，信念など），サービス，制度などを指す。

　本節における福祉住環境整備は，個人因子を踏まえ，環境因子である個人的環境の物的環境を改善することで活動制限や参加制約を解消しようとするものである。

2．ニーズの整理

(1)　身体状況

　身体機能の状況や疾病の現状把握は住環境整備の基本である。中でも住宅の計画・設計条件に最も影響を与えるのが移動能力である。通常，①屋外歩行レベル（自立歩行），②屋内歩行レベル（杖・介助歩行），③車椅子レベル，④座位移動レベル（床上座位），⑤寝たきりレベルに分類される。

(2)　家族状況

　一人で生活をするのか，同居家族はいるのか，その世帯構成はどのようであるのか，介助が必要になった時の介助者は誰なのかなど，日常における家族の状況を確認することは重要であり，それにより住宅の平面計画の考え方は異なってくる。また，高齢者の場合，世帯構成としては，子世帯との同居，高齢者夫婦のみでの生活，単身での生活の3タイプが代表的であり，居住形態としては，親・子の居住距離により同居，隣居，近居，遠居といった分け方をすることが多い。どの住まい方がよいかは，それぞれの家族関係や生活スタイルに対する考え方で異なるので一概には言えないが，近年は，世帯ごとの独立性，自主性を重視する傾向にある。

(3)　住宅状況

　比較的大規模な改修を行う場合には，特に，所有形態（持家，借家など），建築形態（一戸建，マンションなど），住宅構造，法的制限に関する情報収集が大切である。

5・3 生活改善目標と整備方針

1. ニーズを踏まえた計画

整備の直接的な目的は，本人の自立を支援し，QOLを向上させ，介護者の負担を軽減することにあるが，最終的な目標は物理面，心理面，情報面，その他の環境面のバリアフリーを果たし，在宅生活の自立と社会参加を達成することである（図5・1）。住環境整備を踏まえた生活設計の考え方としては，身体状況とともに，本人の生活能力の自立度を把握することも大切であり，本人の一日の生活の様子や，本人がどのような生活を望んでいるのかを把握する必要がある。

2. 高齢者の能力と環境圧力の関係

人間の活動は心身の働きによるものであり，環境への働きかけである。また，活動は人間と環境との相互作用であり，環境が活動の制約条件になることもある。ロートンはこの人間と環境との対応関係を図5・2のように示し，人間の能力と環境から人間に加わる負荷（**環境圧力**）との間に平衡関係があると「適応レベル」であると解釈され，人間活動は身体的にも精神的にも円滑に行われると説明している。

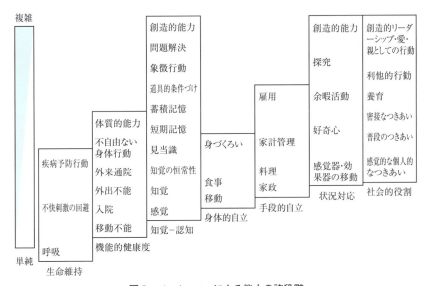

図5・1 Lawtonによる能力の諸段階
出典：日本建築学会編「コンパクト建築設計資料集成 バリアフリー」丸善

環境圧力が適度に強いものであれば、環境は新たな刺激となり、人間は活動性を高め、自己の能力を最大限に発揮することができる。活動性に正の効果がもたらされて、能力は向上し、新たな上位の平衡点（適応レベル）に達する。適正な環境圧力は人間の可能性を展開させていく。

しかし、環境圧力は強すぎるとストレスとなり、低すぎると剥奪感を感じ、人間は不適応行動を示し、活動性に負の効果をもたらす。

高齢者の活動性を高めるのか、維持するのかを決定し、その人の能力に見合った環境圧力を設定することで、環境に適応した行動が可能となる。

自宅での毎日の生活行為を自立して行うための整備として、本人や介護者の最高の能力に合わせて環境整備を行うと、常に精一杯の能力を発揮する生活を続けなければならず、整備後に無理が生じて生活を維持していくことが困難となることがある。

3．将来変化への対応

高齢者は加齢に伴い身体機能が徐々に低下し、疾患によっては著しい低下が起こることがある。事故による障害の場合は、障害は進行せず固定するが、進行性疾患による場合は進行に伴う身体機能の低下もみられる。このような身体機能の低下を住環境整備にどのように反映させるかは、慎重に検討する必要がある。現時点での身体状況に合わせた場合、将来的に不都合が生じることもあるため、本人の身体機能に関する適切な情報を得た上で、整備を進めることが大切である。

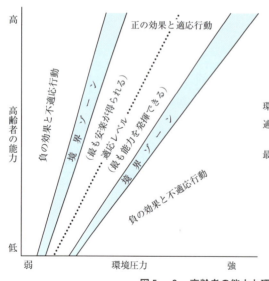

図5・2　高齢者の能力と環境圧力の関係

出典：「高齢者の住まい」市ヶ谷出版社

5・4 整備の視点と手法

1．整備の規模

身体状況や生活状況に適合した住環境整備を物的条件の面から整備する場合，その整備規模の対応のレベルにより「用具レベル」「設備レベル」「単位空間レベル」「住宅レベル」の４つに分けることができる（図5・3）。高齢者や障害者が，より自立した生活を送ることを整備目標として，まずは用具レベルでの検討から始め，設備レベル，単位空間レベル，住宅レベルへと検討を進めていくべきである。これらのどれを採用するかは，本人のニーズ（身体機能の現状と将来の変化，ライフスタイル，住要求），住宅条件，家族状況，経済状況などを把握した上で，総合的に判断して決定する。

(1) 用具レベル

各種の福祉用具などを使用したり，家具配置を変えたり，一般の生活用品を工夫することで対応する。整備に伴う工事などは発生せず，生活者の住まい方の工夫による対応である。

(2) 設備レベル

便器，浴槽などの住宅設備や，戸などの建具や建具金物，水栓金具のような部分について，既存のものを取り外し，より使い勝手のよいものに取り替えることで対応する。簡単な取付工事を伴うが，住宅本体にまでおよぶ工事は発生しない。

(3) 単位空間レベル

浴室，トイレなどの部屋全体を改造することで対応する。住宅本体にまでおよぶ工事が発生する。このレベルには，部屋の規模拡大や扉位置の変更などの建築工事のほか，福祉用具の活用や衛生機器の取替えなど，「用具レベル」「設備レベル」の整備も含まれることになる。

(4) 住宅レベル

高齢者や障害者の生活動線上の問題など，個々の部屋別の改造だけでは整備の効果が得られない場合に，住宅全体を改造することで対応する。大規模な工事となることが多く，工事期間中は生活の場を他へ移す必要が生じる。

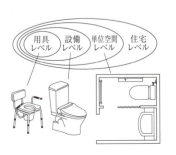

整備例

用具レベル
・家具の移動
・モノの工夫
・福祉用具の活用

設備レベル
・和式便器を洋式便器に
・ドアノブをレバーハンドルに
・開き戸を引き戸に

単位空間レベル
・浴室
・便所
・玄関

住宅レベル
・段差の解消
・手すりの取付け
・間取りの変更（動線計画）
・増改築・建替え・新築

図5・3　住環境整備の規模とその整備例

2. 福祉用具と住宅改造（建築的対応）の関係

介護保険制度における住宅改修費の支給と福祉用具貸与等は，特に「在宅生活」を支援する柱となるものである。ケアプラン作成の際にも，**住宅改造**は福祉用具等の導入や介護体制と一体的に考えていくと，より効果的である。住宅改造をどの程度の規模で行うかについては，改造にかかる費用も含め十分に検討する。その際，介護保険制度による住宅改修費（3・2・4），自治体による住宅改造費助成などの制度の活用も併せて検討するとよい。

(1) 福祉用具で行う配慮と建築で行う住宅改造との連携

福祉用具の導入だけでは目的が達せられず，住宅改造を行うことにより初めて目的が達せられることもある。また，様々な福祉用具を支障なく効率的に活用するためには，段差の解消や必要なスペースの確保などの建築面の整備が必要となる。福祉用具で行う配慮と建築で行う住宅改造を連携させる考え方が大切である。

また，同じ目的でも，様々な方法が考えられる場合がある。たとえば，浴槽への出入りの際，浴槽の縁に腰かけて入ることができる移乗スペースを確保する整備方法としては，①福祉用具であるバスボードの導入，②腰かけスペースのある浴槽への交換，③建築工事による移乗台の設置，④①（または②）＋その設置環境整備のための建築工事，が考えられる（図5・4）。対象者の身体機能や同居家族の意向をよく確認して，福祉用具で対応すべきか，住宅改造で対応すべきかを決定する。

(2) 住宅改造対応による効果と課題

(a) 頑丈なつくり

住宅改造で対応する場合には，頑丈に仕上がることが多く，体重をかけても，がたついたりずれたりする危険性は少ない。浴室の手すりのように使い方により全体重をかけることも多い場所では，浴槽縁にはめ込む福祉用具の簡易手すりでは，ずれたりすることもあるが，浴室壁面に取り付ける手すりは堅固に設置できるので問題が少ない。

(b) 身体寸法や動作特性にあわせたより総合的な空間づくり

福祉用具にもオーダーメイドがあり，本人の身体寸法などに合わせた環境を整えることはできるが，既存の設備・空間に合わせる形での対応となる。建築工事で対応する場合には，改造しようとする部分だけでなく，その周辺も含めた空間全体としてより総合的に改善することが可能になる。

(c) 費用がかかる

住宅改造で対応する場合には費用が多くかかることが多い。業者に工事を依頼すると小さな工事でも日当や材料費などの費用を支払う必要があるが，福祉用具であれば比較的安価で，個人設置が可能なものもある。

(d) 同居家族への対応や将来変化予測に基づく空間計画

同居家族がいる場合，住宅改造を行い，高齢者や障害者仕様にしてしまうと，その他の家族が使用する際に不便さを感じてしまう箇所が出てくる可能性がある。したがって，同じ空間を身体などの状態の異なる複数人が使用するような場所では，同居家族の意向もよく聞いて対応を考えることが大切である。住宅改造を行う場合には，現状改善ばかりでな

く，身体機能などの将来の変化を予測し，それらを含めた計画的改造を行わないと，かえって将来的に使い勝手の悪い空間となる危険性を含んでいる。一般に自立歩行から介助歩行へと身体機能が低下する場合，浴室への車椅子移動を想定して住宅改造を行う場合が多いが，さらに機能低下が進み歩行不能で全介助となると，リフト類の福祉用具を活用しないと入浴動作が不可能になることが多い。

①福祉用具（バスボード）の導入　②住宅設備（浴槽）の交換　③建築工事による移乗台の設置

図5・4　住環境の整備方法例（浴槽への出入時）

第6章
福祉用具の活用

執筆担当：井上　剛伸

6・1　福祉用具とは ……………………………………63

6・2　福祉用具の選択 ……………………………………65

6・3　生活行為別にみた福祉用具 ………………………68

6・1 福祉用具とは

1. 福祉用具とは

福祉用具とは，何らかの障害がある人の生活や活動を広げ，社会への参加を促進する有用な道具および機器である。福祉用具は基本的には個人に作用するが，それを有効に活用することにより，社会における人と人とのネットワークを広げ，より質の高い生活を実現する（図6・1）。

福祉用具という呼び名を広める原動力となったのは，平成5年に施行された**福祉用具法**（福祉用具の研究開発及び普及の促進に関する法律）である。そこでは，「福祉用具とは心身の機能が低下し日常生活を営むのに支障のある老人又は心身障害者の日常生活上の便宜を図るための用具及びこれらの者の機能訓練のための用具並びに補装具をいう。」と定義されている。

2001年5月にWHOで承認された**国際生活機能分類**（ICF：International Classification of Functioning, Disability and Health）においては，福祉用具は環境因子の中に位置づけられている。これにより，福祉用具は，障害者の生活に大きく寄与することが，明確に示されたことになる。

近年，**ユニバーサルデザイン**の考え方が広まっている。これは，すべての年齢，すべての心身機能の人に使いやすい機器や環境の設計を目指すものである。障害のある人の生活の向上に役立つ機器や道具が広い意味での福祉用具であるならば，ユニバーサルデザインに基づいて設計された一般製品も福祉用具として考えることができる。障害者用に特化した福祉用具のみならず，一般製品も含めて役に立つものを積極的に活用するという視点も重要である。一方，ユニバーサルデザインは社会全体で障害を考えるための，良い機会を与えたといえる。製品や環境を設計する際に，障害のある人もその利用者像として含めることが当たり前になる社会の実現は，暮らしやすい社会の構築に向け大きな前進といえる。

2. 福祉用具の分類

ISO（国際標準化機構）では「ISO 9999福祉用具の分類と用語」を定めている。**ISO 9999：2016**においては，大分類として，表6・1に示す12項目をあげている。（財）テクノエイド協会では，ISO 9999：1992を基に**福祉用具分類コード95**（**CCTA95**）を作成し，福祉用具のデータベースに使用している。また，JIS規格では「福祉関連機器用語［義肢・装具部門］（JIS T0101）」および「福祉関連機器用語［支援機器部門］（JIS T0102）」において，用語が定義され，JIS T0102：2011では，ISO 9999に準拠した分類が示されている。

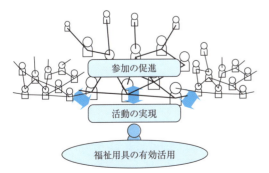

図6・1　福祉用具の有効活用と活動・参加の促進

64 第6章 福祉用具の活用

表6・1 「ISO 9999：2016福祉用具の分類と用語」における分類

大分類	福祉用具
04医療用具［Assistive products for measuring, supporting, training or replacing body functions］	呼吸器治療用具, 環境器治療用具, 光線療法用具, 透析治療用具, 服薬支援用具, 滅菌用具, 理学・生理学・生化学的検査用具, 認知機能検査用具, 認知療法用具, 刺激装置, 温熱・寒冷療法用具, 床ずれ予防用具, 知覚訓練用具, 脊椎牽引療法用具, 運動機能・筋力・バランス機能訓練用具, 創傷ケア用具
05教育・技能訓練用具［Assistive products for education and for training in skill］	コミュニケーション治療・訓練用具, 代替コミュニケーション技能訓練用具, 排泄訓練用具, 認知技能訓練用具, 基本技能訓練用具, 学習支援用具, 芸術活動訓練用具, 社会性訓練用具, 入力装置及び各種機器の操作訓練用具, 日常生活活動訓練用具, 姿勢変換・姿勢保持訓練用具
06義肢装具［Assistive products attached to the body for supporting nuromusculoskeletal or movement related functions（orthoses） and replacing anatomical structures（prostheses）］	脊椎装具, 腹部装具, 上肢装具, 下肢装具, 機能的電気刺激装置とハイブリッド装具, 義手, 義足, 義肢以外の身体補填具
09パーソナルケア関連用具［Assistive products for self-care activities and participation in self-care］	衣類・履物, 装着式保護用具, 身体安定化用具, 更衣用具, トイレ用具, 気管切開部用具, ストーマ用具, 皮膚保護・清拭用具, 採尿器, 収尿・収便用具, おむつ用品, 失禁防止用具, 生理用品, 入浴用具, 爪の手入れ用具, 頭髪の手入れ用具, 歯・口腔の手入れ用具, 顔の手入れ用具, 性行為支援用具
12移動機器［Assistive products for activities and participation relating to personal mobility and transportation］	杖, 歩行器・歩行車, 歩行支援用具付属品, 自動車, 自動車用付属品, バイク, その他の動力付き乗り物, 自転車, 手動車椅子, 電動車椅子, 車椅子用付属品, その他の手動の乗り物, 移乗・寝返り支援用具, リフト, オリエンテーション用具
15家事用具［Assistive products for domestic activities and participation in domestic life］	炊事用具, 食器洗浄用具, 食器, 掃除器具, 衣類の製作・手入れ器具, 園芸用具
18家具・建具・建築設備［Furnishings, fixtures and other assistive products for supporting activities in indoor and outdoor human-made environments］	テーブル, 照明器具, 椅子・座位保持装置, 座位保持装置付属品, ベッド, 家具高さ調節用具, 手すり, 門扉・ドア・窓・カーテン開閉用具, 住宅部品・部材, 昇降装置, 住宅用安全設備, 収納家具
22コミュニケーション・情報支援用具［Assistive products for communication and information management］	視覚支援用具, 聴覚支援用具, 発声支援用具, 描画用具・書字用具, 計算支援用具, 音響・視覚・ビデオ情報処理機, 対面コミュニケーション機器, 電話機・電話用機器, 警報器・信号表示器・リマインダ, 読書支援用具, コンピュータ・端末, コンピュータ用入力装置, コンピュータ用出力装置, コンピュータ入出力装置
24操作用具［Assistive products for controlling, carrying, moving and handling objects and devices］	容器取扱用具, 操作支援用具, 遠隔制御用システム, 上肢・手指機能の支援用具, リーチ延長用具, 定置用具, 固定用具, 運搬用具, 収納棚
27環境改善機器・作業用具［Assistive products for controlling, adapting or measuring elements of physical environments］	環境改善用具, 計測機器
28就労および就労訓練機器［Assistive products for working activities and participation in employment］	作業用家具, 移送支援機器, 持ち上げ・配置支援機器, 固定・リーチ・把持支援機器, 就労用機器・道具, 試験・測定用具, 事務作業用具, 健康保護・安全用具, 評価・就労訓練用具
30リクリエーション用具［Assistive products for recreation and leisure］	玩具, スポーツ用具, 音楽関連用具, 写真・ビデオ用品, 手芸・工芸用材, 狩猟用具・釣り用具, キャンプ用具, 喫煙用具, ペット用具

6・2 福祉用具の選択

1. 福祉用具選択のポイント

使用者の生活にあった用具でなければ，どんなに高価なものでも有効には活用されない。したがって，**福祉用具の選択**においては，生活に関する十分な情報を考慮し，慎重に行う必要がある。主なポイントを以下に示す（図6・2）。

(1) 本人の状況

本人の状況については，身体的要因，精神的要因，心理的要因の3つの面を考慮する。身体的要因では，本人ができる動作およびしている動作が用具の使用において重要なポイントとなる。また，医学的な禁忌事項や二次障害の可能性も確認しておく必要がある。精神的要因では，認知や判断などの精神機能を確認する。また心理的要因では，生活に対する意欲や介護者への思い，好みや習慣などについて確認する必要がある。

(2) 介護者の状況

介護者の状況では，介護力，技術的要因，心理的要因の3つの面を考慮する。介護力では，介護者の数，介護者の身体機能や体力，介護者への負担について確認する。技術的要因は主に，介護技術に関することで，適した介護方法を習得しているか，介護における危険を判断できるか，などがポイントとなる。福祉用具の使用方法を理解できるかについても確認が必要である。心理的要因は，本人と介護者との関係やお互いの思い，心理的負担の感じ方などがポイントとなる。

(3) 住環境

福祉用具と住環境との適合は重要である。住宅改修を行う場合は，それを想定した用具の選択を行う。福祉用具を使用する場所の広さや高さといった寸法，段差や床の材質などを確認する。

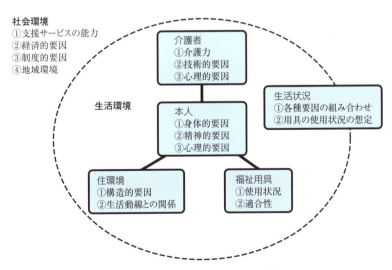

図6・2　福祉用具選択におけるポイント

(4) 使用している福祉用具

現在使用している福祉用具がある場合や，併用する福祉用具がある場合は，それとの適合性も考慮する必要がある。使用スペースの問題や，動作が干渉しないかなどを確認する。

(5) 社会環境

社会環境では，利用できる福祉サービスや用具の給付制度，家庭の経済状態などが重要なポイントとなる。また，住んでいる地域の道路状況や交通機関などの利用についても確認する。

(6) 生活状況

以上示した個々の要因を考慮するとともに，それぞれの要因を組み合わせて考慮することにより，本人の生活状況を組み立て，その福祉用具がどのような状況の中で使用されるのかを確認する。有効な福祉用具を選択するためには，この生活状況の確認が最も重要である。

2．自立支援と介護支援

福祉用具の選択において，第一に考えるべきことは，利用者の自立を促進することである。障害により低下した機能を最大限活かしながら，一人でできることを，なるべく増やしていくことが重要である。しかし，それだけを考えてしまっては，生活に支障をきたす結果を招く可能性がある。使用者本人の生活状況を十分考慮したうえで，**自立支援**と**介護支援**を上手に組み合わせる必要がある。介護支援を目的とした福祉用具でも，利用者の自立を大きく促進する場合もある。たとえば，リフトは，基本的には介護負担を軽減することを目的とする。しかし，移乗が楽に行えるようになることで，車椅子での移動の自立が可能になったり，さらには，社会参加が自立するということも考えられる。生活全体を考えた福祉用具選びが大切である。

3．福祉用具選択の流れ

図6・3に代表的な福祉用具選択の流れを示す。

(1) ニーズの確認

まず，本人や家族の**ニーズ**を把握することからはじまる。ここでは，単なる要求ではなく，**真のニーズ**を抽出し，確認することが重要である。たとえば，寝たきりの高齢者から**褥瘡**のできにくい**エアマット**の要望があった場合，その真のニーズは，リフトを使うことでベッドから車椅子に移乗し，リビングで日中を過ごすこととなる可能性がある。表面の問題にとらわれず，問題の本質を見抜く必要がある。

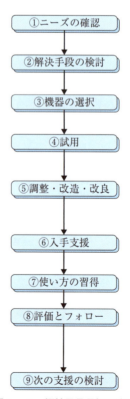

図6・3　福祉用具選択の流れ

(2) 解決手段の検討

解決手段は福祉用具のみではない場合もある。いろいろな解決方法を挙げ，それぞれの利点，欠点を考慮して，解決手段を決定する。その上で，福祉用具の選択を行う。選択においては，それぞれの機種の特徴を十分把握し，本人の生活に適したものを選択する。

(3) 機器の選択，試用，調整・改造・改良

選択した機器については，デモ機などを利用して，本人にあわせて調整や改造などを施した上で，本人，介護者，住環境など，可能な限り実際の使用状況に近づけて使用してみることが大切である。短時間のみではなく，できれば1週間〜2週間の試用を行う。生活の中で使うことで，様々な問題を事前に把握することが可能となり，その結果，さらに調整や改造を繰り返すことも多々ある。その際レンタルによる使用も有効である。

(4) 入手支援

使用できる機種が固まった時点で，入手方法の検討を行う。公的な給付制度や自己負担の限度など，入手に必要な情報を収集し，最適な方法を決定する。補装具では，**更生相談所**などでの判定に要する期間も含めて考慮する必要がある。

(5) 使い方の習得

福祉用具は使い方が重要である。正しい使い方を使用者が理解し，効果を最大限引き出すようにするべきである。また，**フォローアップ**も重要であり，想定した効果が得られているかどうか，新たな傷害や二次障害を引き起こしていないか，身体状況の変化に対応できているか，などを定期的に確認し，さらなる支援を考えることも必要である。

これらの流れの中で，確認すべき項目は非常に多岐にわたる。障害の特徴や**二次障害**といった医学的項目，給付制度のような社会福祉学的項目，福祉用具の特徴など，様々なバックグラウンドからのアプローチが必要である。これらの問題を解決するための一つの方策として，**チームアプローチ**がある。福祉住環境コーディネーターに加えて，医師，セラピスト，ケースワーカー，エンジニアなど，それぞれの専門性をもった職種がチームを組み，いろいろな視点からチェックすることで，最適な用具選択が可能となる。現在，リハビリテーションセンターや障害者支援機器活用センター等がこのような**適合**の場として整備されており，それらの活用も有効である。

6・3

生活行為別にみた福祉用具

1．寝る　就寝

(1) ベッド

(a) 特徴と構造

ベッドの使用目的は，就寝のみではなく，食事などのベッド上での活動，さらには寝たきりにならないための起きあがり，立ち上がり，移乗といった移動に向けての第一歩という位置づけもある。これらを総合的に判断すると，布団よりもベッドを使用するほうが効果的である場合が多くなる。

図6・4に電動介護用ベッドの一例を示す。**電動介護用ベッド**の主な機能としては，ベッド全体の高さ調整機能，背上げ機能，膝上げ機能がある。図のベッドでは，高さ調整をレベルピンにより行い，背上げはスイッチ操作により電動モーターで行い，膝上げはクランクをまわすことで行う。また，**サイドレール**がついており，就寝時の転落防止および立ち上がりの際の支えとなる。ベッドの脚には移動用にキャスターがついているものが多く，それらには固定のためのロックブレーキがついている。

(b) 種類

電動介護用ベッドはそのモーターの数から，下記のように分類される。

1) 1モーターベッド：背上げ，膝上げを同時に連動して行う。または背上げのみを行う。

2) 2モーターベッド：背上げ，膝上げを連動させて一つのモーターで行い，もう一つのモーターで高さ調整を行う。または，背上げを一つのモーターで行い，もう一つのモーターで高さ調整を行う。

3) 3モーターベッド：背上げ，膝上げ，高さ調整をそれぞれ独立して行う。

4) 4モーターベッド：背上げ，膝上げを独立して行い，高さ調整を頭側と足側で独立して行う。

また，**ベッドボトム**の数や形状によっても分類される。背に1枚，大腿部に1枚，下腿部に1枚の3枚ボトムのものから，4枚ボトム（図6・4），5枚ボトムなどもある。また，身体の形状に合うように，ボトム全体がカーブを描くような構造となっているものもある（図6・5）。

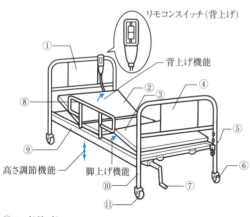

① ヘッドボード
② ベッドボトム(背部)
③ ベッドボトム(脚部)
④ フットボード
⑤ 高さ調節レベルピン(掛け替え式)
⑥ ロックキャスター(ロック機構付き)
⑦ クランク・ハンドル(脚上げ)
⑧ サイドレール
⑨ フレーム
⑩ 脚
⑪ フリーキャスター(ロック機構なし)

図6・4　電動介護用ベッドの一例

図 6・5　波状ボトムを持つ
ベッド

(c)　選択のポイント

1) ベッド上での活動

　医学的な要因等により，やむをえずベッド上での生活時間が長くなる場合，就寝以外にも食事，更衣，整容等，ベッド上で行う生活行為が多くなる。このような場合，背上げ，膝上げといった姿勢変換機構がついたベッドを選択する方がよい。背上げにより座位をとった場合，図 6・6 に示すように，上体は前に押し出される力（F）を受け，骨盤が前方にずれる原因となる。膝を上げた場合，そのずれを防止する効果が得られ，**座位姿勢**の崩れをなくすことができるため，背上げ機構とともに膝上げ機構のついたものを選択した方がよい。

　また，本人がスイッチ操作可能な場合，電動ベッドを選択することで，**姿勢変換**を自由に行うことが可能となり，自立への第一歩となる。姿勢を起こすことにより**覚せい度**が向上するといったデータもあり，姿勢変換機能の効果は高い。

2) 介助動作

　ベッド上の利用者を介助するにあたっ

$f ≒ F \sin α$ となり，体幹のズレが軽減される。

図 6・6　ベッド上の座位姿勢
と力のかかり方

て，**ベッド高**は重要な因子となる。

　ベッド上での身体の移動や**寝返り**，更衣など被介助者の身体を動かす介助は，介助者に対して大きな身体的負担となる。特に腰への負担は大きく，**腰痛**発生の原因となる。低いベッド上での介助では，介助者は腰をかがめる姿勢となり，腰部への負担は特に大きくなる。介助者の身長を考慮した上で，ベッドを高めに設定する必要がある。

　起き上がり介助が必要な利用者では，背上げ機構のついたベッドを選択した方が，介助が楽になる。電動式では，介助者の負担はさらに軽減される。

3) ベッドサイドでの**端座位**

　ベッドサイドで端座位がとれる場合，ベッド上で背上げによる座位をとるのではなく，ベッドサイドに座って日常を過ごす方が良い（図 6・7）。この場合，足裏がしっかり床に接し，膝関節が90°程度になるように，ベッド高を調節する。その高さは，前述の介助動作のためのベッド高とは異なることが多い。したがって，高さ調節の可能なベッドを選択する必要がある。ベッドを一番低くしても，足裏がつかない場合，キャスターをはずすなどして，ベッド高を下げる場合もある。

図 6・7　ベッドサイドで
の端座位

4）立ち上がり

端座位からの立ち上がりにおいては，本人の能力にもよるが，ベッド高を高めに設定した方が立ち上がりやすい。電動昇降機能のついたベッドを利用することで，安定した端座位をとるためのベッド高から，徐々にベッドを上昇させ，立ち上がりやすい高さまで調節することが容易になる。利用者自身がスイッチを押すことで，立ち上がりの自立の促進にもつながる。

5）設置場所

ベッドの設置場所はベッド上で行う生活行為や介助，ベッドからの移動方法などを考慮して決定する。ベッド上での介助が多い場合は，ベッドを壁から離し，ベッドの両側から介助を行えるような配慮が必要である。片マヒ者で車椅子を利用して移動する場合には，移乗時に車椅子を図6・8，6・9のように配置する。ベッドから車椅子への移乗の時はベッドに端座位で座った状態で健側に30°程度の角度をつけ，車椅子からベッドへの移乗の時はその逆になる。したがって，このようなスペースをベッドの横に確保する必要がある。歩行可能な利用者では，ベッドから立ち上がった後の手すりや支えの位置を考慮することも重要である。

図6・8 ベッドから車椅子への移乗（右マヒの場合）

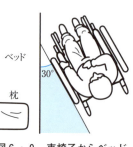
図6・9 車椅子からベッドへ（右マヒの場合）

(d) 使用における注意点

1）ベッド機能の活用

ベッドは寝る場所，休む場所という考えが一般的に浸透しているが，前述のように自立に向けての大切な第一歩を踏み出す場所である。姿勢を変える，起きあがる，座る，立ち上がる，車椅子へ移乗するなど，ベッドには多くの要求が向けられる。ベッドの機能を十分に活用することで，これら種々の活動を自立して行える方策を常に考えるべきである。

2）電動介護用ベッド

電動介護用ベッドはスイッチを押すだけで，昇降や背上げ，膝上げを行うことができ，とても便利な機能を有する。しかし，その反面危険も含んでいる。背上げを行うと背部分の**ベッドボトム**がサイドレールと交差する場合がある。その間に上肢を挟むと，モーターによる大きな力が人体にかかり，容易に怪我をする。また，点滴のチューブや**ナースコール**のケーブルなどが，背上げにより引っ張られることもある。

(2) マットレス・エアマット・体位変換クッション

(a) 種類と特徴

1）マットレス

マットレスには，スプリングを使ったもの，ウレタンフォームやポリエステル繊維を使ったものなど，様々なものが市販されている。それぞれの材質によって，弾力性，保湿性，吸湿性，抗菌性，通気性等の特徴が異なる。弾力性は重要なポイントであり，固いマットレスの方が，ベッド上での移動や寝返りは行いやすいが，圧力分散性が悪くなり，褥瘡ができやすくなる。

2）エアマット

　褥瘡予防に効果のあるマットで，空気圧で身体を支えることで，圧力分散性を向上させたものである（図6・10）。隣り合ったセル（空気でふくらむ部分）が周期的に膨張と収縮を繰り返し，圧力のかかる身体の支持面を変えることで除圧効果を発揮するものや，マットの表面からわずかに空気を噴出させ湿気の除去に効果のあるものなどがある。

3）体位保持クッション

　褥瘡や関節の拘縮などがある場合，側臥位をとることが効果的である。そのために用いるものが体位保持クッションである。断面が三角形のものや，枕状のものなどがあり，大きさも数種類そろっている（図6・11）。

(b) 選択のポイント

　マットレスの選択にあたり，一番はじめに考えなければならないことは，褥瘡の危険性である。過去に褥瘡があった場合や，現在褥瘡がある場合では，圧力分散を優先したマット選びを行う必要がある。圧力分散の考え方の基本は，マットと身体の接触面積を大きくとることである。図6・12のように固いマットレスでは身体の突出部分のみが接触部位となり，そこに大きな圧力がかかるが，やわらかいマットレスでは身体が沈み込み，接触面積が大きくなり，圧力が分散され除圧効果を得ることができる。褥瘡の危険性が高い場合は，エアマットの使用が推奨されるが，選択にあたっては，圧力センサーなどを使って，褥瘡危険部分にかかる圧力を確認する。それにより，エアマットのセルの厚みを選択する。厚みが足りないエアマットでは，エア部分がなくなり直接マットレスについてしまう底付き現象が起き，逆に褥瘡の危険性を増大させることになるので，注意が必要である。エアマットは，ベッドに直接置くのではなく，マットレスを間に入れてその上に置いて使用する。褥瘡の危険があまり高くなく，2時間おきの寝返りや介助が可能な場合は，体位保持クッションを活用して，寝返りによる除圧で対応する場合もある。

　褥瘡の危険性がない場合は，標準のマットレスを使用する。その際のポイントは，ベッド上での移動や体位変換の能力である。やわらかいマットレスではそれらが行いにくくなり，起きあがりや立ち上がりが自力ではできなくなる場合がある。固すぎるマットレスで

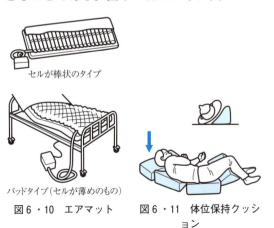

図6・10　エアマット　　図6・11　体位保持クッション

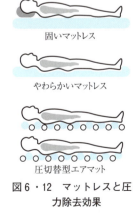

図6・12　マットレスと圧力除去効果

は，寝心地が悪くなるので，それらを考慮した選択も必要である。

(3) ベッド付属品

(a) 種類と特徴

1) サイドレール

サイドレールは利用者の転落防止が主な用途であるが，ベッドサイドでの端座位や立ち上がりなどを行いやすくする機能もある。差し込み式と折りたたみ式があり，体位変換や起きあがり，立ち上がりの際に使用する場合は，それらの動作が行いやすいものを選択する。ベッドサイド全体を覆ってしまうサイドレールもあるが，これでは端座位や立ち上がりには使用できない。図6・13に示すように，柵が90°曲がり，移動用バーと兼用となるものもある。立ち上がりや移乗の際に有効である。サイドレールの隙間に頭部がはさまり，死亡する事故も起きている。認知機能が低下している利用者には，隙間をうめるなどの配慮が必要である。

2) シグナル関連機器

ベッド周辺のシグナル関連機器としては，**環境制御装置**とナースコールがある。

環境制御装置は，**呼気スイッチ**などにより，テレビ，エアコンなど室内の電気製品を操作することができるものである（図6・14）。多いものでは，50チャンネル程度の制御が可能である。また，最近は**音声認識装置**を搭載し，声で指令を出すことで，各種の機器が操作できるものもある。

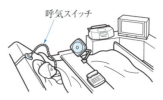

図6・14 環境制御装置

ナースコールは，有線と無線のものがあり，スイッチを押すことで介護者に連絡をとることができるものである。有線式では，コードの取り扱いが面倒であり，住環境整備を必要とする場合がある。住宅内であれば無線式の方が取り扱いやすいが，壁がコンクリートの場合，通信が阻害されることがあり，確認した上で導入する。非常時に動作しなければ意味がないものであるので，日頃から動作確認が必要である。

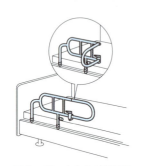

図6・13 立ち上がり補助となるサイドレール

図6・15 ベッド用テーブル（ベッド上）

図6・16 ベッド用テーブル（ベッドサイド）

図6・17 背もたれ付ベッド用テーブル

3）ベッド用テーブル

　ベッド用テーブルはベッド上での使用を意図したものと（図6・15），ベッドサイドでの使用を意図したものがある（図6・16）。可能であれば，なるべくベッドサイドで端座位をとった状態で，食事やテーブル上での作業などを行う方がよい。また，ベッドサイドでの端座位を容易にするために，背もたれ部のついたものもある（図6・17）。

2．整える　整容・更衣

(1) 福祉用具活用のポイント

　整容・更衣においては，**自助具**（Self-help device：自らを助ける用具）の活用が有効である。自助具活用の機能は表6・2に示すように概ね5つある。自助具には，市販されているものもあるが，**作業療法士**などが個々の利用者の状況に合わせて，手作りする場合もある。自助具は非常に単純でシンプルな福祉用具であり，利用者に適した形状や機構であることが重要なポイントとなる。また，近年，障害のある人にもない人にも使いやすい用具としての，共用品という考え方が広まっており，これらの用具を活用することも有効である。

(2) 種類と特徴

1）リーチャー

　リーチャーは，把手を握ることで，先端部が開閉し，物をつかんだり引っかけたりすることができるものである（図6・18）。リウマチなどにより上肢の関節可動域に制限がある場合に有効である。また，車椅子使用者などでは，地面に落ちた物を拾い上げる際に使う場合もある。

2）ドレッシングエイド

　リーチャーと似ているが，主に衣服の着脱の際に用いる。リーチャーよりも短めで先端のフックで衣服を引っかけて使用する。関節可動域に制限がある場合に有効である（図6・18）。

3）ストッキングエイド

　関節可動域に制限がある場合に，靴下やストッキングの脱ぎ履きの際に用いる。へら状の本体の先に靴下やストッキングをはかせ，ひもを引っ張り上げることで履くことができる（図6・19）。

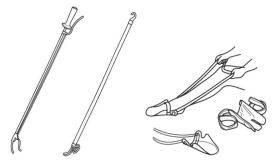

図6・18　リーチャーとドレッシングエイド　　図6・19　ストッキングエイド

表6・2　自助具活用の機能

① 切断や奇形による身体的欠損，損傷や疾病による筋力低下に対して，動作や姿勢保持の力を代償するもの
② 切断や奇形による身体的欠損，損傷や疾病による関節の動きの制限に対して，代償機能をもつもの
③ 損傷や疾病による感覚知覚の障害機能を代償するもの
④ 特に脳の損傷や疾病による物の握離・保持・移動などの動作における運動調節の機能障害を代償するもの
⑤ 損傷や疾病による両手動作の機能障害を代償するもの

4）ボタンエイド

先端の金属製のループに，ボタン穴を通してボタンを引っかけ，それを引っ張ることでボタンかけを行う（図6・20）。上肢の可動域制限がある場合や，手指の巧緻性が低下している場合に有効である。

5）固定式爪切り・爪ヤスリ

爪切りを台に固定した物であり，その台の裏には吸盤やゴムの滑り止めが取り付けられている（図6・21）。

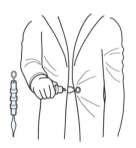

図6・20　ボタンエイド　　図6・21　固定式爪切り

6）電動歯ブラシ

市販の電動歯ブラシで，場合によっては保持しやすいように柄などを取り付けたり，固定して使用する（図6・22）。上肢の巧緻性が低下している場合に有効である。

図6・22　電動歯ブラシ

7）長柄・変形柄付きくし・ブラシ

くしやブラシに長い柄や変形した柄をつけたものである（図6・23）。上肢に可動域制限がある場合に有効である。

8）ドライヤーホルダー

片マヒや上肢障害のある場合，ドライヤーなどを固定しておくことで，整髪を行いやすくすることができる（図6・24）。

図6・23　柄つきブラシ　　図6・24　ドライヤーホルダー

3．排泄する

(1) 福祉用具活用のポイント

排泄は人の尊厳に大きく影響する生活行為である。できるかぎり，排泄はトイレで行うことが望ましい。排泄をどこで行うかを決定するためには，身体状況や介護の状況，家屋の状況を総合的に考える必要がある。ポイントとしては，①尿意・便意のコントロール，②トイレまたはポータブルトイレなどへの移動方法，③排尿・排便動作，④介護力などである。また，介護の体勢などに応じて，昼間の方法と夜間の方法を分けるなどの，複数の対応を考えることも有効である。

(2) 種類と特徴

1）補高便座

トイレまでの移動に問題がなく，便器との立ち座りに問題がある場合に，**補高便座**は有効である。洋式便器の上に置いて高さを補うものと（図6・25），便座自体が電動で上下するものがある。便器の上に置く場合，高さが利用者にあったものを選択する必要がある。高い方が立ち上がりはしやすくなるが，座位をとった際に足が床にしっかりつかず，不安定になり危険である。また，固定がゆるむと，転倒の危険がある

ため，使用時には確認が必要である。電動上下のタイプでは，家族が使用する際も邪魔にならず，有効である。

和式トイレを洋式に変換する便座もある（図 6・26）。

図 6・25 補高便座

図 6・26 和式トイレ用洋式変換便座

2）温水洗浄便座

上肢の**関節可動域**に制限があったり，手指の巧緻性が低下して，臀部を拭くことが困難な場合に，温水洗浄便座は有効である。ただし，高齢者には操作方法を理解することが難しい場合がある。

3）**身体障害者用便器**

通常の洋式便器よりも，縦に長い形状をしている。便器をまたいで座るため，導尿や座薬の挿入が容易となる。

4）トイレ兼用シャワーキャリー

トイレまでの移動が困難な場合，トイレ兼用シャワーキャリー（図 6・33）を利用することで，トイレまで移動し，便器に移乗することなく，排尿，排便を行うことができる。トイレの広さに適合しているもの，便器の高さにあったものを選択する。また，褥瘡の危険性が高い場合は，使用しないことが望ましい。

5）ポータブルトイレ

ポータブルトイレは，トイレまでの移動が困難な場合に有効である。ただし，居室等で排尿，排便を行うことになり，利用者の心理的な要因も考慮する必要がある。ポータブルトイレには，標準型（洋式便器型）（図 6・27），**木製椅子型**（図 6・28），四脚型（コモードタイプ，図 6・29）がある。標準型では足下があいていないが，木製椅子型，四脚型では足が引けるようになっているため，立ち上がりやすい。使用者の身体状況に応じた，立ち上がりやすい高さのものを選択することも重要なポイントである。

6）尿器・差し込み便器

トイレへの移動やポータブルトイレへの移乗が困難な場合，ベッド上で排泄を行うことになる。尿器にはしびんや，図 6・30に示すような，受尿器と収尿器がチューブでつながれた尿器などがある。そのほか，排尿がはじまったことを検出して，自動的

図 6・27 標準型ポータブルトイレ

図 6・28 木製椅子型ポータブルトイレ

図 6・29 四脚型ポータブルトイレ（コモードタイプ）

図 6・30 尿器

にポンプで吸い取る自動採尿器もある。ベッド上での排便には，小型差し込み便器（図6・31）が有効である。褥瘡の危険がある場合には，挿入時などに皮膚がこすれないように注意が必要である。

図6・31　差込み便器

4．入浴する

(1) 福祉用具活用のポイント

入浴は身体を清潔に保つばかりではなく，①皮膚や粘膜の働きを高め感染を予防する，②リラックスした爽やかな気分が得られ意欲的になる，③人との交流や社会参加に自信が持てる，といった効果を得ることができる。反面，浴室は高齢者・障害者にとって，転倒や溺死といった事故の危険性が高い場所でもある。安全面も十分考慮した対応が必要である。

入浴は，多くの動作を組み合わせて行われる。主な動作は，a)浴室までの移動，b)身体の洗い方，c)浴槽への出入りの3つとなる。このほかに衣服の脱着，浴室の段差越え，浴槽内での身体の安定なども重要な動作になる。これらを実現するためには，①本人の身体機能，②住環境，③福祉用具，④介助力といった要素を検討した上で，最も適した方法を選択する必要がある。住宅改修と福祉用具を，有効に組み合わせた対応をとることが重要である。

入浴には，いくつかのサービスを選択することも可能である。自宅での入浴サービスでは，自宅の浴室を使用する場合と簡易浴槽による入浴がある。また，デイケアなどで施設での入浴を行う場合もある。介護力が不足している場合には，これらとの組み合わせも有効である。

(2) 種類と特徴

1) 入浴用椅子

入浴用椅子は浴室内で洗体，洗髪，シャワー時に座る椅子である。キャスターのないものは**シャワーチェア**と呼ばれ（図6・32），キャスターのついているものは**シャワーキャリー**と呼ばれる（図6・33）。使用者の身体機能にあわせて，背もたれの有無，肘掛けの有無，シートの形状を選択する。シャワーキャリーではリクライニングするものもある。

図6・32　シャワーチェア（背もたれ，肘掛け付）　　図6・33　シャワーキャリー（4輪キャスタータイプ）

褥瘡の危険性が考えられる場合には，座面のクッション性などを確認する必要がある。また，使用前後の皮膚のチェックなども行う必要がある。

シャワーキャリーでは，浴室までおよび浴室内での移動ができる。浴室までおよび浴室入り口に段差がある場合には，すのこやスロープといった，段差解消用具との併用が必要となる場合が多い。

2）浴槽用手すり（工事が必要な手すりについては8・5参照）

立位での出入りが可能な場合，手すりの活用は有効である。図6・34に示すように，浴槽の縁を挟むことで取付け，浴槽の縁をまたいで出入りする場合に，身体の支えとなる。手すりの向きは浴槽の縁と垂直のものと平行のものがあり，浴室の構造，身体状況などから適した方を選択する。浴槽の縁を締め付けるため，浴槽の種類によっては取り付けられない場合もある。また，締め付け部分がゆるむ可能性もあるため，ねじの固定具合を確認する必要がある。

図6・34　浴槽用手すり

3）入浴台

浴槽の出入りの際に，一度腰掛けると転倒の危険性なく，安全に出入りができる。その時に腰掛ける台が入浴台である。洗い場側に置くもの（図6・35）と浴槽の縁に渡すバスボード（図6・36）がある。また，洗い場側に片脚があり，片側を浴槽の縁に固定するタイプや，ターンテーブルと組み合わせたものもある。

洗い場側に置く場合には，浴槽の縁と高さが同じになるように調節する。また，片マヒ者の場合，マヒ側に応じて入浴台の設置位置が異なるので，注意が必要である。

バスボードでは，浴槽の大きさに適したサイズで，しっかりと固定できるものを選択する。

4）入浴用リフト

入浴用リフトには，懸吊式のもの（6・3・5参照）と浴槽内に設置して昇降を補助するもの（図6・37）がある。懸吊式のものでは，シャワーチェアから切り離して，椅子ごと吊り上げる方式もある。**浴槽内昇降機**では，工事は必要ないものの，重量があり取り外しが容易ではないため，家族が入浴する際に邪魔になるという問題もある。

5）浴槽

浴槽は大きく分けると和式，洋式，和洋折衷式に分けられる（図7・31）。浴槽で問題となるのは，洗い場から縁までの高さ，浴槽内の深さ，幅，長さである。洗い場から縁までの高さおよび浴槽内の深さは，出入りの際に問題となる。また，幅は大きすぎると手すりまでの距離が遠くなり，出入りや浴槽内での姿勢の保持が行いにくくなる可能性がある。浴槽内の長さは，利用者の姿勢が不安定な場合は重要な因子となる。大きすぎると足先が浴槽内壁に届かず，溺

図6・35　入浴台　　図6・36　バスボード　　図6・37　浴槽内昇降機　　図6・38　浴槽内での溺死の危険性

6）洗体用具

洗体を補助する用具としては，柄付きブラシ（図6・39），ループ付きタオル（図6・40），ワンタッチ式シャワーヘッド（図6・41）などがある。柄付きブラシやループ付きタオルは片マヒや上肢の関節可動域に制限があり，身体に届きにくい場所がある場合に有効である。ワンタッチ式シャワーヘッドは，片マヒなどでシャワー用水栓に手が届かない場合に，シャワーヘッドのボタン操作で開閉を可能とするものである。

7）すのこ

すのこは高さの問題を解決するのに有効である。浴室の洗い場に敷き詰めて使用すると，入り口の段差を解消することができ，歩行が不安定な場合やシャワーキャリーなどで浴室に入る場合に効果的である。浴槽が深い場合には，浴槽内に敷いて深さを調節することもできる。

8）滑り止めマット

浴室内，浴槽内での転倒の危険性がある場合，滑り止めマットが有効である。置いて使用するマットと，シールのように貼り付けるマットがある。やわらかい材質のものでは，歩行の安定性が低下する場合もあるので，選択には注意が必要である。また，手すりと併用する方が望ましい。シャワーキャリーを使用する場合は，やわらかい材質では走行抵抗が大きくなる。

9）シャワー浴装置

入浴用椅子に座って，全身にシャワーを浴びることができる装置である（図6・42）。浴槽に入ることが難しい場合などに有効である。

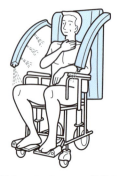

図6・42　シャワー浴装置

5．移動する　移乗

(1) 移乗補助用具

(a) 移乗方法

ベッドから車椅子への移乗は，寝たきり状態から解放され，生き生きとした日常生活を行うための第一歩となる。しかし，下肢の機能に障害のある人の移乗介助は，介助者への大きな負担となることも事実である。介助者・被介助者の身体状況を判断し，双方の負担を

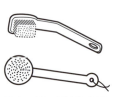

図6・39　柄付きブラシ

図6・40　ループ付きタオル

**図6・41　ワンタッチ式の
シャワーヘッド**

軽減する介助方法を選択することが重要である。そのために、福祉用具を有効に活用することが必要となる。以下に主な移乗方法を示す。

1) **立位移乗**（自立）

立ち上がりが可能な場合、一度立位をとり、身体の向きを変えることで移乗を行う方法である（図6・43）。

図6・45 対面式一人介助　図6・46 二人介助移乗
　　　　移乗

図6・43 立位移乗（自立）　図6・44 座位移乗（自立）

2) **座位移乗**（自立）

立ち上がりが困難で上肢の障害が軽度の場合、上肢で上体を支持しながら移乗を行う方法である（図6・44）。

3) **対面式一人介助移乗**（介助）

立ち上がるための筋力が、少しでもある被介助者を対象とした方がよい。**四肢マヒ者**を対象とした場合、介助者の負担は大きくなる。介助者の膝を被介助者の膝の間にいれ、被介助者の腰部を抱えて立ち上がらせる。続いて、身体を回転させて移乗先（ベッド・車椅子等）に座らせる（図6・45）。

4) **二人介助移乗**（介助）

四肢マヒ者が対象となる。介助者の一人は膝から下腿を持ち、もう一人は**被介助者**の脇の下から手を入れ、被介助者の腕をもつ。かけ声をかけるなどしてタイミングをあわせ、被介助者を持ち上げて移乗する。2人で行っているものの、介助者への負担は大きい（図6・46）。

5) **リフトによる移乗**（介助）

四肢マヒ者の移乗介助においては、リフトを使用することが望ましい。ただし、利用者の身体状況や設置条件等を十分考慮する必要がある。

(b) **種類と特徴**

1) **立ち上がり補助具**

立位移乗においては、手すりやベッド固定型移乗介助バー（図6・13）を持つことで、立ち上がりや立位支持の補助となる。

2) **スライディングボード**（図6・47）

座位移乗を行う際に、ベッドと車椅子などの間にある隙間に臀部が落ち込み、移乗できない状況に陥ることがある。その対策として、スライディングボードをベッドと車椅子の間に敷き、その上を移動することで、安全な移乗が可能となる。また、自力では座位移乗ができない被介助者に対するスライディングボードの使用も有効である（図6・48）。この方法は、被介助者を持ち上げずに移乗介助が行え、介助者の負担が少なくて済む。

スライディングボードの使用にあたって

図6・47 スライディ　図6・48 スライディング
　　　 ングボード　　　　　 ボードを使用した
　　　　　　　　　　　　　　 介助移乗

は，臀部の皮膚への注意が必要である。ボード上を臀部がずりながら移乗していくため，皮膚が弱い人にとっては褥瘡の原因となる可能性がある。褥瘡のある人，褥瘡の可能性が考えられる人は，この方法での移乗は行ってはならない。

3）介助用ベルト

対面式一人介助移乗のように，一度立位をとらせて移乗介助を行う際に，介助用ベルトは有効である（図6・49）。被介助者の腰部に巻き付け，補助ベルトに付いている取っ手を介助者がつかむことで，確実に腰部を支持することができ，力を伝えやすくなる。立位補助や歩行補助，スライディングボードを使用した座位移乗介助にも有効である。選択にあたっては，サイズに注意し，被介助者の腰部をしっかり支持できるものを選択する。

介助者の腰部を保護するための補助ベルトもある（図6・50）。移乗介助は介助者の腰部への負担が大きく，腰痛の主な原因ともなっている。補助ベルトをしめることで，腹圧を上昇させ，脊柱の支持性を上げることで腰部負担を軽減することができる。腰部に負担のかからない動作の時には，ベルトを締めず肩にかけておけるように，肩ベルト付きのものもある。

4）回転盤

一度立位をとらせて移乗介助を行う場合，移乗前の場所（たとえばベッド）から移乗後の場所（たとえば車椅子）へ，被介助者の体の向きを変えなければならない。回転盤はこのような場面で有効である（図6・51）。上下2枚の円形ディスクから成り，それらが少ない抵抗で回転しやすい構造となっている。被介助者の足をその上にのせることで，移乗を容易にすることができる。ただし，回転抵抗が少ないことによる弊害もあり，立位のバランスを崩す可能性もある。

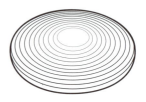

図6・51　回転盤

5）スライディングシート

スライディングシートはベッドとストレッチャー間など，臥位での移乗に有効である（図6・52）。内側が滑りやすい素材でできた筒状のシートで，被介助者をシートの上にのせ，少ない抵抗で側方に移動させることができる。被介助者とシートの間には大きなずれが生じないため，褥瘡の心配も少ない。スライディングボードと併用し

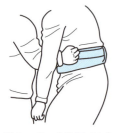

図6・49　介助用ベルト

図6・50　腰痛防止用ベルト

図6・52　スライディングシートを使用した臥位移乗

図6・53　スライディングシートとスライディングボードを使用した座位移乗

た座位移乗（図6・53）や，ベッド上での臥位位置の移動にも有効である。

(2) リフト

(a) 特徴と構造

リフトは四肢に障害のある人の移乗には欠かせない。介助者の力で行う移乗介助は，介助者への負担が大きく，腰痛を引き起こし，介護を続けられなくなる事例が多く報告されている。また，転倒や骨折といった事故の報告もある。移乗に介助が必要となった場合は，できる限りリフトの使用を考えるべきである。

図6・54に代表的な**床走行式リフト**を示す。キャスター付きのベースから，支柱が垂直方向に伸びている。支柱に取り付けられたアームは，支柱上端を中心として上下に回転し，被介助者を昇降する。電動式の場合は，手元スイッチにより操作する。

図6・55は代表的な**天井走行式リフト**である。天井にレールを設置し，それに沿って昇降機構が移動する。移動は電動の場合と手動の場合があり，電動であれば介助者なしでも移動することが可能である。充電式のものがほとんどであり，レール上の充電ポイントに昇降機構をセットすることで，充電するものが多い。昇降機構は電動であり，ハンガーのついた吊り下げベルトを巻き上げることで上昇し，戻すことで下降する。レールを適切に設置すると，居室，トイレ，浴室といった部屋間の移動も可能となる。また，レールの分岐やターンレールを使用することで，複雑な部屋間の移動も可能となる。

(b) 種類

1) リフト本体

JIS規格（T 9240：2001 移動・移乗支援用リフト通則）におけるリフトの種類を，表6・3に示す。大きくは，移動式，設置式，レール走行式，その他のリフトに分類される。身体支持具は布などの非剛性材からなるいわゆる**スリング**と，椅子やストレッチャーなどの剛性材よりなる台座に分けられる。

表6・3　JIS T 9241：2008によるリフトの種類

	種類
移動式	床走行式リフト（図6・54, 56, 57）
	ストレッチャー式リフト（図6・58）
設置式	住宅設置式リフト （壁面・天井・床などに取り付ける）
	機器設置式リフト （浴槽・ベッドなどに取り付ける）
レール走行式	天井走行式リフト（図6・55）
	据置式リフト（図6・59）
その他のリフト	
身体支持具	非剛性身体支持具（スリング）
	剛性身体支持具

主なリフトを以下に示す。

a　床走行式リフト（図6・54）

b　床走行式立位移乗リフト（図6・56）

c　床走行式座位移乗リフト（図6・57）

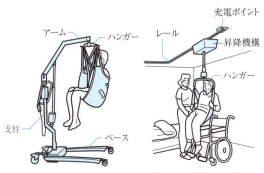

図6・54　床走行式リフト　　図6・55　天井走行式リフト

d ストレッチャー式リフト（図6・58）
e 固定式リフト
f ベッド固定式リフト
g 天井走行式リフト（図6・55）
h 据置式リフト（線移動型）（図6・59）
i 据置式リフト（面移動型）
j 本体可搬型レール走行式リフト
k 簡易移乗器（図6・60）

図6・60　簡易移乗器

図6・56　床走行式立位移乗リフト　　図6・57　床走行式座位移乗リフト

図6・58　ストレッチャー式リフト

図6・59　据置式リフト（線移動型）
リモコンで上下移動，水平移動は手動式となる。支柱は空気圧で持ち上げて固定する。

2）スリング

リフトのスリングは，大きく分けると脚分離形（図6・61），ベルト形（図6・62），シート形（図6・63）の3種類がある。**脚分離形スリング**と**シート形スリング**は，頭部の支持がないローバック形と頭部の支持があるハイバック形がある。脚分離形は，スリングの形状が脚を支持する部分で分かれているものであり，最も適応範囲の広いスリングである。臀部の下にスリングを敷き込まないので，車椅子や椅子上での脱着が可能である。

ベルト形スリングは，体幹部と脚部をベルトで支持して吊り上げるものである。ベッド上，車椅子上，椅子上などでの脱着が容易であり，介助者の負担が軽いことが特徴である。ただし，被介助者の**肩甲帯**に負担がかかるため，使用できる対象が限られる。痛みや窮屈感を感じることがあり，被介助者の負担は大きくなる。

シート形スリングは，シート状のスリングシートで，被介助者の身体を包むようにして吊り上げるものである。重度の四肢マヒ者を含め，ほとんどの人が使用可能である。しかし，ベッド上では寝返りをうたせながらの脱着を行わなければならず，介助者の負担が大きくなる。また，車椅子や椅

子上では脱着することが困難で，敷いたままでの生活になり，褥瘡の原因となることもある。

以上3種類のスリングの特徴をまとめたものが表6・4である。

特殊なものではトイレや入浴を想定したスリングもある。このスリングは臀部及び陰部がスリングで隠れることがないため，排泄や入浴時の臀部・陰部の洗浄を容易に行うことができる。

(c) **選択のポイント**

1）使用目的

リフトは，人を吊り上げて移動するため，危険を伴う。また，種類によっては工事が必要であり，高価なものもある。機種の選択にあたっては，使用目的，利用者の身体状況，使用環境を十分考慮する。

リフトの導入にあたり，対象者の一連の移乗場面を総合的に考える必要がある。一般的には，居室，浴室，トイレでの移乗が多いが，それぞれにおいて何から何への移乗を行うかを明確にする必要がある。また，それぞれの場面を結ぶ動線と移動方法も重要なポイントとなる。天井走行式リフトで居室，浴室，トイレにレールを設置すれば，移動も含めてリフトを利用することができるが，車椅子やシャワーチェアなどを使って室間を移動し，それぞれの場所でリフトを設置し，移乗を行うという解決策も考えられる。利用できる制度や金銭面も大きなポイントとなる。種々の可能性を検討しながら，最適なリフトの導入をさぐることが大切である。

2）利用者の身体状況

ここで考えるべき利用者は，介助を受ける側と介助を行う側の双方である。

被介助者の身体状況に大きく影響されるのは，スリングの種類である。ベルト形では，脇の下を支持するベルトを押さえるだけの肩の筋力（肩甲帯）がある人が基本的には対象となる。**骨粗しょう症**などで骨が弱くなっている人や肩関節に脱臼の可能性

図6・61 脚分離形スリング

図6・62 ベルト形スリング

図6・63 シート形スリング

表6・4 各スリングの特徴

型 \ 項目	移乗場面 ベッド-車椅子	入浴	トイレ	装着する前の姿勢 車椅子座位	床座位	背臥位	吊り上げられたときの感覚	障害の適応範囲	スリング脱着時の介助労力
脚分離形	○	○	△	○	△	○	○	広い	中程度
ベルト形	○	◎	○	◎	○	○	△	狭い	容易
シート形	△	○	×	×	×	○	◎	広い	大きい

◎：最も適している。○：適している。△：一部制約がある。×：不適である。

がある人，**不随意運動**が強い人は，ベルト形の使用は避けるべきである。脚分離形スリングでは，装着の仕方が悪いと臀部がスリングから抜け落ちる可能性がある。特に，**頸髄損傷**などで股関節の屈曲可動域が大きい場合は注意が必要である。また，体格の影響も大きく，大きすぎるスリングを使用すると，同様に臀部から落ちる可能性がある。

頭部を支持する筋力がない場合は，脚分離形，シート形のハイバック形（頭部の支持があるタイプ）を使用した方がよい。

スリングの選択には介助者の身体状況も関係する。シート形スリングでは，ベッド上などで寝返りをうたせながら取り付けなければならず，介助者の負担が大きくなる。また，脚分離形スリングも背面や大腿部にスリングを装着するため，介助者負担は比較的大きい。これに対してベルト形スリングは背面および大腿の下にベルトを通すのみで，介助者の負担は小さい。最も大切なことは，購入前に被介助者も介助者も試してみることである。痛みや使い勝手を実感し，確認した上で購入するべきである。

介助者の身体状況は本体の機種の選択にも影響する。床走行式リフトの場合，キャスターがついていて楽に移動することができるとはいえ，その移動にはかなりの力が必要である。70kgの人を平らな硬質の床上で動かした際に，10kg近くの力が必要というデータもある。体力的に弱い介助者が使用する場合は，**レール走行式**もしくは固定式にした方がよい。

3）使用環境

床走行式リフトでは，床面の状況が移動しやすさに大きく影響を及ぼす。基本的にはフローリングなどの平らで硬質な素材の床で使用する。畳や絨毯上での使用は不可能と考えた方がよい。また，被介助者を吊った状態で段差やスロープを越えることも不可能であり，無理に越えようとすると転倒の危険性がある。部屋の入り口に敷居がある場合は，室内での移乗のみの使用とする。床走行式リフトは，ベース部分が下に入り込まない所では使用できない。電動ベッドの種類によっては，ベッド下にモーターがあり，リフトのベースが入らないものがある。ベッド脚にハイトスペーサーなどを入れて，隙間をあけることもできるが，ベッド高が高くなるので，使用に支障をきたす場合がある。

浴室などの狭い場所への設置には，図6・64のような**2軸回転機構**のついた**設置式リフト**が有効である。図の例では，脱衣所で車椅子などからリフトで吊り上げ，洗い場および浴槽への移乗が可能となっている。

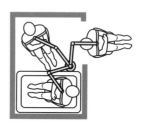

図6・64　2軸回転機構を有する設置式リフト

(d)　**使用における注意点**

1）スリング

スリングと被介助者の間には，非常に大きな力がかかる。身体とスリングの中心がずれて装着され，そのまま吊り上げようとすると，身体に対してスリングがずれ，横方向に皮膚を引っ張る力が働く。この力は，

ベルト形では特に大きくなる。脚分離形やシート形では，スリングのしわが身体との圧力集中を引き起こし，皮膚を傷つける可能性がある。装着においては，しわを伸ばすように注意が必要である。これらの点は，入浴やトイレでの使用のようにスリングが直接肌に接する際に，特に注意する必要がある。

スリングがハンガーからはずれることによる事故も発生している。ハンガーへの取り付けは確実に行うということが大切であるが，機種によってははずれ止めがついているものがあるので，そのような機種を選択した方がよい。

被介助者へのスリングの取り付け，取り外し動作は，介助者の腰部への負担が大きい動作である。その原因は，上体をかがめた姿勢をとった時の，介助者自身の体重による負担である。ベッド上でのスリングの脱着では，ベッド高を高くし，前傾姿勢をしないような配慮が必要であり，車椅子上での脱着においても，前傾姿勢になる動作は，膝をつくなどして姿勢を整えて行うことが重要である。

2）座位姿勢

車椅子など座位姿勢をとる場所に被介助者を降ろす場合，深い着座位置をとるために，図6・65～6・68のような工夫が必要である。着座位置が浅くなると，姿勢のずれや，ひどい場合には椅子からの転落を招くことがある。

3）床走行式リフト

床走行式リフトでの移乗の際，リフトのブレーキをかけてはいけない。

ブレーキをかけた状態で，着座位置をあわせるために横方向に力をかけた場合，転倒の危険性が生じる。ブレーキをかけない状態であれば，横方向の力に対してリフトが移動するので，自動的に安定した位置を保つことができる。

床走行式リフトの移動において，介助者の大きな負担となる状況は，方向を変える場合である。この際，リフトのハンドルをもち，リフトを振り回すようにしがちである。実は，この動作が介助者への大きな負担となる。方向を変える際は，被介助者の位置を中心に介助者が動くようにして行うことで，負担を軽減することができる。

6．移動する　水平移動（歩行）

(1) 福祉用具活用のポイント

歩行は，日常生活を行う上で，重要な活動である。歩行に障害がある場合，用具や環境

図6・65　座位姿勢調節：車椅子の背もたれに押しつけるようにし，前輪を上げる

図6・66　座位姿勢調節：膝を押し下げる

図6・67　座位姿勢調節：リクライニングやティルト機能を利用する

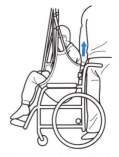

図6・68　座位姿勢調節：背中を引き上げる

物で身体を支持する必要がある。手すりは有効な歩行補助具であり，住環境において整備すべき事項である。屋外環境や手すりのない場所での歩行補助具としては，杖および歩行器・歩行車が挙げられる。それぞれいろいろな種類がそろっており，用途や特徴も異なるが，杖に比べて歩行器・歩行車の方が身体の支持性・安定性が高いとされる。ただし，車輪付きの歩行器では，前方に体重をかけすぎると，制動がきかなくなる可能性があり，車輪のない歩行車や杖の方が安全に歩行できる場合もある。

(2) 種類と特徴

1）杖

ISO 9999：2016によれば，杖は表6・5のように分類される。

T字杖（図6・69）は，杖として最も一般的なものである。脳血管障害による片マヒ者のように，片手と片脚にマヒがある場合には，握り手部分に体重をかけ，歩行を補助する。長さ調節のできるものや，折りたたんで持ち運びが便利なものもある。

エルボークラッチは，前腕にも支持部がついている杖であり，その代表的なものは**ロフストランド・クラッチ**である（図6・70）。前腕で支持する構造なので，握力の低下を補い，より大きな荷重を杖にかけて体重を支持することが可能である。両下肢に運動機能の障害があり，杖無しでの歩行が不可能な場合や脳性マヒなどにより歩行の安定性が確保できない場合には，ロフストランド・クラッチを2本用いて上肢機能を最大限に利用し，歩行を実現することができる。

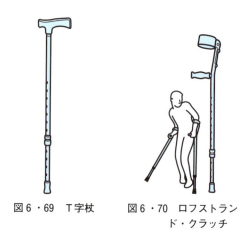

図6・69　T字杖　　図6・70　ロフストランド・クラッチ

プラットホームクラッチは，杖の上端にプラットホームをつけ，その先端に握りのあるものである（図6・71）。プラットホーム部に前腕をのせ，肘部で体重を支持する。肘がのる部分には，弾力性のあるパッドを取り付け，外傷を避ける。リウマチや関節炎などにより，手首や肘などに障害があり，伸展位をとることができない場合に有効である。

松葉杖は，2本1組で使用し，前腕と腋

表6・5　「ISO 9999：2016福祉用具の分類と用語」における杖の分類

1203	杖〔Assistive products for walking manipulated by one arm〕
120303	ステッキ・T字杖〔Walking sticks and canes〕
120306	エルボークラッチ（ロフストランドクラッチ）〔Elbow crutches〕
120309	プラットホームクラッチ〔Forearm crutches〕
120312	松葉杖〔Axillary crutches〕
120316	多脚杖〔Multi-tip walking sticks and canes〕
120318	座席つき歩行補助杖〔Walking sticks and canes with seat〕

下で体重を支持するものである。骨折などで下肢に体重がかけられない場合や，下半身にマヒのある場合に有効である。

多脚杖は，脚が3本から5本に分かれている杖である（図6・72）。杖自身が安定しているので，立位保持が難しい場合や，脳血管障害による片マヒ者の初期歩行訓練に有効である。床面が平らでないと杖が安定しないので，屋外や不整地での使用は困難である。

げ，手関節を背屈させた部分に握り手をつける。立位姿勢により最適な長さは変わり，高齢者などで円背のある場合は，短めに設定する。

杖の先ゴムの選択も重要である。濡れた路面などでは滑りやすく，転倒の危険を招く。また，衝撃の吸収も先ゴムの役割である。先ゴムは2ヶ月程度で消耗するので，確認してこまめに交換する必要がある。

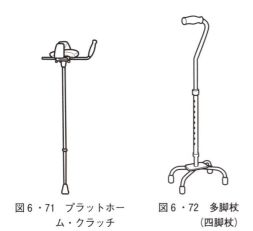

図6・71　プラットホーム・クラッチ

図6・72　多脚杖（四脚杖）

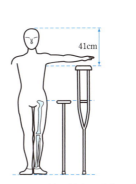

図6・73　杖の長さの目安

図6・74　ステッキ，T字杖の長さの決定法

杖の場合においては，長さの調節が重要である。簡易的な方法を図6・73に示す。ステッキ・T字杖では通常使う履き物を履いた立位状態で，大転子部の高さに握り部がくる長さとする。松葉杖では身長から41cmひいた長さとする。しかし，下肢や上肢に変形や短縮がある場合は，この方法では最適長さが決まらない。その場合，ステッキ・T字杖では，肘関節を150°に曲げ，手関節を背屈させた部分に握りが位置し，足小指の前外側15cmの位置に杖の先がくるように長さを決める（図6・74）。松葉杖では，背臥位をとり，軽く杖を腋下にあて，足小指の前外側15cmのところに杖先が来るように長さを決め，肘関節を150°曲

2）歩行器・歩行車

ISO 9999：2016によれば，**歩行器・歩行車**は表6・6のように分類される。歩行器は，身体を囲むフレームと4本の脚からなり，固定式（図6・75）と交互式（図6・76）がある。固定式歩行器は，歩行器を持ち上げて前方に位置し，それを支えにして身体を前に進める。下肢の支持性はあるが，歩行の耐久性が低い場合に有効である。歩行訓練の初期段階に使用する場合が多い。屋内での杖代わりに使用している例もある。交互式では，フレームがゆがみ，左右いずれかに体重をかけ，反対側を前方に押し出すことで前進する。固定式のように歩行器全体を持ち上げる必要がない。片マヒ者は適応外となる。前輪二輪のみに車輪の

あるものもあり，下肢の支持性はあるが，歩行の耐久性が低い場合に有効である。固定式歩行器のように持ち上げて移動するのではなく，後脚のみを持ち上げ，前輪で移動することができるので，上肢の機能が低下している場合も使用可能である。

表6・6 「ISO 9999：2016福祉用具の分類と用語」における歩行器・歩行車の分類

1206	歩行器・歩行車〔Assistive products for walking, manipulated by both arms〕
120603	歩行器〔Walking frames〕
120606	歩行車〔Rollators〕
120609	いす付き歩行車〔Walking chairs〕
120612	歩行テーブル〔Walking tables〕

歩行車は脚すべてに車輪のあるものである。持ち上げることなく，移動可能である。ただし，段差や路面の影響を受けやすく，立位保持がある程度可能な場合に有効である。前方に体重をかけすぎると，歩行車が逃げて転倒の危険性があるので，ブレーキ操作を適切に行う必要がある。電動アシスト式のものでは，このような危険を回避する機能がついている。三輪車では側方転倒の危険性があるので，脚の支持性に左右差のある場合は使用しない方がよい。

図6・75　固定式歩行器　　図6・76　交互式歩行器

屋外での使用を想定した歩行車では（図6・77），大きめの車輪がついており，小さい段差等は乗り越え可能である。休息用に椅子がついている。屋外の多様な環境での使用では，傾斜にあわせた適切なブレーキ操作が必要である。立位の保持が困難な場合は適用外となる。

立位の支持性が低い場合や上肢の機能が低下している場合は，歩行テーブル（肘支持型の四輪歩行車）が有効である（図6・78）。これは，施設内での使用例が多い。段差などは越えることが困難である。

図6・77　四輪歩行車　　図6・78　歩行テーブル

3）シルバーカー

日本独特の歩行補助具である。屋外での買い物を想定しており，物入れと腰掛けがついている。前輪はキャスターで後輪が固定輪であるものが多い。歩行は可能であるが，長時間の歩行が困難である高齢者などが対象となる。ハンドルが前方に位置するため，体重を支えることは基本的には難しい。ハンドル部分が低く設定されると，前かがみになり転倒の危険が増したり，円背を進めることになる。高さ調節は重要である。

7．移動する　水平移動（車椅子）

(1) 手動車椅子

(a) 特徴と構造

手動車椅子は，歩行が困難な人にとって，移動を行う上でとても有効な福祉用具である。主に上肢で駆動することが多いが，下肢を使って駆動する場合もある。また，介助移動を行う場合も，有効な移動手段となる。

6・3 生活行為別に見た福祉用具　89

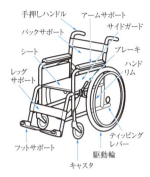

図6・79　自走用標準形車椅子

図6・79に代表的な**自走用標準形車椅子**の構造を示す。大きく分けると身体支持部分と駆動部分に分けられる。シートは布張りのものが多いが、座位姿勢に配慮した板状のものもある。フットサポートは、移乗や介助の際に邪魔にならないよう、跳ね上げ式になっているものが一般的である。リクライニングやティルトといった姿勢変換機構を有するものもある（図6・80）。駆動輪は後輪にあるものが一般的であるが、子供用などでは前輪が駆動輪となっているものもある。キャスターはソリッドタイプが一般的であるが、空気圧タイプ、クッションタイプ、サスペンション付きなど、振動を吸収する工夫がされているものもある。ティッピングレバーは、段差を越える際に介助者が踏み込むことで、前輪をあげやすくするものである。

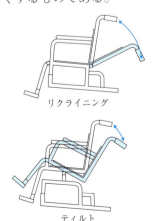

図6・80　リクライニングとティルト

(b)　種類

JIS規格（T 9201：2006）における手動車椅子の分類は表6・7のようになっている。ここでは、大きく自走用と介助用に分けられている。

主な手動車椅子を以下に示す。

① 自走用標準形車椅子（図6・79）
② 介助用標準形車椅子（図6・81）
③ 片手駆動式車椅子（図6・82）
④ 室内形六輪車椅子（図6・83）
⑤ リクライニング式車椅子（図6・84）
⑥ 座面昇降式車椅子（図6・85）
⑦ スタンドアップ車椅子（図6・86）

表6・7　JIS規格（T 9201：2006）における手動車椅子の分類

自走用	標準形（図6・79）
	室内形（図6・83）
	座位変換形（図6・84, 85, 86）
	スポーツ形
	パワーアシスト形（図6・105）
	特殊形
介助用	標準形（図6・81）
	室内形
	座位変換形
	浴用形
	パワーアシスト形
	特殊形

(c)　選択のポイント

1）移乗

車椅子への移乗方法に対応した車椅子選択は重要である。側方から移乗する場合には、前部が低くなっているデスク型アームサポート（図6・87）や高さ調節式アームサポート（図6・88）、取り外しが可能なアームサポート（図6・89）を選択することで、移乗が容易になる。片マヒ者の場合

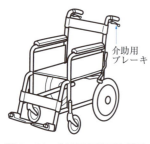
図6・81 介助用標準形車椅子

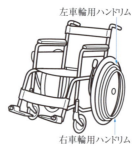
図6・82 片手駆動式車椅子

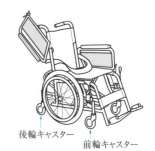
図6・83 室内形六輪車椅子

図6・84 リクライニング式車椅子

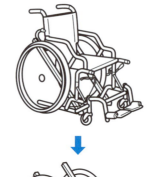

図6・85 座面昇降式車椅子

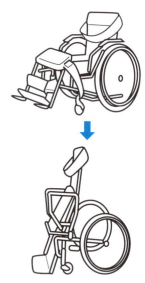
図6・86 スタンドアップ車椅子

図6・87 デスク型アームサポート

図6・88 高さ調節式アームサポート

図6・89 取りはずし可能なアームサポート

のように，立位を一度とって移乗する場合には，フットサポートが邪魔になり転倒の危険にもつながる。このような場合には，フットサポートのスイングアウト機構や取り外し機構がついた車椅子を選択するとよい。また，介助が必要な場合やリフトを使用する場合などは，アームサポート，フットサポートが取り外し式となっているものの方が介助を行いやすい。

2）座位の確保

利用者の身体寸法にあった車椅子を選択することが重要である。測定すべき身体寸法は，以下の項目である（図6・90）。
① 座位殿幅
② 座底長
③ 座位肘頭高
④ 座位下腿長
⑤ 座位腋下高

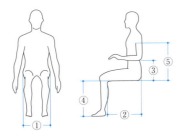

図6・90 身体寸法の測定

これら身体寸法から，図6・91に示す車椅子のそれぞれの寸法を割り出す。目安としては，下記のとおりである。

ⓐ 座幅(mm)：①座位殿幅＋（0〜30）
ⓑ 座奥行き(mm)：②座底長－（50〜70）
ⓒ アームサポート高(mm)：③座位肘頭高＋（10〜20）＋クッション厚
ⓓ レッグサポート長(mm)：④座位下腿長－クッション厚
ⓔ バックサポート高(mm)：⑤座位腋下高－（100）＋クッション厚

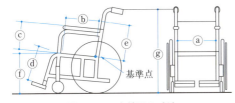

図6・91 車椅子の寸法

車椅子の使用にあたって，クッションは必要不可欠である。クッションの機能としては，座位姿勢の保持と臀部の除圧の2つが主なものとして挙げられる。自分で座り直しができないような利用者では，臀部が前方に徐々にずれ，骨盤が後傾した，いわゆるずっこけ座りになることが多く見られる。クッションを敷くことにより，臀部が沈み込み，前方へのずれを防ぐ効果がある。また，臀部の形状に合うように座面を成形したクッションを使用すると，よりいっそうの姿勢保持効果を得ることができる。臀部に褥瘡の危険がある利用者に対しては，除圧効果の高いクッションを選択すべきである。空気室構造型のクッションは（図6・92），除圧効果が高いとされている。脊髄損傷などにより，臀部の感覚がない場合に推奨される。しかし，座位姿勢が不安定になる点が問題である。また，空気圧の調整を正しく行わなければ，逆効果となるため，調整方法を習得する必要がある。座圧分布を計測するなどして，効果を確かめた上でクッションを選択することが大切である。代表的なクッションの種類を図6・93に示

図6・92 空気室構造型クッション

ウレタンクッション

空気室構造型

組み合せ型

図6・93 代表的なクッション

す。

　脊柱に捻れや側弯，円背があったり，体幹の姿勢保持が難しい利用者では，それぞれの状況にあわせて，座位保持機能を備えたバックサポートを使用する必要がある。側方の保持を高めるものとしては，側方サポート部のあるバックサポート（図6・94）や側方パッド（図6・95），背中の形に合わせて成形したモールド式バックサポートなどが有効である。

　頸髄損傷者によくみられる起立性低血圧がある場合や，長時間の座位姿勢をとることが困難な場合，リクライニング式車椅子を選択する。ただし，バックサポートを倒した位置から起こす際に，姿勢が崩れる可能性がある。このような場合は，ずれの少ない工夫をしたリクライニング機構を有するものや，座面と背もたれが一体となって後方に倒れるティルト式車椅子を選択する。

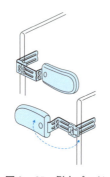

図6・94　側方サポート付バックサポート　　**図6・95　側方パッド**

3）移動

　車椅子で自走する場合，駆動輪の車軸の位置が重要なポイントとなる。後輪駆動式車椅子の場合，車軸はなるべく前方にあった方がこぎやすく，機動性も高くなる。しかし，車軸を前方にすることで，後方転倒の危険性が高くなる。体幹機能の状態を考慮し，後方転倒しない範囲で適切な位置を設定する必要がある。目安としては，後方転倒の危険を感じる位置から5cm程後方に設定することがよいとされている。段差を越える際は図6・96に示すようなキャスター上げを行い，後輪のみで段差を越える。車軸が後方にある場合は，このキャスター上げが行いにくくなる。

　片マヒ者の場合，片手と片足を使って車椅子を駆動する。基本的には，上肢でハンドリムに力を加えることで車椅子を駆動し，下肢で床をけることで進行方向を調節する。その際座面高が重要なポイントとなる。車椅子上で座位をとった際に，踵が床につくことが望ましいとされる。

　介助者が押すことが多い場合は，グリップ高の設定に注意が必要である。目安としては，介助者の臍位置から股関節位置の間の高さが良いとされる。坂の多い場所で使用する場合は，介助者用のキャッパーブレーキをつけることも有効である。通常の車椅子のブレーキは停止している際のパーキングブレーキとしての機能しかないが，キャッパーブレーキは自転車のブレーキと同様に走行速度を制限するための使用が可能である。

図6・96　キャスター上げ

4）使用環境

車椅子の選択にあたり，あらかじめ想定される使用場所，使用場面等を確認する必要がある．屋内で使用する場合には，廊下の幅，部屋の出入り口の状況，テーブルや机の高さ，玄関の状況，エレベータがある場合はその大きさなどを確認する．それによって，車椅子の寸法に制限がつく場合がある．家屋内で狭い場所に対応した車椅子として，六輪型車椅子（図6・83）も有効である．また，自動車への乗り込み方法や，積み込み方法も車椅子の寸法を決定する上で影響を及ぼすことが多い．

5）その他

車椅子の折りたたみ機構は，家屋内での保管や，自動車への積み込み，持ち運びなどで効果を発揮する．背折れ機構付きの車椅子を選択すると，乗用車のトランクにも積み込むことが可能となる．しかし，折りたたみ機構の弊害も指摘されている．重くなる，捻れ方向の剛性が低下する，布張りシートによる姿勢の崩れなどである．これらを解消するために，折りたたみ機構を付けず，車輪が容易にはずれ，コンパクトになる車椅子なども市販されている．用途に合わせた選択が必要である．

(d) 使用における注意点

車椅子の特徴として，上り坂は駆動力を必要とし，下り坂は速度が速くなる．また，横傾斜のある場所では，後輪駆動タイプでは重力により下方へ車椅子が引っ張られ，直進が困難になる．操作においては，走行する路面の状態に十分注意を払うことが必要である．

移乗の際に車椅子のブレーキをかけ忘れることで，事故につながることも多く報告されている．また，立位をとって移乗する場合では，フットサポートを上げずに立ち上がり，転倒するケースも多く見られる．これらの危険に十分注意して，移乗を行う必要がある．立ち上がると自動でブレーキがかかるものも市販されている．

(2) 電動車椅子

(a) 構造と特徴

電動車椅子は上肢および下肢に障害のある人の，自立移動を実現する．すなわち，重度障害のある人にとって，生活活動を大きく広げる重要な福祉用具である．

図6・97に代表的な後輪駆動式電動車椅子の構造を示す．

操作部分は**ジョイスティック**が一般的である．レバーを倒す方向に応じて**電動車椅子**の回転半径が変化し，レバーを倒す角度によって電動車椅子の速度が変化する．操作ボックスには，操作レバーの他に電源スイッチや速度切替スイッチ，バッテリ残量計などが取り付けられている．

クラッチは，電動モーターの回転を車輪に伝える働きをし，クラッチをつなぐことにより電動での走行が可能になり，クラッチを切ることで車輪がフリーになり介助者が押して移動することが可能となる．

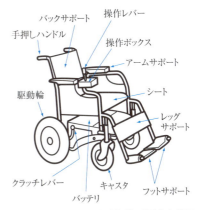

図6・97　後輪駆動式標準形電動車椅子

電動車椅子の最高速度は，**道路交通法**により6 km/hと決められており，歩行者と見なされる。身体障害者福祉法による補装具の給付制度においては，低速用（4.5km/h）と中速用（6.0km/h）が規定されており，利用者の身体機能に応じて使い分けられている。

電動車椅子の寸法はJIS規格（JIS T 9203：2010）によれば，表6・8のように定められている。ただし，この寸法は基準であり，JIS規格にも「特に必要性があればこの限りではない」とあるように，それぞれの電動車椅子の機能や用途によって様々である。

表6・8 JIS規格（JIS T 9203：2010）による電動車椅子の基準寸法

（単位mm）

区分	最大値
全長	1 200
全幅	700
全高	1 090

注　リクライニング機構およびリフト機構を装備する電動車椅子は除く。

(b) 種類

JIS規格（JIS T 9203：2010）における電動車椅子分類は表6・9のようになっている。ここでは，大きく自操用と介助用に分けられている。

表6・9 JIS規格（JIS T 9203：2010）による電動車椅子の分類

自操用	標準形（図6・97）
	ハンドル形（図6・102）
	座位変換形（図6・103，106）
	室内形（図6・107）
	簡易形（図6・104）
	特殊形
介助用	標準形
	簡易形（図6・108）
	特殊形

電動車椅子の操作入力装置は，一般的なジョイスティック以外にも，多くのものがある。図6・98は，スイッチ入力式ジョイスティックであり，ジョイスティックを倒す方向により，前進，後退（停止），右その場回転，左その場回転，前進右折，前進左折，後退右折，後退左折の8つの操作を行うことができる。速度の調整はできないが，通常のジョイスティック操作のような微妙な動作ができない利用者に適しており，顎での操作に使用することが多い。頭部でヘッドサポートを押すことで操作が可能なものや（図6・99），**押しボタン入力装置**（図6・100），一つのスイッチ操作によりスキャン方式で進行方向を選択する1入力操作装置（図6・101）など，より重度の障害のある人のための入力装置が市販されている。

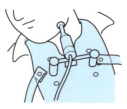
図6・98 スイッチ式ジョイスティック

図6・99 ヘッドコントロール式操作入力装置

主な電動車椅子を次に示す。

① 後輪駆動式標準形電動車椅子（図6・97）
② 前輪駆動式標準形電動車椅子
③ ハンドル形電動車椅子（電動三輪車・電動四輪車）（図6・102）
④ 座位変換形電動車椅子（図6・103）
⑤ 手動兼用型電動車椅子（切替式）（簡易形電動車椅子）（図6・104）
⑥ 手動兼用型電動車椅子（アシスト式）（パワーアシスト形車椅子）（図6・105）

6・3 生活行為別に見た福祉用具　95

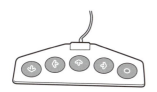
図6・100　押しボタン式入力装置

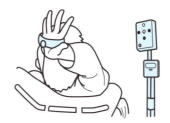
図6・101　1入力スキャン式電動車椅子操作装置

図6・102　ハンドル形電動車椅子

図6・103　座位変換形電動車椅子

図6・104　手動兼用型電動車椅子（切替式）

図6・105　手動兼用型電動車椅子（アシスト式）

図6・106　電動リフト式電動車椅子

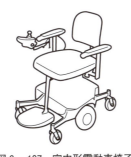
図6・107　室内形電動車椅子

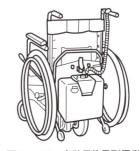
図6・108　介助用簡易形電動車椅子

（JIS T 9201：2007では手動車椅子に分類されるが，補装具費の支給制度では，電動車椅子に分類されている）

⑦　電動リフト式電動車椅子（図6・106）
⑧　チンコントロール式電動車椅子
⑨　室内形電動車椅子（図6・107）
⑩　**介助用電動車椅子**
⑪　介助用簡易形電動車椅子（図6・108）

(c)　**選択のポイント**

1）移乗

　手動車椅子と同様に，移乗方法にあわせて，適切なアームサポートやフットサポートの選択が必要である（手動車椅子参照）。電動車椅子の場合，座面高が高いものが多く，移乗用リフトを使用する場合は，吊り上げ高さとの関係にも注意が必要である。

　ハンドル形電動車椅子では，側方より乗り込むことになり，立位をとって移乗する場合は，ステップを踏み外すことによる転倒の危険などに注意を払う必要がある。

2）座位の確保

　手動車椅子と同様に，身体寸法や身体機能にあった電動車椅子を選択することが重要である（手動車椅子参照）。座位変換型

電動車椅子では，電動でリクライニングやティルトのできるものがあり，利用者が自らこれらを操作できる。この機能は自立を促進する有効な機能である。ただし，座位の変換により，ジョイスティックなどの操作入力装置が操作できなくなる場合があり，その点は設定時に確認する必要がある。

3）操作入力装置

まず，対象者の身体機能を評価し，電動車椅子操作の可能性がある部位を探すことからはじまる。操作部位の優先順位としては，上肢，下肢，顎，頭部，その他の順番で探すのが一般的である。操作する機能としては，上肢が最も適しており，下肢は上肢に比べると巧緻性が劣るとされる。顎や頭部での操作は，視覚や聴覚への影響が考えられ，上肢，下肢よりも優先順位を低く考えた方がよい。

操作入力装置の優先順位は，通常のジョイスティック，スイッチ入力式ジョイスティック，押しボタン入力装置，1入力操作装置であり，この順番で操作可能な電動車椅子の走行性が低下していく。通常のジョイスティックでは，回転半径，走行速度を任意に調節できるが，スイッチ入力式ジョイスティックでは，走行速度の調節ができなくなる。さらに，押しボタン入力装置では，機種や設定にもよるが，連続した走行が不可能になり，一度停止して方向変換を行わなければならない。1入力操作装置では，さらに進行方向をスキャン方式で決定するために，時間がかかってしまう。

以上，利用者の身体機能と操作入力装置の特徴を考慮して，入力装置の選定を行う。ジョイスティックを倒す方向および角度を微妙に調整することができる場合は，通常のジョイスティックを選択する。不随意運動や筋緊張異常があり，通常のジョイスティックの操作が困難な場合は，スイッチ入力式ジョイスティックを選択する。押しボタン入力装置は，動作方向の制御がうまくいかないものの，押しボタンであれば押せるような対象者に有効である。スイッチの操作が1箇所のみ可能な場合は，1入力操作装置を選択することになる。評価にあたっては，実際のスイッチを使用して試すべきである。また，電動車椅子を実際に操作すると，身体機能に変化が見られたり，加速度などの影響で操作能力が変化する場合もあるので，評価用の電動車椅子を借り，基本的な走行を行い，評価したうえで選定することが望ましい。

ハンドル形電動車椅子では，ハンドル操作やアクセル操作，ブレーキ操作が確実に行えることが選定条件となる。したがって，上肢の運動機能がある程度良好である必要がある。筋疾患のある利用者では筋力の状況，関節リウマチなどにより関節可動域に制限がある場合は，動作範囲についての考慮が必要である。

4）移動

電動車椅子は重量もあり，操作を誤ると大事故になりかねない。使用にあたっては，認知や判断といった機能がしっかりしていることが重要である。また，視覚（特に視野）も大切な機能である。これらの身体機能について，操作能力以外にも確認する必要がある。

適切な速度の選択は，操作性に大きく影響する。最高速度を制限することで，走行

が安定したり，危険の回避が安全に行えるようになる場合がある。また，走行場面に応じて適切な速度を選択できることも，重要である。機種によっては，プログラミング機能を有しているものもあり，最高速度などの値が利用者の状況に合わせて設定できるものもある。これらの機能を有効に活用することで，より重度の障害者に対して，電動車椅子の適応範囲を広げることが可能となる。また，電動車椅子の操作は，身につくまでに慣れも必要である。適切な機器の選定にあたっては，試用を行いながら評価することが必要である。

5）使用環境

手動車椅子同様，あらかじめ想定される使用場所，使用場面を確認し，電動車椅子の寸法等を検討する必要がある。電動車椅子は手動車椅子に比べて大きいため，環境との適合には注意が必要である。また，座面の高さも手動車椅子に比べて高いものが多く，机などとの適合性も確認する必要がある。

1日の走行距離はバッテリーの性能に関係する。特に手動兼用型を選択する場合には，走行距離が短いものがあり，場合によっては，予備のバッテリーを購入する。

手動兼用型電動車椅子を選択する際は，前輪は空気圧式キャスターかクッションキャスターとし，路面からの振動を吸収するとともに，排水溝のふたなどにある小さな溝にはまらないための方策をとることも重要である。不整地を頻繁に走行する場合は，車体フレームを強化することも考慮する。

6）その他

子供にとって，自立移動は，発達や学習に大きく影響を及ぼすとともに，多くのことを経験し成長する過程でも重要な活動である。現在，日本では子供用の電動車椅子は危険が伴うことから，あまり給付されていない。しかし，海外では子供専用の電動車椅子も多く市販されており，健常児が歩き始めるのと同じ時期に電動車椅子を導入するべきであるとの意見もある。

危険性に対する対策を備え，できるだけ早期に自立移動を実現することを考えることは重要である。

(d) **使用における注意点**

安全に電動車椅子を使用するためには，メンテナンスをしっかり行うことが重要である。最も頻繁に行うことは，バッテリーの充電である。充電状態とその日の走行距離を考慮して，途中で動かなくなることのないような配慮が必要である。バッテリーは，使用年数が増えると，充電能力が低下する。通常，バッテリーの寿命は2〜3年程度とされている。満充電でも，走行距離が短くなってきた場合には，早めに交換する必要がある。タイヤの空気圧のチェックも重要である。空気圧が不足すると，満充電状態でも走行距離が短くなったり，直進性が悪くなるなどの現象が起きる。また，摩耗が激しくなったり，ひび割れがあるタイヤでは，パンクの危険性がある。このような場合は，早めに交換する必要がある。

電動車椅子は，ジョイスティックなどの簡単な操作で動作してしまう。停止している時に，無意識にこれらを操作し，電動車椅子が動いてしまうという，事故が発生している。移乗の際や長時間停止している際には，電源スイッチを切った状態にするよう日頃から気

をつけることが大切である。

8．移動する　垂直移動

(1) 段差解消機

(a) 構造と特徴

玄関などの段差は，車椅子のような車輪付きの移動機器や歩行機能に障害がある人にとって，大きなバリアとなる。それを解消するために，**スロープ**を取り付けるのは有効である。しかし，スロープの昇降は体力的に負担が大きくなり，また，緩やかなスロープを取り付けるためにはスペースが必要である。**段差解消機**の設置は，このような場面で有効である。段差解消機は上下するテーブル状の台と駆動機構，操作部などからなる。昇降のストロークは500mm～1300mm程度であるが，最近では2000mmを越える機器も市販されている。台の最下点でも地面と同じ高さにはならないものが多く，乗り込み用のスロープも必要である。それも解消するためには，埋め込み式の設置が必要である。

(b) 種類

動力による分類では油圧ポンプを使用するものと電動モーターで昇降するものがある。油圧式ではメンテナンスが必要であり，油圧ポンプを外付けにし，パンタグラフ状の駆動部分を有する機種が多い（図6・109）。電動モーター式では，図6・110に示すように，駆動部分を側面に配置し，乗り込み時の段差を50～70mm程度に抑えた構造のものもある。ただし，乗り込み用スロープは必要である。電動モーター式の方が駆動が静かなものが多い。

設置形態による分類では，据置型と固定型がある。据置型は設置工事が必要ないので，安価である点が特徴となる。また，保守や点検も容易である。ただし，乗り込み時の段差ができてしまうことが大きな欠点である。固定型は地面にしっかり固定するため，長期間にわたって使用しても位置がずれることがない。

(c) 選択のポイント

設置場所と使用方法，段差解消のための動線を確認することが大切である。まず，道路から家屋内に至るまでの段差を確認する。道路から玄関までの段差，玄関から床までの段差など，使用場面を想定して確認する必要がある。家屋内に入る場合でも，玄関から入るように段差の解消を行う方法や，庭から直接居室に入ってしまう方法など，いくつかの動線が考えられる。生活の中で使用する場面を良く考慮して，動線を決定するべきである。状況によっては，段差解消機の上で方向を変えなければならないときもある。この場合，回転スペースのとれるものを選択するとともに，回転テーブル付きの機種も選択肢として検討する。

次に，固定型で設置工事を行うか，据置型を考えるかが選択肢となる。工事が行える状況であれば，固定型を選択した方が安全性の面からも効果がある。据置型では台座に乗るための段差がどうしてもできてしまうので，スロープなどによるその段差の解消法も考慮

図6・109　電動型油圧ポンプ式段差解消装置

図6・110　電動型電動モーター式段差解消装置

しなければならない。また，屋外に設置する場合は屋外仕様のものを選択する。機種の選定においては，使用する車椅子の寸法を測り，使用できることを確認する必要がある。

スイッチも重要な要素であり，操作のしやすさを確認したうえで選択する。また，非常時の対応も確認しておく必要がある。

一般的な住宅の新築や増築において確認申請を必要とする工事を行う場合は，段差解消機も確認申請の対象となる。ただし，段差解消機を単体で既存の建築物に後から設置する場合には必要ない。

(d) 使用における注意点

昇降中の転倒には十分注意が必要である。台座の床面に転落防止板を設置したり，手すりを付けるなどの対応がされているものを選択する方が安全である。

上昇時に段差解消機の台座の上面と家屋の間につま先など身体の一部をはさむ危険性も考えられる。特に据置式の場合，位置がずれる場合があり，危険性が高い。

段差解消機では，介助者がつま先などを挟む危険性も考えられる。蛇腹などで保護しているものもあるが，蛇腹ではつま先が中に入り込むため，危険性がないわけではない。慎重な操作が必要である。定期的な保守・点検を行うことも重要である。

図6・111 階段昇降機

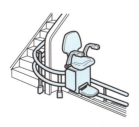

図6・112 手すり状にレールを取り付けた例

(2) 階段昇降機

(a) 構造と特徴

下肢機能や内部機能の低下により，階段の昇降が困難な人に対して，階段昇降機は有効である。図6・111に示すように，階段の段板にレールを固定し，それに沿って椅子が上下する構造となっている。スイッチは椅子肘掛け部などに上昇用と下降用が設置されており，ほとんどの機種で，押している間だけ動き，離すと停止する。人が乗っていない状態で動かすときのために，上階および下階にもスイッチを配置している。直線の階段のみではなく，曲がり階段にも取り付け可能である。

(b) 種類

駆動の方式により，チェーン・スプロケット式とラック・ピニオン式，摩擦駆動式などがある。チェーン・スプロケット式は，レールに組み込まれたチェーンを椅子側のスプロケットにかませることで上下に動くものであり，ラック・ピニオン式はレールに設置されたラックに椅子側の歯車がかむことで動くものである。直線用ではチェーン式が多く，曲がり階段用ではラック・ピニオン式や摩擦式が多い。また，ラック・ピニオン式や摩擦式では，図6・112に示すように，階段の内周側に手すり状にレールを取り付けることが可能であり，家族などの邪魔にならない構造のものもある。また，家屋内の使用にはあまり適さないが，車椅子ごと台座にのって階段を昇降するもの（図6・113）やキャタピラを有する可搬型の階段昇降機もある（図6・114）。

(c) 選択のポイント

階段の問題を解決するには，まず**ホームエレベータ**の設置の可能性を考える方がよい。

図6・113 車椅子ごと台座にのって昇降する例

図6・114 可搬型の階段昇降機

階段昇降機は費用も安く，設置も容易であるが，設置後の利用度を考えると，必ずしも得になるとは限らない。家屋内の階段に階段昇降機を設置する場合,大きな問題となるのは，レールが階段を歩行する人の邪魔になる点である。特に小さい子供がいる場合などは，ケガの原因となる可能性がある。この場合，手すり状レールを選択する方がよい。最小階段幅は750mmとしているものが多い。最大傾斜角度は50～55度程度である。

階段昇降機の椅子は体幹保持装置などは通常取り付けられていないため，座位を保持できる人が対象となる。また，椅子の立ち座りが可能なことも条件となる。回転椅子機構のある機種もあるので，立ち座りに問題がある人の使用には有効である。車椅子使用者にとっては，椅子に乗り移る必要があるので，そのためのスペースの検討も含めて，可能かどうかを試した上で導入する必要がある。また，車椅子が下階に1台，上階に1台必要になることも注意点である。

(d) 使用における注意点

階段昇降機の乗り降りには，十分注意が必要である。通常足台がついているが，乗り降りの際にはそれを上に跳ね上げ，つまづいて転倒するなどということが起きないような配慮が必要である。また，移動中の転落を防止するために,動作中は安全ベルトを着用する。

椅子と階段，レールなどに使用者や介助者が挟まるような事態が発生したときには，自動的に停止する安全装置が取り付けられているが，その動作については定期的な確認が必要である。

9．義肢・装具

(1) 福祉用具活用のポイント

義肢は，「切断肢の欠損部に装着してその機能を補うもの」と定義される。すなわち，何らかの原因で四肢の切断や欠損がある場合に，失われた四肢を代替するものである。装具は，「四肢・体幹の機能障害の軽減を目的として使用する補助器具」と定義される。すなわち，機能障害のある四肢や体幹に装着することにより，その機能を補完するものである。このように，義肢・装具は日常生活における種々の生活活動を幅広く促進する。身体に装着するため，一人一人の身体に合わせて製作する必要がある。そのため，義肢装具士が関わって製作するのが一般的である。

(2) 種類と特徴

(a) 義足

下肢を代替する義肢であり，立位の保持や歩行を目的とする。切断端により,下腿義足,大腿義足（図6・115），股義足（図6・116）などがある。義足は，身体と接するソケットと，股関節，膝関節に対応する股継手や膝継手，足部などから構成される。継手には，リンク機構を有するものや電子制御で動きを適切に調整できるものなどもある。身体とソケットの適合や，各部品の位置関係により義足の機能が大きく変わるため，それらの調整が重要である。また，利用までの訓練も

必要である。

(b) 義手

上肢を代替する義肢であり，上肢による作業や外観上の補助を目的とする。切断端により，前腕義手と上腕義手がある。手部の機能により，手指が能動的には動かず外観上の補助に主眼を置いた装飾用義手や，ケーブルを介して肩の動きなどにより手先具を開閉する能動義手（図6・117），筋電を用いて手部のモータを制御することにより手部を開閉する筋電義手（図6・118）などがある。義手は，身体と接するソケットと，肘関節に対応する肘継手，手先具などから構成される。能動義手や筋電義手の利用までには，訓練も必要である。

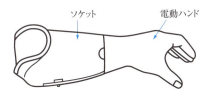

図6・118 前腕筋電義手

(c) 下肢装具

下肢に装着する装具であり，立位の保持や歩行の補助，下肢の変形予防および矯正を目的とする。長下肢装具（図6・119），短下肢装具（図6・120）があり，前者は大腿から膝，下腿，足部にかけて支持するものであり，後者は下腿から足部にかけての装具である。短下肢装具は，片マヒ者の歩行機能の改善に効果があり，広く使用されている。

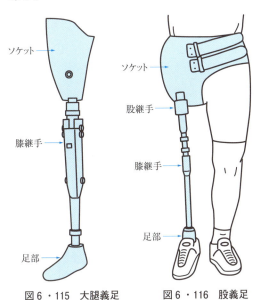

図6・115 大腿義足　　図6・116 股義足

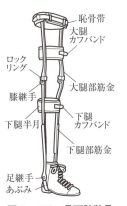 

図6・119 長下肢装具　　図6・120 短下肢装具

(d) 上肢装具

上肢に装着する装具であり，筋力低下を補うもの，可動域を改善するためのもの，変形を矯正し手指の機能を保持するものなどがある。図6・121に示した肘装具は，

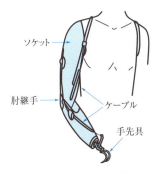

図6・117 上腕能動義手

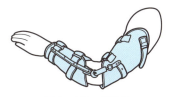

図6・121 肘装具

骨折の治療期に肘を固定したり，正しい位置関係での屈伸を行うために用いる。

(e) **体幹装具**

体幹に装着し，体重の支持や運動の抑制，姿勢の矯正などを行う。

10. 認知症者に役立つ用具

介護保険では，**徘徊感知機**が貸与品目としてあげられている。マットなどにセンサーが組み込まれており，そこを通過するとセンサーが反応し介助者に知らせる用具である。ベッドサイドにマット式センサーを設置すると，夜間の離床を感知することができる。

従来，認知症者に役立つ福祉用具は，上記の徘徊感知機のように介助者を支援する用具に目が向けられてきた。しかし，認知症者の能力を最大限に活かして，自立を支援するための用具をまず考えるべきであり，それによ
り大きな効果が期待できる。上記の徘徊感知センサーも，介助者に知らせるのではなく，本人に知らせることで，自らの判断で徘徊を抑制できる可能性もある。近年では，センサーと本人への音声での指示を組み合わせたシステムも開発されている。その他，薬の飲み忘れ・飲み間違えを防止する**服薬支援器**（図6・122）や，一日の**スケジュール**と**現在時刻**を理解しやすい形で呈示する用具（図6・123）など，本人の力を活かすための様々な用具が利用されている。コミュニケーションロボットやスマートフォンの活用も広まりつつあり，新たな技術による進展が期待される分野である。認知症の課題の重要性から考えて，これらの用具については，今後早急に普及を促す必要がある。

図6・122 服薬支援器 あらかじめセットしておくことで，薬を飲む時間になるとアラームを鳴らし，そのときに飲むべき薬のみを取り出すことができる。

図6・123 デイ・プランナー 現在の時刻をLEDの点滅で示すことで理解しやすい時間の呈示を行い，ホワイトボードに1日のスケジュールを呈示することができる。

第7章
福祉住環境整備の基本技術

執筆担当：浅沼　由紀

7・1　福祉住環境整備に関する技術基準 ……………104

7・2　段差の解消 ………………………………105

7・3　手すりの取付け …………………………108

7・4　動作空間に対するスペースへの配慮 ………111

7・5　建　具 ……………………………………114

7・6　床・壁などの仕上げ材 …………………116

7・7　家具，色彩計画 …………………………118

7・8　室内環境と設備 …………………………120

7・9　住宅設備機器 ……………………………124

7・10　非常時対応と緊急通報装置 ………………127

7・1 福祉住環境整備に関する技術基準

1. 住生活基本計画における高齢者向け住宅のバリアフリー化

「**住生活基本計画**」（平成28年3月18日閣議決定）において，「高齢者が自立して暮らすことができる住生活の実現」は今後10年間の政策目標の一つに設定され，住宅のバリアフリー化やヒートショック対策の推進，身体・認知機能等の状況を考慮した住まいや住宅関連サービスのあり方を示す高齢者向け住宅のガイドライン策定，などが進められることになった。高齢者の居住する住宅のバリアフリー化については，2箇所以上の手すり設置または屋内の段差解消を備えた住宅を41％（平成25年）から75％（平成37年）まで増やすことを成果指標の一つとしている。

2. バリアフリー化のための設計指針

バリアフリー化のための設計指針は，「高齢者住まい法」（2001年策定）による基本方針に基づく「**高齢者が居住する住宅の設計に係る指針**」に定められており，加齢などによる身体機能の低下や，障害が生じた場合にも，安心して住み続けるために必要な，一般的な住宅の設計上の配慮事項が示されている。この指針は，介助用車椅子使用者が基本生活行為を行うことを容易にするための，基本的な措置を確保するために必要な事項を示すものであり，基本的な措置に基づく仕様を「基本レベル」，特に配慮した措置が確保された仕様を「推奨レベル」として示している。

3. 住宅性能表示制度における「高齢者等配慮対策等級」

「住宅品確法」（1999年制定）に基づく「住宅性能表示制度」における性能表示事項の区分に，「高齢者等への配慮に関すること」という分野が設定されている。「**高齢者等配慮対策等級（専用部分）**」は，高齢者等への配慮のために必要な対策が，住戸内でどの程度講じられているかを評価して5段階の等級で表示するものであり，「移動時の安全性」と「介助の容易性」という2つの目標を達成するための対策が評価の対象となる。本章では，原則，等級5相当の技術基準を示している。

高齢者等配慮対策等級（専用部分）*	
等級5	高齢者等が安全に移動することに特に配慮した措置が講じられており，介助用車椅子使用者が基本的な生活行為を行うことを容易にすることに特に配慮した措置が講じられている
等級4	高齢者等が安全に移動することに配慮した措置が講じられており，介助用車椅子使用者が基本的な生活行為を行うことを容易にすることに配慮した措置が講じられている
等級3	高齢者等が安全に移動するための基本的な措置が講じられており，介助用車椅子使用者が基本的な生活行為を行うための基本的な措置が講じられている
等級2	高齢者等が安全に移動するための基本的な措置が講じられている
等級1	建築基本法に定める移動時の安全性を確保する措置が講じられている

推奨レベル：介助用車椅子使用者が基本生活行為を行うことを容易にすることに特に配慮した措置が確保された仕様

基本レベル：介助用車椅子使用者が基本生活行為を行うことを容易にするための基本的な措置に基づく仕様

*日本住宅性能表示基準（H13国土交通省告示第1346号）　　**（H13国土交通省告示第1301号）

図7・1　福祉住環境に関する技術基準レベル

7・2 段差の解消

段差は，加齢に伴い足腰が弱くなる高齢者や，下肢障害者，視覚障害者にとって，生活行動領域を限定する大きなバリアとなる。生活空間での段差を解消することによって，転倒の防止，車輪付き福祉用具の乗り心地や移動性の向上が期待できる。

日本の一般的な木造住宅において，段差のある箇所とその意味ならびに主な解消方法は表7・1に示す通りである。

1．屋外の段差解消

(1) 屋外段差の解消

屋外の段差を解消する主な方法としては，**スロープ**（図7・2），緩勾配の階段，段差解消機（6・3・8（1））の設置がある。

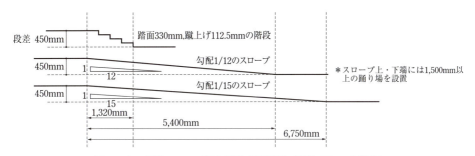

図7・2 屋外スロープの勾配と必要距離（段差450mmの場合）

表7・1 日本の木造住宅にみられる段差と解消方法

	段差のある箇所	段差の意味・理由	解消方法
【屋外】	①道路面から玄関ポーチまでのアプローチ	道路と敷地に高低差があるため	スロープの設置
	②1階居室から地面までテラス，バルコニー	（建築基準法上の制約あり）地面からの水蒸気などによる土台などの腐食を防ぐため	段差解消機の設置
			緩やかな勾配の階段
			1階床面を下げる（防湿土間コンクリート敷設）
	③屋内外の境界部分にある開口部（出入口）	屋内への雨・風やほこりの侵入を防ぐため	屋外側にグレーチング＋排水溝の敷設，水勾配
【屋内】	①玄関上がり框玄関土間から1階床まで	【屋外】②に同じ	式台の設置
			段差解消機の設置
	②和洋室間の床段差	同じ高さの床組の上に仕上げをのせた場合，床仕上げ材の厚さが異なるため	束または根太の高さで調整（新築の場合）
			すりつけ板の設置（改修の場合）
			合板等による洋室床のかさ上げ（改修の場合）
	③建具の敷居段差，各室の出入口段差	洋室などの建具の下枠(沓摺)は，室内外の床仕上げ材の違いを建築的に納める（見切）ためや隙間風防止のため	敷居の埋め込み
			フラットレールの設置
			V溝レールの埋め込み
	④浴室の出入口段差	洗い場で使う湯水が洗面・脱衣室に流れ出ないようにするため	すのこの設置
			洗い場床面のかさ上げ，浴室側にグレーチング＋排水溝の敷設，水勾配

屋外にスロープを設置する場合、勾配は1/12以下とし、できる限り1/15以下の緩勾配とし、車椅子の脱輪防止のために、側面立ち上がりを付ける。傾斜面の前後には車椅子が停止できる1500mm×1500mm以上の水平面を設ける。スロープの設置には多くのスペースを必要とするため、高低差が大きい場合には段差解消機の設置や緩やかな勾配の階段（図7・3）での対応を検討する。使用者の状態によってはスロープよりも階段の方が適している場合もある。その際にも、将来車椅子使用の可能性がある場合には、スロープが設置できるスペースを確保しておくことが望ましい。

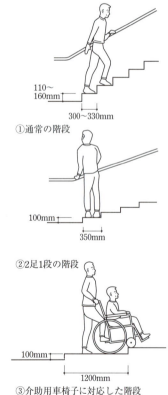

図7・3　屋外階段の踏面と蹴上げ

新築の場合には、「1階床面を下げる」工夫により地盤面から1階床高までの高低差を減じることも可能である。床下部分に防湿土間コンクリートを敷設したり、べた基礎にして地面から湿度の影響を受けないようにした場合には、建築基準法上の規定は緩和され、床高を低く抑えることができる（図7・4）。ただし、床面を下げると、床下の通風が悪くなったり、給排水配管などの維持管理上の問題が生じる場合もあるので、配管経路などに十分な検討が必要である。

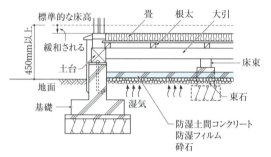

図7・4　防湿土間コンクリートの敷設による床高の緩和

(2)　屋内との境界部分の処理

居室に接続するテラスやバルコニーへの出入口部分の段差については、すのこを敷設することで対応できる場合が多い（事例1・7）。新築時に、テラスやバルコニーの床面を居室床面まで上げ、床高による段差を解消することも可能である。

屋内外の境界部分に設けられる開口部（玄関扉や居室の掃き出し窓など）の下枠には、室内温度の保持や屋内への雨・風やほこりの侵入を防ぐための段差がある。この段差を最小限に抑える方法として、開口部の屋外側に排水溝を設け、**グレーチング**（ステンレス角パイプ等を溝長手方向に平行に）を敷設し、水勾配を屋外側へとる方法がある（図7・5）。その際は、出入口部分に庇を設けるなど、室内への雨の侵入を避ける工夫が必要である。

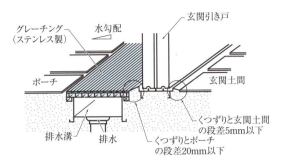

図7・5　下枠段差のない玄関扉の設置例

2．屋内の段差解消

(1) 和・洋室の床段差の解消

和室と洋室では一般に床仕上げ材の厚さが異なるため，同じ高さの床組の上に仕上げ材をのせると床のレベルに差（床段差）が生じる。畳はフローリングよりも厚いため，和室は洋室よりも10～40mm程度高くなる。

解消方法は新築と改修で異なり，新築の場合には，束または根太の高さを調整することにより解消できる（図7・6，図7・7）。現代住宅では和室より洋室の床面積が広い場合がほとんどであるため，和室部分の束または根太の高さを畳の厚さ分だけ下げることにより調整するが，逆の場合には洋室部分で高さを調整する。

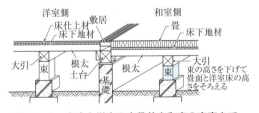

図7・6　和室と洋室の床段差を和室の束高さで調整した例

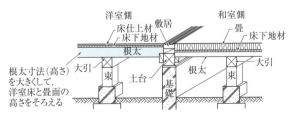

図7・7　和室と洋室の床段差を根太高さで調整した例

改修の場合には，すりつけ板を設置する方法，根太の高さにより調整する方法，合板などでかさ上げする方法などがある。**かさ上げ**とは，古い床の上に合板などを貼って高さを調整し，その上に新しい床を仕上げる方法である（図7・8）。

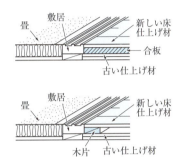

図7・8　合板等のかさ上げによる段差の解消

(2) 敷居段差

敷居段差とは，部屋の区画に引き戸形式の建具を使用する際に，レールの役割をする敷居が床材よりも突出することにより生じる段差のことである。

最近の住宅は，建具下枠（敷居）の段差は小さくなる傾向にあるが，僅かな段差でもつまずきや転倒の原因になったり，車椅子などの車輪のぶれなどにより使用者に不快感を与える要因になる。

段差解消にはV溝レールを埋め込む方法がある。床面に直接レールを埋め込む場合には，床仕上げ材との接合面に隙間ができないよう堅固に固定する。

7・3 手すりの取付け

手すりの取付けは,「段差の解消」とともに基本的な福祉住環境整備項目である。アプローチ,玄関,廊下,階段,洗面・脱衣室,浴室,トイレなどに設置されることが多い（図7・9）。日常生活のどのような動作・姿勢で使用されるのかをよく理解し,手すりが堅固に取り付けられるように配慮する。歩行用などの連続して用いる箇所では,途中で切れないように繋いで取り付ける（事例1・3）。

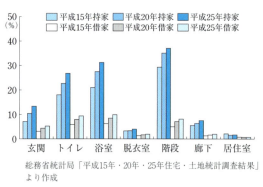

総務省統計局「平成15年・20年・25年住宅・土地統計調査結果」より作成

図7・9　新築戸建住宅における手すりの設置率の推移

1．使用方法と手すりの種類

手すりを取り付ける目的は,基本的には身体を支えることであるが,その設置場所により使用方法は異なる。使用方法により,以下の手すりがある（図7・10）。

① 身体の位置を移動させるときに手を滑らせながら使用する：主に階段,廊下に設置。**ハンドレール**（hand rail）。廊下では,上からかかる体重を支持する安定感が求められる。階段では,昇る時の上肢を用いた身体の引き上げにも使う。

② しっかりとつかまって使用する：主にトイレ,浴室,玄関に設置。**グラブバー**（grab bar）。身体の位置はそれほど移動しないが,移乗や身体の上下移動がある。

③ 身体の動きが止まっている状態で使用する：主にトイレ,浴室,出入口に設置。②との兼用が多い。座位での姿勢の安定・保持のため横手すりに手や肘を乗せて使ったり,扉開閉動作時のバランス保持時に使う。

2．手すりの形状

(1) 断面

手すりの断面形状は,しっかりと握れる円形を基本とする。ただし,廊下での水平移動のための手すりに限って,上肢障害で握力が弱い場合や,関節リウマチなどで手指に拘縮がある場合など,巧緻性が十分でないときには,上部平坦型の形状にして,手すりを握ら

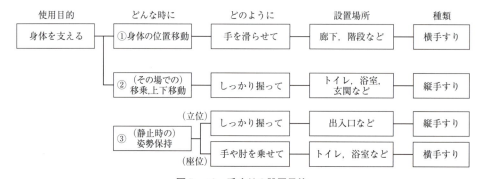

図7・10　手すりの設置目的

ず，単に手や肘をのせて移動する方法もとられる。階段などでは昇るときに上肢を用いて身体を引き上げる目的にも使われることがあるので，しっかり握れるように断面形状は円形にする（図7・11）。

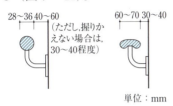

図7・11 横手すりの断面

円形手すりの直径は，使用方法により使い分けられる。階段や廊下では，手を滑らせながら使用するので，通常はしっかりと握ることはないことや，広い空間で使用する手すりはある程度太いほうが安定感があることから，直径32〜36mm程度とする。一方，トイレや浴室などで，上下移動，移乗用に使う場合は，しっかりとつかまることができる太さとして，握ったときに親指と他の指の指先が軽く重なる直径28〜32mm程度がよい。

(2) 端部

手すりの端部にエンドキャップを取り付けただけでは，衣服の袖口を手すりに引っかける危険性があるので，端部を壁側か下方に曲げて納める（図7・12）。

図7・12 手すりの端部

(3) 材質

手すりの材質としては，木製，樹脂被覆，金属製（ステンレスなど）があり，取り付け場所に応じて適した材質を選ぶ。木製は暖かみがあり手触りがよくインテリア性に優れているため，廊下・階段，寝室や居間に適しているが，水掛かりする浴室などには適さない。樹脂被覆は耐水・耐熱性に優れているため，浴室やトイレなどの水まわりに適している。金属製は耐久性・耐候性に優れているが，温度の影響を受けやすいため，冬季は冷たくなり，身体が冷える原因になることや，見た目も冷たい感じがするため，近年の住宅ではあまり用いられない。

3．取付け位置

住宅内に設置する場合は，手すりを必要とする人の身体状況に合わせて，使いやすい高さや位置を決定する。実際の使用場面を再現して動作確認をした上で設置する。

(1) 横手すり（水平手すり）

横手すりは，床面や勾配に対して平行に取り付ける手すりで，身体の重心位置も平行に移動する廊下や階段で主に使われる他，姿勢を保持するときにも使用する。階段の場合，等級5の基準では，階段の両側に，踏面の先端からの高さが700〜900mmの位置に設置する。手すりの受け金具は下部から受けるように取り付ける。横から受ける金具では，握った手を滑らせていくと受け金具に当たって，途中で握り替えなければならないので不適切である。

(2) 縦手すり（垂直手すり）

縦手すりは，床面に対して垂直に取り付ける手すりで，便器での立ち座り動作などの身体が上下に移動する際や，身体の向きを変えるときに使用する。手がかけやすい位置に取り付け，身体が上下する場合には，どちら側からも使いやすい範囲に設置する。手すり上端は肩の高さか，その少し上の位置を目安とし，使用状況に合わせ，必要な範囲をカバーするように設ける。

4．手すり取付け方法と下地補強

　手すりには，かなりの強度が要求されるため，しっかりとした下地に木ネジを使用して取り付ける必要がある。将来手すりの設置が予測される部分も含めて，取付け位置には壁**下地補強**を行う。壁下地の補強は，現在検討している手すりの設置位置よりも広い範囲にわたって行い，本人の身体状況の変化にも対応できるようにしておく。

　在来構法の場合，手すり受け金具は必ず本柱に取り付け，間柱に取り付けることは避ける。強度上，受け金具は木ネジ3本で壁面に留める場合が多いが，間柱の幅(35〜40mm程度)では2本しか留められず，十分な支持が得られないからである。やむを得ず間柱を使用する場合や石膏ボードを使用する場合には，下地補強した上で手すりを取り付ける。下地補強には，既存の壁を取り外して，受け材を柱間に強固に取り付ける方法（図7・13(a)）と，補強板を柱に取り付けた後，手すりを取り付ける方法（図7・13(b)）などがある。

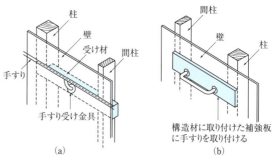

図7・13　手すりの取り付け位置

7・4 動作空間に対するスペースへの配慮

生活動作に介助が必要であったり，車椅子を使用する場合には，動作空間として，水平方向に対しては広めのスペースが必要とされ，高さ方向は動作領域が限定されることが多い。

在来構法による木造住宅の基準寸法（**モジュール**）として最も多用されているのが910(909) mm（柱芯-芯寸法）であり，これは日本の伝統的な寸法体系である尺貫法の3尺に相当する。一般に住宅の廊下や階段の幅員，トイレの間口などはこの寸法をもとに造られていることが多く，車椅子移動や介助に必要な幅・スペースとしては十分なスペースを確保することが難しいため，工夫が必要となる。新築の場合には，将来の身体状況の変化も考慮し，十分なスペースを確保しておく。

下肢機能が低下してくると，起居・移動時の脚への負担が軽い椅子中心の生活になる。椅子に座ったりベッドで寝たりするイス座の生活は，畳や床の上に座ったりふとんで寝るユカ座の生活に比べて，居室内に家具を置くスペースが必要となるため，一般に，居室面積を広く確保する必要がある。

1．車椅子使用時に必要なスペース

車椅子を使用する場合，車椅子自体の寸法と車椅子使用者の基本動作寸法を把握する必要がある。

(1) 車椅子の寸法

車椅子の形状・寸法は，JIS規格（日本工業規格）により定められている。車椅子は，使用者の体型や身体状況，使用する用途に適応した寸法のものを選ぶ。一般に，自走用は，介助用より寸法が大きく，動作領域も自ら操作する分，より広い幅を必要とする。JIS規格による手動車椅子の寸法を図7・14に示す。

［寸法値］
A 全長：1200mm以下
B 全幅：700mm以下
C フットサポート高：50mm以上
D 折りたたみ幅：320mm以下
E 全高：1090mm以下

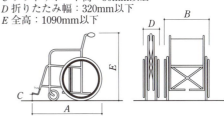

図7・14 手動車椅子の寸法JIS T 9201（車椅子）

(2) 車椅子使用者の基本動作寸法

住宅内で車椅子を使用して活動するには，動線上の空間として，車椅子で通行可能な通路幅が連続して確保されていること，車椅子の方向転換ができるスペースが適切に用意されていることが求められる。通路幅は，自走用の大型車椅子であっても，850mm以上あれば通行可能であり，柱などにより部分的に狭くなる場合でも800mm以上あれば通行に支障はない。手動車椅子で方向転換を行う場合に，最小限必要な動作空間は図7・15のとおりである。

開き戸や引き戸などの出入口の周囲には，通行のためのスペースの他に，ドア開閉のためのスペースを確保する必要がある（図7・22）。

また，車椅子使用者の人間工学的寸法は，図7・16のとおりである。

2. 介助に必要なスペース

　歩行や排泄，入浴などの生活行為において介助が必要な場合には，介助を円滑に行うためのスペースを十分に確保する必要がある。車椅子で介助の必要な場合には，車椅子寸法と介助スペースをあわせたスペースが必要となる。介助に必要なスペースは被介助者の体格や障害の種類，介助程度により異なるので，介助が必要な一連の動作を疑似動作として再現した上で設定する（図7・17）。

図7・15　手動車椅子の最小限動作空間

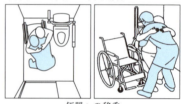

便器への移乗

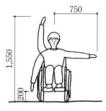

① 人間工学的寸法（単位：mm）

② 手の届く範囲

図7・16　車椅子使用者の人間工学的寸法

座った状態でズボンを脱ぐ

車椅子から横手すりをつかんで立つ

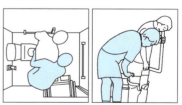

ズボン・下着を脱がせる

図7・17　トイレでの介助動作の例

3. 必要なスペースを確保する方法

(1) 壁や柱を取り外す（部分的な増改築の場合）

部分的な増改築により必要なスペースを確保するには、壁や柱を取り外す方法が有効である。ただし、木造住宅の壁や柱には構造上取り外すことができないものがあるので、住宅の現状を建築図面などから把握し、取り外し可能な壁・柱であるか否かを確認する必要がある。

小さく区切られた複数の部屋も、間仕切りを取り払って一つの空間にすることで、必要なスペースを確保できる。特に部屋割が小さいトイレ、洗面・脱衣室、浴室では、車椅子使用や介助に必要なスペースを十分に確保できないことが多い。トイレと洗面・脱衣室を間仕切っている壁面を撤去し、**ワンルーム化**することにより、広いスペースを確保できる（図7・18，事例2・1）。

壁面を撤去する際には、プライバシー面への配慮なども踏まえて総合的に判断する。ワンルーム化したトイレと洗面・脱衣室を同居家族も使用する場合には、カーテン越しの音や臭い、気配などが問題となることが多く、家族との事前協議が必要である。

(2) モジュールをずらす（新築、大規模増改築の場合）

910mmモジュールで建てられた在来構法の木造住宅の場合、通路の有効幅員はせいぜい780mmとなり、介助用車椅子までは対応可能であるが、自走用への対応が困難となる。そこで、新築や大規模な増改築の場合には、モジュールをずらして、必要な部分の幅を広げる方法が用いる。たとえば図7・19では、寝室と日常的に使用するトイレや浴室、居間などの部屋を結ぶ動線部分となる廊下の幅をモジュール寸法の1/6（151mm）分だけ広げることで、車椅子で通行可能な通路幅を確保できる。

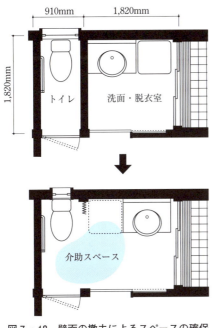

図7・18 壁面の撤去によるスペースの確保
出典：東京商工会議所編「福祉住環境コーディネーター検定2級テキスト改訂4版」東京商工会議所2016年をもとに作成

図7・19 モジュールを広げて通路幅を確保した例
出典：東京商工会議所編「福祉住環境コーディネーター検定2級テキスト改訂4版」東京商工会議所2016年をもとに作成

7・5

建具

建具は，開口部に設けられた障子，襖，窓，戸などの開閉機能をもつものの総称である。住宅内部で使う戸は，部屋同士を仕切り，人の行き来や通風などを調整する役割をもっており，開閉方式による種類として，引き戸，開き戸，折り戸などがある。

1．建具の種類

(1) 引き戸

引き戸は，開閉操作に伴う動きの拘束が少ないため，開閉動作が比較的容易である。その他に，開閉のための必要面積が少ない，開き加減に融通性があることが良い点であるが，開き戸に比べて，気密性や遮音性が低く，施錠が複雑になる。また，戸を引き込むための壁が必要となる。

(2) 開き戸

開き戸は，身体を移動させながら前後へ開閉させるため，杖使用者や歩行困難者などにとっては開閉動作がしにくい。また，開閉時に衝突や挟まれるなどの危険性があり，開閉のための必要面積が大きい。一方で，気密性や遮音性が高く，施錠が容易であり，開閉に伴う部屋の温度変化が少なく，プライバシーを確保しやすい。引き込み戸は，立ち位置を変えずにドアの開閉ができる構造の建具であり，開閉動作が安定する。

(3) 折り戸

折り戸は，引き戸や開き戸が設置できない場合に用いる。他に比べて，気密性やプライバシーの確保は難しいが，開閉時の移動量が少ない。

2．建具幅と有効幅員

住宅内で様々な部屋を使って活動するためには，移動動線の確保が必要であり，出入口の幅員の確保も求められる。この時の出入口の幅員とは，建具幅ではなく有効幅員を指し，800mm以上確保する必要がある。有効幅員とは，建具幅から，引き残し分や建具厚，丁番や把手の出寸法などを差し引いた寸法を指す（図7・20）。廊下に面した部屋の出入口の場合には，廊下幅員との関係も重要である。特に車椅子移動では，廊下幅が狭い場合は，建具幅をより大きくとる必要が生じる（8・6・1(1)）。

3．建具の取付位置と開閉方向

引き戸の場合，壁の廊下側と部屋側のどちらに戸を引いたらよいのかを検討する。廊下側にすると，廊下への手すり取付けが難しくなり，壁伝いに歩行する際には，戸の開閉時に手を挟み込む危険性がある。部屋側にすると，部屋側の手すり設置が困難になる。戸を引き込む部分の壁が薄くなる場合には，手す

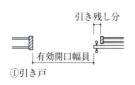
①引き戸

②開き戸

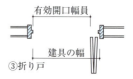
③折り戸

図7・20　有効開口幅員

りが堅固に取り付かなくなるので，壁厚を厚くするなどの配慮が必要となる。

開き戸の場合，外開きを基本とする。特にトイレなどの狭い部屋では外開きであれば倒れた時などの救出が容易になる。

開き戸や引き戸にドアクローザーを設けると，ゆっくり閉まるように調整できるので，移動動作をあわてずに行うことができるが，戸の開閉には取付け前より多くの力が必要になる。しかし，開けた戸を閉めるのが困難であったり，中途半端に開いた戸にぶつかる危険性をなくすことができる。

戸まわりの空間として，把手側に袖壁があると戸の開閉動作がしやすくなる。自走用車椅子の場合には特に，引き戸では袖壁が300mm程度あれば把手への接近がしやすい（図7・21）。

4. 把手の形状

把手は使いやすく手触りのよいものとする。

引き戸の場合，戸が開いている時と閉じている時，どちらの状態でも把手を握りやすいように枠や引き残しとの寸法に配慮する。

開き戸の場合，手で押したり，弾いたりするだけでよいレバー式やプッシュプル式を採用する。握り玉の把手は指先でつかんで回す動作が必要で，加齢などによって手指の巧緻性が低下してくると操作しにくくなる。レバー式は衣服の引っかかりを防ぐために把手端部を扉側に曲げたものを使用する（図7・22）。

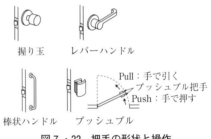

図7・22 把手の形状と操作

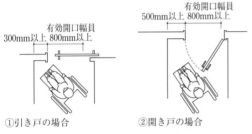

図7・21 建具まわりの空間

7・6

床・壁などの仕上げ材

　床，壁などの仕上げ材は，日常生活の中で，直接に生活者の身体と接触し，目に触れる部分であるため，十分考慮して材質を選択する必要がある。

1．床

　床材の一般的な選択基準は，清掃のしやすさ，足触りの良さ，摩耗のしにくさなどである。特に高齢者の場合には，同一平面上での転倒事故を防ぎ，杖使用者などの歩行困難者の移動が安全かつ容易に行える床材であることが大切であり，足のひっかかりにくい材質を選ぶ。また，水に濡れる可能性のある場所では濡れても滑りにくい材質を選ぶ。

　車椅子を使用する場合には，車輪が沈んで操作しにくいことがないように，やや堅めの材質を選ぶ。また車椅子が向きを変えるときに，床面と車輪間に「回転ねじれ」が生じるため，これに耐える耐久性，耐摩耗性の高いものとする。

　屋外の床材として，タイルなど，目地のある仕上げ材を用いる場合，目地は滑り止めになるが，目地幅が広すぎると，つまづいたり，杖や車椅子の車輪がはさまる危険性もあるので，目地を浅くする，目地幅を5mm以内にする，などの注意が必要である。また，石貼りの場合，本磨き仕上げは滑る危険性があるので，粗面仕上げとする。

　屋内の床材に求められる性能は，部屋ごとに異なるため，各部屋で求められる性質に応じて床材を選定する。最近では，居間や寝室などにフローリングを使用することが多く，

種類も豊富であるが，滑りにくい床材を選ぶ。車椅子を使用する場合は，タイヤのスリップによるゴム跡がつくことがあるので，ゴム跡がついても目立たない色を選ぶと良い。屋外と同じ車椅子を使用する場合は，車輪に着いた砂ほこりで床材を傷つけることが多いため，仕上げ板厚さが1mm以上ある床材を使用する。

　絨毯，カーペット敷きの場合には，毛足の短いものを使用する。クッション性（弾力性）が高く，断熱性も高いものとしては，コルク床（3mm以上）がある。取替え可能なタイルカーペット，コルクタイルを使用すると，汚れた際には取り外して洗浄できる。

　台所，洗面，トイレなどの水まわりにはタイルや長尺シート材を使用することが多く，濡れても滑らない塩化ビニルシートなどの床材を選ぶ。

2．壁

　居室や廊下，階段の壁仕上げ材は，汚れにくいこと，汚れが目立たないこと，清掃しやすいこと，表面が固すぎないこと，手や身体をこすっても傷にならないこと，表面にざらつきのないことなどが求められる。

　生活者がよろけたり，転倒した場合に，壁にぶつかっても怪我をすることのないように，安全性が高く，クッション性のある材質を選ぶ。歩行困難者は壁を支えにすることが多いので，肌触りがよく，汚れが落ちやすい清掃性の良さも必要である。

　壁の出隅部は，衝突による怪我を防ぐため，

コーナー材を取り付けたり，隅切りをするなどの工夫があるとよい。

3. 幅木

車椅子を使用する場合には，壁に車輪や足台（フットレスト）がぶつかることで，壁を汚したり，損傷したりすることが多い。これを防ぐためには，壁面にキックプレートを取り付けたり，耐久性のある腰壁を設けることが必要である（8・6・1(3)）。

表7・2　床・壁仕上材の性能と種類・特徴

仕上材		耐衝撃性	耐摩耗性	断熱性	難燃性	耐水湿性	耐汚染性	耐薬品性	吸音性	軽量性	美観性	耐久性	経済性	種類・特徴
床	火成岩	◎	◎	×	○	◎	◎	◎	×	×	○	○	×	御影石、鉄平石
	変成岩	○	○	×	△	○	○	○	×	×	◎	○	×	大理石、トラバーチン
	磁器タイル	◎	◎	×	○	○	○	○	×	×	◎	○	○	100〜300角、モザイクタイル
	人造石	○	○	×	○	○	○	○	×	○	○	○	○	人研ブロック、テラゾー、大磯アライダシ
	プラスチック系シート	○	○	△	×	○	○	○	△	○	○	○	○	塩ビシート、クッションフロア
	フローリング	○	○	×	○	○	○	△	○	○	○	○	○	ナラ、ブナ、単層品（高級）・複合板（普及）
	縁甲板	○	○	×	○	○	○	△	○	○	○	○	○	ヒノキ、ヒバ、マツ
	コルクタイル	○	○	○	×	○	○	○	△	○	○	○	○	天然コルク、単層品（高級）・複合板（普及）
	ニードルパンチ	○	○	○	×	×	×	×	○	○	○	△	◎	ポリプロピレン
	カーペット	◎	○	◎	×	×	×	×	◎	○	○	○	○	ウール、アクリル、ナイロン、ポリエステル
	畳	◎	○	◎	×	△	△	△	○	○	◎	○	○	八代表、備前表、備後表、琉球表
壁	変成岩	○	○	×	△	○	○	○	×	×	◎	○	×	大理石、トラバーチン、蛇紋岩
	磁器タイル	◎	○	×	○	○	○	○	×	△	○	○	△	台所（接着）、浴室（湿式）
	陶器タイル	○	○	×	○	○	○	○	×	△	○	○	○	台所（接着）、浴室（湿式）
	人造石	○	○	×	○	○	○	○	×	◎	○	○	○	人研ブロック、テラゾー、リシンカキオトシ
	しっくい	△	△	△	○	△	×	○	×	○	○	○	○	消石灰（ドロマイトプラスターに近い）
	土壁・京壁	○	△	△	○	△	△	×	○	○	○	○	○	荒木田、聚楽壁、錆壁、紅壁
	プラスター（石膏）	△	△	△	○	△	×	○	×	×	○	○	○	石膏プラスター、ドロマイトプラスター、石膏ボード
	羽目板	○	○	×	△	△	△	△	△	○	○	○	×	縦羽目、横羽目、（単層品・複合板）
	合板	△	△	△	△	○	○	△	△	○	○	◎	○	下地板、化粧板、（突付張、目透張、本実張）
	ビニルクロス	△	△	△	△	△	○	○	△	○	○	△	◎	居室、水まわり、火気使用室
	織りクロス	△	△	×	×	×	×	△	○	○	◎	△	○	主に居室

出典：インテリア産業協会「暮らしとインテリア」をもとに作成

7・7 家具，色彩計画

　住宅における部屋の配置や形状，詳細計画は，主として身体状況面から決められることになるが，細部の仕上げや細やかな家具のレイアウトなどは，本人の意見を最大限に尊重してまとめていくことが望ましい。

1．家具

(1) 家具の機能による分類

　テーブルや椅子，ベッドなどの**家具**は，人間の生活の仕方に深く関わるインテリア要素である。家具はその機能から分類すると，①人体系家具（ベッドや椅子など，人を支持するもの），②準人体系家具（机やテーブルなど，ものを載せてそこで作業をするもの），③建物系家具（収納や間仕切りなど，ものを収納整理し，空間を仕切るもの）に大別できる。特に，人体系家具は，家具の性能が使い手の生活動作の利便性や安全性を大きく左右する（図7・23）。

図7・23 家具の分類

(2) 生活様式と家具

　生活様式からは洋式家具と和式家具に分けられる。イス座の生活では椅子やベッドのような洋式家具を使用し，日本の伝統的生活様式であるユカ座の生活では畳の上で座卓などの和式家具を使用するが，現代の生活ではイス座とユカ座が混在している。住まいの洋風化は進み，狭小な部屋にそれぞれの使用目的に合わせた多くの洋式家具が配置されていることが多い。イス座の生活はユカ座に比べて起居・移動の動作負担が軽いことから，高齢になり足腰が弱くなった時の生活に適している。日本における洋式家具の歴史は浅く，機能性のみを追求した家具が多いが，最近ではデザイン性に優れたユニバーサルデザインの家具も増えている。家具は生活の仕方を規定するばかりでなく，空間の中で視覚的影響が強く，インテリア空間を構成する上では最も重要な役割を果たす要素である。

(3) 家具の配置

　新築の場合には，部屋の配置や各部屋の広さばかりでなく，それぞれの部屋の用途に合わせた家具の配置も検討する。所有している家具や小物類，新規購入家具の種類や寸法を確認し，平面図上に配置してみた上で，生活動線に無理はないか，通行幅員は十分に確保されているか，生活動線上につまずき事故の原因となるものが置かれていないかなどを確認する。

2．色彩計画

　室内の色彩計画は，家具，インテリアファブリック，仕上げ，照明などのインテリア要素によりデザインされる。

(1) 色彩と光

　色彩は人間の心理や身体に無意識に作用し

て血液の循環や脈拍数に大きな影響を与え，安らぎ，落ち着きなどの精神的な安定感や解放感を高めたり，気持ちを積極的にしたりする。色彩が心理面に及ぼす効果を活用して，快適に生活できるような工夫が必要である。

加齢に伴う視覚の機能低下の一つに，色覚の低下がある。これは，白内障の進行によって目の水晶体が黄変するために生じる。紫・青・緑といった色味の識別は困難になり，赤・オレンジ・茶色系は識別しやすい色となる。この変化を配慮した配色を心がける。

(2) 照明

人間の目で見ている色は，素材そのものの固有色と光の色が混ぜ合わされた色である。したがって，光の色が変われば，見ている素材の色の見え方も変化する。室内で使用する照明の光源の色によって部屋の雰囲気は違ってくる。加齢による色覚低下を補うには，照明を明るくして目に入ってくる光量を増やすのが効果的であり，特に青の成分が強い昼光色を使用すると色の識別がしやすくなる。

照明方式には，シーリングライトなどの部屋全体を明るくする全般照明と，スポットライトなどの部分的に明るさを確保する局部照明がある。照明器具は，単に明るさのみを追求するのではなく，インテリアデザイン要素としての計画や雰囲気を演出することも照明の役割であることを考慮し，各部屋の雰囲気づくりと機能面の双方に気を配りながら選択する（図7・24）。

(3) 仕上げ

床面などの広い面積に使用する仕上げ材は，床面に反射した光がまぶしく感じて疲労の原因にならないよう，反射率の高い仕上げ材を使用しない。一般に仕上げ材はつやのあるものは避ける。また，日光が家具の影を床面に落として，段差と見間違えないよう，光の入り方と家具の配置なども十分に検討する。

同一床面で床の色や仕上げ材を変えると，視力が低下している場合に，床段差と見間違える危険性やつまずきの原因にもなるので，意味のない仕上げ材の変化は避ける。

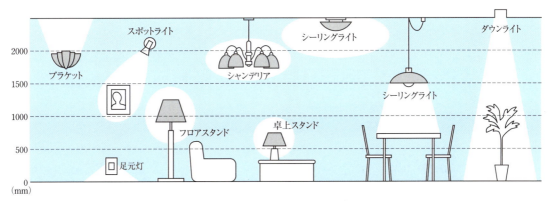

図7・24　照明器具の種類
出典：パナソニックHP「ライフスタイルを考えた，照明器具の選び方」を基に作成

7・8

室内環境と設備

1. 温熱感覚と冷暖房設備

(1) 温熱感覚

冬季，暖かい部屋から寒い部屋へ移動した時など，急激な温度の変化によって血圧は上下に大きく変動する。それに起因する健康被害をヒートショックといい，脳血管障害や心筋梗塞を招く場合が多い。特に入浴時は，脱衣室や浴室の室温が低いと血圧が急上昇し，浴槽で温かい湯につかると急激な血圧低下を起こすため，危険性が高くなる。寝室や居間などの温かい部屋から寒い廊下に出てトイレへ移動する場合にも同様の危険がある。住宅全体で，室間温度差が生じないように配慮する必要がある。

また，夏季は，熱中症への注意が必要である。熱中症の半数は住宅内で発生しており，体調管理や水分補給とともに，冷房設備を使用して室温を28度以下に保つ必要がある。

高齢者の場合，加齢に伴う知覚機能の低下によって，暑さ寒さを感じにくく自覚症状がないことがあるため，適切な温度環境を整える必要がある（図7・25）。

(2) 冷暖房設備

一般に普及している冷暖房設備としては，冷暖房兼用の**ルームエアコン**がある。冷房として使用する場合を考慮し，冷風が直接身体にあたらない位置に吹き出し口を設けるなど，取付け位置に注意が必要である。寒冷地では主要な暖房として使用するには不十分で，他の暖房機器の補助として使用する。

暖房設備として，ガスや灯油を使用する燃焼型暖房機器を使用する場合には，室内空気を汚さない密閉式機器（FF型）を使用する。

輻射暖房機器の**床暖房**（温水式，電気式など）は，上下温度差が少なく，床面を通して，足もとから部屋全体を18℃〜20℃とほぼ温度差なく暖めるため，温熱感覚が衰えてくる高

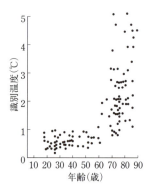

図7・25　加齢による温度識別能の変化

(a) 開放式機器による暖房

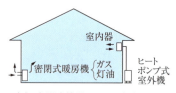

(b) 密閉式機器による暖房

(c) 床暖房

図7・26　住宅の暖房方式

齢者等にとって快適性が高い。しかし，長時間同じ姿勢で床面に接していると低温やけどの危険性があるため，温度に対する皮膚感覚にマヒのある場合や障害により長時間姿勢を変えられない場合などには，特に注意が必要である。また，床暖房を施工した床の上を車椅子で走行できない場合もあるため，事前確認が必要である（図7・26）。

床暖房のみでは十分な暖かさを確保できない場合には，ルームエアコンなどを併用するとよい。床暖房は，立ち上がりに時間がかかるため，居間，寝室，食事室などの比較的長時間滞在する部屋に適している。洗面所，脱衣室，トイレなどの使用時間が限られている部屋には，速暖性の良いパネルヒーターが有効である。浴室に使用する場合は，浴室に設置可能な防滴対応のものを選択する。

寒冷地では，灯油直炊きのFF型または排気筒付の密閉型ストーブを用いることが多いが，熱効率がよく，厳寒時にも強いガスまたは灯油のヒートポンプを主機器とするとよい。

いずれの場合にも，操作がしやすく温度の立ち上がりが早いもの，温度の安定性に優れている機種を選択することが大切である。

2．空気環境と換気設備

シックハウスの原因となる化学物質の室内濃度を上げないため，住宅の場合，原則として，24時間常時換気設備の設置が必要である。

住宅内はできるだけ温度差を小さくすることが望ましく，そのためには熱損失の少ない高気密・高断熱の住宅にすべきである。住宅の気密性・断熱性については，居住の快適さと省エネルギーの観点から高い性能が求められているが，高気密・高断熱の住宅では換気を十分に行う必要がある。しかし，換気を行うと，熱が一緒に放出されて室温が変動する。高齢者にとって温度の急激な変化は避けるべきであり，このためにも換気の際に熱を逃さない**熱交換型換気扇**を使用することが望ましい（図7・27）。

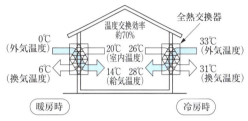

図7・27　熱交換型換気扇のしくみ

高齢者に配慮した臭気対策として，オゾン脱臭式，光触媒式，セラミック脱臭式などがあるが，光触媒式が一般的である。特に，寝室に隣接してトイレを設置した場合などには，部分的に設けるとよい。

3．視覚機能と採光・照明設備

(1) 視覚機能

加齢に伴い視覚機能が低下すると，健常な目の人よりも暗く感じたり，視認できる色数は減少する。また，暗順応に要する時間が長くなり，順応の適応力自体も低下するため，暗いところで物が見えにくくなり，暗い場所や明るさが急激に変化する場所では，はっきりと見えなくなり，段差や障害物などが確認できず，つまずいたり，ぶつかったりする。

高齢者は日常の生活に必要な明るさも若者とは異なるが，単に部屋全体を明るくするのではなく，必要な箇所に十分な明るさを確保することが大切である。また，視力に障害を持つ場合は，障害に応じて照度を変える必要がある（表7・3，図7・28）。

(2) 採光・照明設備

高齢者は，日暮れ時に部屋が薄暗くなっても，必要になるギリギリまで照明のスイッチ

表7・3 加齢による視力の代表的な変化

- 小さい文字が見えにくくなり、手元での細かい作業もしにくくなる。
- 遠近感を把握しにくくなる。
- 視野が狭くなる。
- 色合い（特に寒色系）の弁別能力が衰える。
- まぶしさを強く感じるようになる。
- 明暗に順応する能力が低下する。
- 20代平均の視力が1.0とすると、65歳では0.4となる。

出典：インテリア産業協会「高齢者のための照明・色彩計画」産能大学出版部 1999年をもとに作成

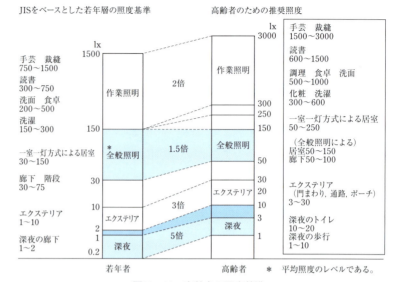

図7・28 高齢者の照度基準
出典：岩井彌「高齢者の視覚特性を考慮した照明方法」松下電工技報（Aug.2003）松下電工 2003年をもとに作成

を入れないことが多い。転倒やつまずき防止のためにも、自動調光装置（センサー式、タイマー式）を導入し、薄暗くなったら不足分の光を人工光で補う工夫が必要である。

寝室などでは、ベッド仰臥時に光源が直接目に入らないような位置に照明器具を取り付けたり、視野に入らない器具（フロアスタンド、可動式）の活用を図る。特に寝たきりや体調を悪くして寝ている場合には天井を見続けることになるので、間接照明を用いたり、調光できるものがよい。

高齢者の家庭内事故のうち、照明が原因となる事故も多い。たとえば、高い位置にある照明器具の取り替え時に脚立から足を踏み外したり、目が暗さに十分順応できずに明暗の対比が強い階段で足を踏み外す事故などである。照明器具を選ぶときは、メンテナンスの容易性や段差部分がはっきり認識できる照度の高さにも留意する。また、まぶしさ、手暗がり、不要な影によって生じる不安など日常生活での視覚的ストレスも多く、照明計画には安全面や精神面での安定にも考慮することが求められる。

生活者の視覚生理や心理に影響を与える光環境は、人工光だけでなく自然光を含めての検討が重要である。窓の大きさ、位置、ガラスの種類、家具との関係から、自然光が部屋のどこまで有効に照射するかを考え、昼間の居場所からの視点で、自然採光がどのように得られるかを検討する。敷地環境により昼間でも居室への自然採光が十分得られない場所や、昼光が明るすぎるためにその対比から暗く見える場所は、人工照明でそれを補う必要がある。

4. 音環境

加齢に伴い難聴になり、特に高い音が聞こえにくくなる。明瞭度の高い音環境が求められる。日常生活の中で、電話のベルや玄関のチャイムが聞こえにくい、TV・ラジオの音が聞こえにくい、会話が聞き取りにくいなどの状況が生じるため、仕上げ材を柔らかい材質にしたり、カーテン、クッションなどのイ

ンテリアファブリックにより部屋の吸音性を
高める工夫をし，雑音や残響音の少ない環境
をつくるとよい。

　聴覚言語障害がある場合，視覚的な情報は
大切であり，様々な情報を目から得られるよ
うに工夫をする必要がある。電話のベルや玄
関チャイムなどの生活に必要な音を，光や振
動に代えて伝えるとわかりやすくなる。

　視覚障害がある場合には，音による情報の
重要性が非常に高く，聞き取りやすい音環境
を整えることが大切である。

7・9 住宅設備機器

　家具などとともに，住宅設備機器は，安全で快適な質の高い生活を保障する上で大切な要素である。

1．衛生機器
(1) 便器
　便器には，大小両用の和風大便器，洋風大便器，小用専用の小便器がある。最近の住宅で主流の洋風大便器は，腰掛けタイプの便器で，使用姿勢に身体的負担が少なく安定性がよいことから，高齢者や障害者の使用に適している。近年は，便蓋の自動開閉，便器の自動洗浄機能付やタンクレスのものもある。

　腰掛け便器の洗浄方式には，図7・29に示す方式があり，機能および価格に配慮して機種を選択する必要がある。

　また，腰掛け便器用の便座には，ウォッシュレット（排便後の洗浄機能）やウォームレット（暖房便座機能）などがある。温水洗浄温風乾燥便座は，高齢者や障害者に適しているといわれるが，片側に温水タンクが着いている場合などでは便器への移乗動作に支障をきたす場合もあるため，身体の状態にあわせて選択する。

　衛生機器（洗面器・便器）は白色が基本である。尿の色は健康状態で変化する。白色の便器を使用すると，尿の色の変化がわかりやすく，健康状態を管理しやすい。

(2) 浴槽
　浴槽の形態には，和洋折衷式，和式，洋式がある。和洋折衷式は適度に身体をのばすことができ，肩までつかれる深さがある。和式は約60cmの深さがあり，肩までゆったりとお湯につかることができる。洋式は浅く細長いため足をのばしてゆったりと入ることができるが，肩までお湯につかる深さはない。設置形態には，埋め込み式，据え置き式がある。使い勝手や浴室形状などに合わせて選択するが，出入りや姿勢保持が容易であるという点から，和洋折衷式浴槽を採用することが多い（図7・30）。

タンクと便器一体型でサイホン作用と渦作用で汚物を排出。
洗浄音が静か。溜水面が広く，臭気の発散や汚物の付着は少ない。
サイホンボルテックス式

ゼット穴から強力に噴出する水の強いサイホン作用で汚物を排出。
溜水面が広く，臭気の発散がほとんどない。洗浄音が大きい。
ブローアウト式

ゼット穴から噴出する水による強いサイホン作用で汚物を吸い込むように排出。
溜水面が広く，臭気の発散や汚物の付着が少ない。
サイホンゼット式

サイホン作用で汚物を吸い込むように排出。洗落し式より排水力は強力。
サイホン式

水の落差による流水作用で汚物を流す。汚物が付着しやすい。安価。
洗落し式

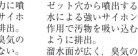

図7・29　腰掛け便器の洗浄方式

7・9 住宅設備機器 125

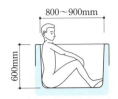
肩まで入ることができるが、出入りが難しい。また、足を伸ばして入ることができない。
和式浴槽

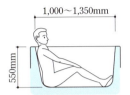
脇の下まで入ることができ、ひざを少し折れば肩まで入れる。背中は多少傾斜している。
和洋折衷式浴槽

足を伸ばして入ることができ、出入りしやすいが浴槽内での座位を保持しにくい。
洋式浴槽

図7・30 浴槽の形態

2．水栓金具

浴室・キッチン・洗面室などで使用される湯水混合方式の水栓金具には、図7・31に示す4種類がある。最近では、使いやすさの点などから、ミキシング型やシングルレバー型が多く使われている。浴室のシャワーのように身体に直接湯水をかける場合に、誤操作は大きな事故につながる危険性があるため、吐水される湯温がいつも一定のサーモスタット水栓が安全である。

また、水栓金具にはハンドル式とレバー式

があるが、握力の弱い高齢者や巧緻障害がある場合には、握って回すハンドル式よりも、指を使わずに手全体で操作することもできるレバー式の方が操作しやすい。実際に触れて手指のかかり具合など、操作性のよい器具を選ぶ。判断力が低下した認知症高齢者が使用する場合には、器具の選択に留意する必要があるが、絶対安全はあり得ないので、家族の見守りも大切である。

3．スイッチ・コンセント

住宅内の様々な電気機器を使いやすくするためには、使いやすい形状のスイッチ・コンセント類を、使いやすい位置に設ける必要がある。

(1) スイッチ

照明器具のオンオフ用として最も一般的なスイッチは、片切りスイッチ（タンブラスイッチ）であり、指先の力がないと使いにくい。片切りスイッチを大型にして押しやすくしたものがワイドスイッチであり、指先が不自由となっても操作しやすく、手の甲や肘でもオンオフが容易である。また、スイッチ機能として、暗い所でもスイッチの位置がわかるほたるスイッチ、設定時間になると自動的に点灯・消灯するタイマースイッチ、人の接近を

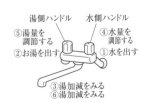
湯と水の2つのハンドルで湯温と湯量を調節する。吐水抵抗が少なく、吐水量が豊富だが湯温の微調節が難しい。
ツーハンドル型

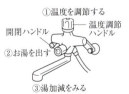
湯温調節と湯量調節のハンドルが別々。温度調節ハンドルを回すことにより、水から熱湯までの幅広い吐水温度が容易に得られる。
ミキシング型

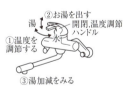
1つのレバーで吐水・止水湯温や湯量の調節もでき操作性に優れている。操作回数や片手作業が多い台所の水栓に適している。
シングルレバー型

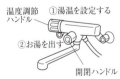
圧力や温度変化に対しても常に安定した吐水温度が得られるので、シャワーや浴槽の湯張りに適している。
サーモスタット型

図7・31 温水混合方式
出典：インテリア産業協会「暮らしとインテリア」産能大学出版部 2001年をもとに作成

感知して自動点灯するセンサースイッチ，枕元などからも操作できるリモコンスイッチなどがある。

スイッチの設置高さの目安は，一般には床上1,200mm程度とすることが多いが，高齢者や車椅子使用者の場合は，少し低め（床上900～1,000mm程度）に設置するとよい。実際の取付けに際しては，身長や上肢の状況に合わせて使いやすい位置に設定する（図7・32）。

(2) コンセント

コンセントの必要数は，各部屋で使用する電気機器の数により決定するが，タコ足配線にならないように多めに設ける。位置は電気機器の設置場所との関係を考え，生活動線上に電気コードが置かれないようにする。設置高さの目安は，一般には床上250mm程度であるが，高齢者や車椅子使用者の場合は少し高め（床上400～500mm程度）がよく，使用目的に応じた高さを設定する（図7・32）。

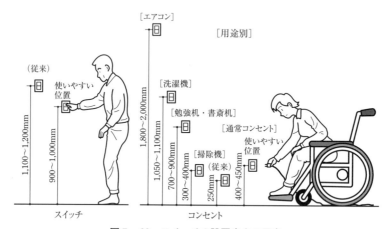

図7・32　スイッチの設置高さの目安

7・10

非常時対応と緊急通報装置

住宅内で発生する様々な緊急事態を想定して，だれに，どこに，どのように通報するのか，対応をあらかじめ考えておく必要がある。

1．緊急通報装置の種類

緊急通報装置には，屋外に通報する比較的大規模なものから，住宅内で家族に知らせる小規模なものまであり，本人や家族の要望に合わせて提案を行う。

緊急通報には①防災（住宅用火災警報器・ガス漏れ感知器・緊急コール）と②防犯（電気錠・窓防犯装置・防犯コール）がある。

(1) 住宅用火災警報器

近年，住宅火災で逃げ遅れによる死者数が増加傾向にあることから，消防法によって，すべての住宅に対し，寝室及び寝室がある階の階段に住宅用火災警報器を設置することが義務付けられている。その他，市区町村の条例により，台所やその他の居室にも設置が必要な場合がある。詳しい設置基準は各市区町村条例によって定められている。

住宅用火災警報器の感知方式には，温度を感知する熱式と煙を感知する煙式がある。ただし，寝室や階段室に設置する警報器は煙式でなければならない。感知を知らせる方法により，ブザーや音声で知らせる音報知式と音と光報知の併用式がある。

(2) 緊急コール

緊急コールは体調不良時の対応が主で，同居家族や親戚・知人宅などへ通報するためのものである。整備会社が通報を受けて対応することもあるが，住宅への侵入者があった場合に警備会社に通報するための防犯コールとは内容が異なる。多くの場合，緊急コールと防犯コールの違いが理解されていないので注意する。

通報装置の設置方法としては，配線式とワイヤレス式がある。配線式の場合は工事を必要とし，増改築では配線が露出しやすい。ワイヤレス式の場合は工事不要で設置は容易であるが，使用電池の残量チェックを定期的に行う必要がある。また，使用する場所によっては電波が届かないこともあるので，事前に確認をする。

2．通報する方法

屋内のみの通報は，同居家族がいる場合に有効であるが，昼間，高齢者や障害者が一人でいることが多い場合には，屋外への通報も可能にしておく。屋外の通報先として親戚や知人宅へ通報する場合には，緊急時に電話が行くことや電話を受けた時の迅速な対処について，了解を得ておく必要がある。

非常ブザーを外周壁面に設置しておき，万一の場合に屋内通報に加えて，非常ブザーにより近隣の住民へ異常が発生したことを知らせる方法を採用する場合には，あらかじめ近隣住民に理解を求めておく必要がある。

また，自治体によっては，ペンダント型の無線発信器を貸与し，自宅で病気や事故に陥った時に，ボタンを押すだけで事業者に通報され，救急車による救助や協力機関などの援助を得ることができる緊急通報システムを提供している。

128　第7章　福祉住環境整備の基本技術

資料：高齢者等配慮対策等級（専用部分）

評価方法基準（平成13年国土交通省告示第1347号，最終改正平成30年3月26日）第5の9-1

等級5の評価基準（新築住宅）

高齢者等が安全に移動することに特に配慮した措置が講じられており，介助用車椅子使用者が基本的な生活行為を行うことを容易にすることに特に配慮した措置が講じられていること。

部屋の配置

特定寝室と同一階に配置すべき室	玄関・便所・浴室・食事室・脱衣室・洗面所を特定寝室と同一階に配置。 ただし，出入口有効幅員が750mm（通路から直進できる場合は650mm）以上のホームエレベーターを設置，かつ便所が特定寝室と同一階にある場合はこの限りではない。

段差

日常生活空間内	段差のない構造（5mm以下の段差はOK，以下同じ）。ただし，以下の段差についてはこの限りではない。	
	玄関の出入口	沓摺と玄関外側の高低差20mm以下，かつ，沓摺と玄関土間の高低差5mm以下。
	玄関の上がり框	110mm以下。接地階にある玄関は180mm以下。 踏み段[※1]を設ける場合は，360mm以下。
	土間と踏み段・踏み段と上がり框の段差	110mm以下。接地階にある玄関は180mm以下。
	居室部分の床とその他の床[※2]	300mm以上450mm以下。
	バルコニー出入口	180mm以下の単純段差。 踏み段[※1]を設ける場合は360mm以下の単純段差。 バルコニーと踏み段の段差及び踏み段と框の段差が180mm以下の単純段差。
	その他の床	勝手口等の屋外に面する開口の出入口・上がり框の段差。
日常生活空間外	段差のない構造。ただし，以下の段差についてはこの限りではない。	
	玄関の出入口の段差　　　　玄関の上がり框の段差　　　　勝手口等の出入口および上がり框の段差 バルコニーの出入口の段差　　　浴室の出入口の段差　　　　など	

階段

階段がある場合	勾配等	勾配6/7以下，かつ，550mm≦2×蹴上げ＋踏面≦650mm
	蹴込み	蹴込み寸法30mm以下，かつ，蹴込み板を設置。
	形式等	回り階段等安全上問題がある階段でないこと。 最上段の通路等への食い込みおよび最下段の通路等への突出がないこと。
	踏面	踏面に滑り防止の部材を設ける場合は，踏面と同一面であること。 段鼻を出さない形状であること。
ホームエレベーター設置の場合		所定の勾配等・蹴込み寸法[※3]に適合していること。

手すり

階段	両側に設置。 勾配が45度以下，かつ，ホームエレベーターがある場合は，少なくとも片側に設置。 設置高さは踏面先端からの高さ700mm〜900mm。	
便所	設置（立ち座りのためのもの）	
浴室	設置（浴室出入り，浴槽出入り，浴槽内の立ち座り，姿勢維持および洗い場の立ち座りのためのもの）	
玄関	設置（上がり框部の昇降及び靴等の着脱のためのもの）	
脱衣室	設置（衣服の着脱のためのもの）	
転落防止の手すり	バルコニー	腰壁等の高さが　650mm以上1,100mm未満の場合　床面から1,100mm以上の高さに設置。 腰壁等の高さが　300mm以上650mm未満の場合　腰壁等の高さから800mm以上の高さに設置。 腰壁等の高さが　300mm未満の場合　床面から1,100mm以上の高さに設置。
	2階以上の窓	窓台等の高さが　650mm以上800mm未満の場合　床面から800（3階以上の窓は1,100）mm以上の高さに設置。 窓台等の高さが　300mm以上650mm未満の場合　窓台等から800mm以上の高さに設置。 窓台等の高さが　300mm未満の場合　床面から1,100mm以上の高さに設置。
	廊下・階段の開放されている側	腰壁等の高さが　300mm以上650mm未満の場合　床面（階段の場合は踏面の先端）から800mm以上の高さに設置。 腰壁等の高さが　650mm未満の場合　腰壁等から800mm以上の高さに設置。
転落防止の手すりの手すり子	床面及び腰壁・窓台等からの高さが800mm以内にある手すり子の相互間隔は内法寸法で110mm以下。	

7・10 非常時対応と緊急通報装置　129

通路及び出入口の幅員		
通　　　路		有効幅員が850mm（柱等の箇所は800mm）以上。
出入口	玄関・浴室	有効幅員が800mm以上。
	その他	有効幅員が800mm以上。 工事を伴わない撤去等により800mm以上確保可能。
寝室・便所・浴室		
浴室の広さ	短辺	内法寸法で1,400mm以上。
	広さ	面積は，内法寸法で2.5m²以上。
便所	短辺	内法寸法で1,300mm以上，または，便器後方の壁から便器先端までの距離に500mm加えた値以上。
	便器	腰掛け式であること。
特　定　寝　室		面積は，内法寸法で12m²以上。

※1）踏み段の構造要件
　　　　　玄関上がり框に設置：奥行300mm以上，幅600mm以上で，かつ１段のもの
　　　　　バルコニー出入口に設置：奥行300mm以上，幅600mm以上，バルコニー端との距離1,200mm以上で，かつ１段のもの

※2）居室部分の床の段差許容要件
　　　　　位置：介助用車椅子の移動の妨げとならない
　　　　　面積：①３m²以上９m²（当該居室18m²以下の場合は当該面積の1/2）未満
　　　　　　　　②当該部分の面積合計が当該居室面積の1/2未満
　　　　　間口：1,500mm以上（工事を伴わない撤去可）
　　　　　その他：その他の部分の床より高い

※3）以下に掲げるものはこの限りではない。
　　　　　①勾配等：勾配22/21以下，550mm≦２×蹴上げ＋踏面≦650mm，かつ，踏面寸法195mm以上。
　　　　　②蹴込み：蹴込寸法30mm以下。
　　　　　③形式等：回り階段では，①の寸法は，踏面の狭い方の端から300mmの位置の寸法とする。

第8章
生活行為別にみた空間整備手法

執筆担当：浅沼　由紀

8・1　空間整備の考え方 ……………………………131

8・2　寝る　就寝 ……………………………………133

8・3　整える　整容・更衣 …………………………135

8・4　排泄する ………………………………………137

8・5　入浴する ………………………………………140

8・6　移動する（つなぐ・屋内移動）

　　　行為をつないで日常生活をつくる ……………142

8・7　食べる（食事），くつろぐ（団らん） …………145

8・8　家事をする　調理，洗濯，掃除 ……………147

8・9　仕事をする ……………………………………151

8・10　外出する　屋外にでる　屋外移動 …………152

8・1

空間整備の考え方

1．生活の拠点となる空間整備

　生活拠点となる住宅における空間整備の最終目標は，物理面，心理面，情報面，その他の環境面のバリアフリーを果たし，在宅生活の自立と社会参加を達成することである。したがって，本人のニーズを踏まえた生活設計に基づいた空間整備を行うことが大切である（5・3）。

　一般的に，住宅内では，寝る・食べる・調理する・入浴する・排泄する・遊ぶ・洗濯をする・読書をする・家族で団らんする・友人を招くなどの様々な生活行為が営まれている。新築や建て替えの際は，これらの行動に対応する場所を，住宅内に効率よく快適につくるために，身体状況や家族状況，ライフスタイルに応じて適切なゾーニングと動線計画を行うことが大切である。しかし同時に，それらの状況は将来変化するものである。その変化に対応できる間取り上の対策やスペースに余裕のある空間づくり，変化する身体状況に応じた福祉用具の活用についても，予め検討しておく必要がある。部分的な改修・改築の場合でも，部屋の位置や用途変更などを伴う場合には，改修部分だけでなく，住まい全体として，その改修により，既存部分とのつながりや部屋同士の関係がうまく機能しているかどうかの確認をする必要がある。

2．平面計画の考え方

　住環境に対するニーズは，身体状況や家族状況などによって様々であるが，**平面計画**の基本的な考え方を以下に挙げる。

①基本生活空間はすべて同一階とする。複数階にまたがる生活は，連続性がなくなると同時に，上下階の移動に時間と危険を伴う。

②各部屋は寝室を中心に機能的に配置し，動線を短くする。

③寝室の位置は，本人の生活リズムを乱すことのないよう，他の家族の動きや家族関係に配慮した配置にする。

④寝室とトイレはできるだけ隣接させる。高齢になると夜間トイレに行くことが多くなるため，安全で短い動線を確保する。

⑤寝室は，洋室でベッドが合理的である。生活動作の容易さ，姿勢の保持，ほこりの発生，将来の介助のしやすさ等の利点がある。

⑥寝室には，緊急時の避難のため，直接外部に通じる開口部を設置する。

⑦寝室，浴室，トイレの各部屋と廊下幅や各部屋の出入口幅は，少し広めに確保する。生活動作が行いやすく，将来，車椅子や介助が必要になった時にも対応可能なゆとりのある設計にする。

⑧浴室，洗面所，トイレは，一箇所にまとめると生活動作が容易である。将来，必要に応じて間仕切り壁や柱が取り外し可能な計画とする。また，自然光が入り込むなど，気持ちよく使用できる工夫をする。

⑨団らんスペースを確保し，家族同士のコミュニケーションを円滑にする。

⑩収納スペースは大きめにとる。高齢者は所有物も多くなる。また，思い出の品などを飾るスペースへにも配慮する。

第 8 章 生活行為別にみた空間整備手法

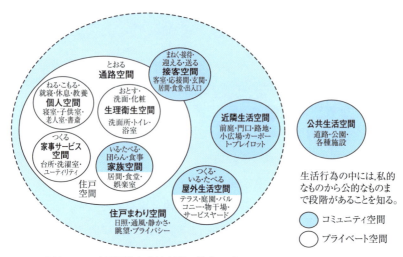

図 8・1　生活行為と生活空間の構成モデル
出典：白濱謙一編「建築計画・設計シリーズ41　新・住宅 I」市ヶ谷出版社　2003年

表 8・1　生活行為・モノ・居室の関係

生活空間	生活行為	主な家具・器具・設備	目的・機能	居室の種類	室の配置
家族生活	もてなす	テーブル，ソファ，座卓	接客	応接間・客間	玄関に近い
	くつろぐ，寝そべる，TVを見る，新聞を読む，音楽を聴く	テーブル，ソファ，椅子，TV，AV，新聞	家族の団らん	居間	日当りが良好，眺望がよい，庭に出やすい，家族が集まりやすい
	食べる，準備・後片づけ	食卓，椅子，食器棚，カウンター	食事	食堂	眺望がよい，L・Kとのつながり
家事	つくる（洗う，切る，煮る），準備・後片づけ	流し台，調理台，ガス台，冷蔵庫，食器棚	作業能率	台所	西日を避ける，L・Dとのつながり，勝手口
	洗濯，乾燥，アイロンがけ，裁縫，掃除，家庭事務	洗濯機，乾燥機，アイロン台，ミシン，掃除機，家事机，椅子	家庭管理	家事室，ユーティリティ	各室との連絡がとりやすい
個人生活	寝る，読書，仕事，更衣，収納	ベッド，ふとん，ソファ，机，椅子，パソコン，書棚，押入	睡眠，個人性，対話	主寝室，書斎	部屋の独立性が保てる位置
	勉強する，遊び，趣味，学習，更衣，収納	テーブル，机，椅子，書棚，ステレオ，TV	自主性，管理	子ども室	落ち着いて勉強できる，プライバシーが保てる
	1日の大半を過ごす，睡眠，接客	ベッド，ふとん，タンス，クローゼット	静ひつ性，快適性	高齢者室	日当り・風通しがよい，眺めがよい，1階
生理衛生	排泄	洋式便器，和式便器	人間の基本的生理機能	トイレ	室の中を通路にしない，給排水設備をなるべく1ヵ所にまとめる
	入浴，くつろぐ	浴槽，シャワー，洗面用具		浴室	
	脱衣・着衣，洗面，化粧	脱衣かご，洗面・化粧台，鏡		洗面・脱衣室	
通路	履き物の脱ぎ替え，客応対	下駄箱，傘立	出入口	玄関	道路や敷地との関連
	上る，下る	照明，スイッチ位置，コンセント	上下階連結	階段	ドアの位置，開閉方向
	移動する，出入り		平面移動	ホール・廊下	
収納	収納，整理する	戸棚，タンス，引出し，押入	収納，整理整頓	クローゼット，食品庫，納戸，物置	各室にバランスよく配置する

8・2

寝る　就寝

「就寝」は日常生活の最も基本的かつプライベートな生活行為である。住宅における就寝のための場が「**寝室**」であり，個人生活の拠点となる空間である。夫婦用か一人用かによっても求める環境は異なるが，個々のライフスタイルに合わせ，プライバシーを尊重した空間づくりが必要である。

個人の生活形態は多様である。単なる就寝空間としてではなく，プライベートな空間としての空間的ゆとりやしつらえの工夫，個人の所有物を収納するスペースの確保などが求められる。特に，身体機能の低下などにより，昼間も寝室で過ごすことが多くなる場合は，夜間の睡眠だけでなく，昼間の居場所としても快適な環境であることが重要である。

1．寝室と他室や屋外とのつながり

寝室の位置は，日照条件のよい南面の居室がよいが，他室との望ましい配置関係は，個人の性格や心身状況などによっても異なるため，個人のプライバシーと家族とのコミュニケーションの両面を考慮した上で慎重に決める。個人生活を重視したい場合は，居間などの家族の集まり部屋とは切り離して独立させ，常に家族の見守りが必要な場合や家族とのコミュニケーションを望む場合は，居間に隣接させた方がよい。居間に隣接させる場合は，両室間の仕切りを引き分け戸にするなど，居間との一体感をもたせてコミュニケーションを図りやすくするとよいが，遮音性能の高い建具を用いて居間からの騒音にも配慮が必要である。また，生活時間帯の異なる家族が

いる場合には，生活リズムを乱される可能性もあるので注意する。

高齢者の場合，夜間トイレに行くことが多いので，できるだけ寝室近くにトイレを設け，そこまでの照明を確保する。できれば，トイレを隣接させ寝室から直接使用できる専用のものがよい（事例1・1，事例3・1）。

屋外との関係では，ベッド上からも庭など屋外の景色が楽しめる位置がよい。掃き出し窓の設置は，景色を楽しめると同時に，直接屋外への出入りが可能となり避難や安全の面からも有効である。窓幅は，車椅子での出入りも可能な有効幅員を確保する（7・5）。

また，玄関から他の部屋を通らずに寝室へ行くことができる位置にあると，本人が外出しやすく，ヘルパーなどの出入りも容易になる。

2．就寝形態と寝室の様式・スペース

就寝形態にはベッド就寝，ふとん就寝がある。生活様式と障害程度によるが，身体機能が低下してくると，ふとんからの起き上がり動作やふとんの上げ下ろしが困難になることや衛生上の理由から，ベッド就寝を基本に考える。ベッドはサイズの大きな家具で，周囲に人が動いたり，ベッドメーキングするスペースをとらないと使い勝手が悪くなるため，寝室の大きさは，ふとん就寝よりも広めで，1人用で車椅子を使用する場合には8畳，夫婦用であれば8〜12畳を確保する。

高齢者の場合，特に和室の方が落ち着く，くつろげるといった理由から，寝室として和

室を希望する場合も多い。寝室の一角に2〜3畳程度の畳スペースを設けると，ベッドとして使用したり，介助者の就寝スペースにしたり，団らんスペースにしたりと多様な使い方が可能となる。その場合，畳面は床面から400〜450mm高くし，立ち座りや車椅子での移乗動作が容易なように工夫する（図8・2）。

3．プライベート空間としてのスペース

就寝前や起床後の着替えや身繕いは，清潔を保ち生活のリズムを整える上で大切な行為であり，それらを行う場所と衣服などの収納に工夫が必要である。

心身の状態によっては，単に就寝だけでなく，書き物，読書，趣味，ライフワークなどのプライベートな生活行為を寝室の中で行う場合もあり，それらを楽しむためのスペースも必要である。また高齢になるに従い，生活は，就寝を中心として，食事，団らん，接客などの様々な生活行為が一箇所で重複して行われるようになり，枕元に生活用具も集中し，生活空間が乱雑になりやすい。枕元などは広くとり，物を整理しておくことができる十分な収納設備を設けるようにする。

また，高齢者は一般に所有物や生活財が多いが，精神的なよりどころとして，仏壇や懐かしい想い出の品々と接しながら暮らしたいという要求もあるので，身近で使いやすい収納スペースを設けるとともに，そうした物の置き場所や飾りつけにも工夫が必要である。

4．快適な睡眠ができる環境の確保

高齢者の場合，夜の就寝ばかりでなく，昼間も横になって休息したり，昼寝をすることが多い。また夜間も眠りが浅く，わずかなことで目を覚ますことも多いので，上階からの生活音で就寝が妨げられないよう，戸建住宅では寝室の真上には部屋を設けないような平面計画が望ましい。

横になって過ごす時間が長い場合には，ベッド上から照明器具の光源が直接見えないように，器具の位置や形状を工夫する。また，冷暖房機器は，空調吹出口からの空気が直接身体に当たらないように設置する。照明や冷暖房は枕元でリモートコントロールで操作できるようにすると便利である。

緊急時に備えて，インターホンやコールスイッチを設けて人を呼べるようにする。

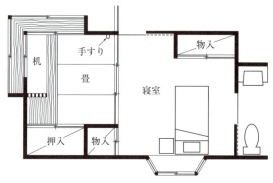

図8・2 寝室に畳スペースを設けた例

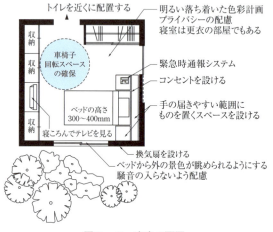

図8・3 寝室の配置

8・3

整える　整容・更衣

1. サニタリー

　トイレ，洗面所，浴室などの空間を総称して**サニタリー**と呼ぶことがある。サニタリーとは英語で「衛生的」の意味で，生活のなかで排泄，洗面，入浴などの生理的な行為を行う空間である。これらは人間にとって基本的な生活行為であり，住宅改造のニーズの高い場所でもある。身体の動きにも一定の型があるので，それら一連の動作がそれぞれの空間内でスムーズに行えることが重要である。障害の部位や程度，介助方法によって整備上の配慮が異なる。

　車椅子使用や寝たきりの場合には，これらの空間を直線上に配置して寝室から直接入れるようにし，天井走行式リフト（6・3・5）を設置することも考えられる。新築時には将来設置への配慮も望まれる。天井面へのリフト設置には天井裏の補強工事やリフト高さや天井高の確認などが必要である。

2. 洗面・脱衣室

　整容・更衣は，寝室内でも行うが，洗面などの水を使用する行為は，**洗面・脱衣室**で行う。洗面・脱衣室では，手洗い，歯磨き，洗面を行い，浴室の前室として衣服の着脱などを行ったり，洗濯機を置く場合も多く，多目的な空間として使われる。用途に応じた使い勝手のよさ，機能性が求められる。脱衣室として使用する場合には，脱衣時の寒さや湯上がり時の温度変化に配慮して暖房器具を設置する。（7・8・1）

3. トイレや浴室とのつながり

　洗面・脱衣室は，トイレや浴室との動線上の配慮が必要である。入浴の際の脱衣室として使用する際には，着脱場所から浴室入り口までの一連の動作がスムーズに行えるよう，動作方法を確認した動線計画とし，浴室出入口には手すりを設置する。入浴時に装具を外したり，シャワーキャリー（図6・33）に移乗するなどの動作を脱衣室で行う場合や，衣服の着脱に介護が必要な場合には，そのためのスペースを確保する。脱衣時につかまる手すりや腰掛けて動作ができたり，湯上がり時の休憩用にも使えるベンチを設置するとよい（図8・4）。

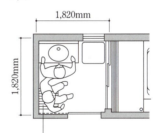

1,820mm×1,820mmあれば着脱衣用のベンチ設置も可能。ただし，出入口の位置や動線計画など，あらかじめ検討しておく

図8・4　ゆったり使える洗面スペース

　また，トイレと隣接しておくと，将来介助が必要になった場合に，比較的簡単な改修で2室を一体化でき，介助スペースが確保できる（図7・18）。その他，介護用品（しびん，ポータブルトイレのバケツ）の洗浄ができる専用シンクを設けるとよい。

4．使いやすい洗面台

洗面器はカウンター形式とし，よりかかりながらの動作にも耐える堅固なものがよい。洗面台高さは，車椅子のアームサポートが入る高さがよいが高すぎると洗面動作がしにくくなるため，高さは慎重に検討する。

洗面器の下部は椅子や車椅子での使用を考え空けておく。その際には下部排水管が車椅子のフットサポートやイス座の膝部分に当たらないように処理する（図8・5）。

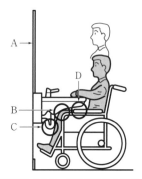

A 鏡は車椅子やイス座，立位でも見える高さをカバーする
B 膝が洗面器に当たらないか確認する
C 排水管は壁面後方や左右の位置にして，パイプが膝や足に当たらないようにする
D アームレストと洗面器が衝突しないようにする

図8・5　車椅子を対象とした洗面カウンターの取り付け

鏡の大きさは，椅子に座った状態で胸から上部が，立った状態で顔が映る範囲とし，縦長の鏡を垂直に取り付ける。水栓金具は操作しやすいレバー式の混合水栓で，座った状態で手の届く位置に配置する。

5．水を使用する空間への配慮

水を使用する場所であるので，床面が濡れやすい。特に，浴室出入口の段差がない場合には濡れやすい。下地には水に強い耐水合板を使用し，水に強い床仕上げとする。また，水に濡れたときに滑りにくい材を使用する。

8・4

排泄する

快適な排泄は毎日の生活の基本である。排泄行為の自立は在宅での自立生活継続のためにも非常に重要であり、人間の尊厳に関わることと認識して設計することが必要である。

排泄動作として、トイレへの移動→衣服の脱衣→立ち座り→排泄→後始末→立ち座り→衣服の着衣→トイレからの移動、の一連の動作がスムーズに行われることが大切である。

歩行、立位姿勢、座位姿勢、立ち上がり動作が安定しているかどうか、移動方法や障害部位・程度などにより一連の動作は異なるため、個別性の高い設計が求められる。

身体状況は、将来に向けて変化が予想され、その対応も含めて整備する必要がある。

1．共通事項
(1) 開閉しやすい建具の使用

トイレの出入口は引き戸が望ましい。3枚戸もよい（図8・6、事例1・5）。やむを得ず開き戸とする場合には、内部で人が倒れても開けられるように外開きとする。ドアの開き勝手にも考慮する。介助や車椅子での利用が考えられる場合には十分な有効幅員を確保する。アコーディオンカーテンを用いる場合には折り畳み幅も考慮する。

(2) 手すりの取付け

通常、トイレ内には立ち座り用の縦手すり、座位保持用の横手すり、または双方合わせたL型手すりを取り付ける（図8・7、図8・8）。取り付け位置については、身体の状態により個別に対応する必要があるので、現場で一連の疑似動作を行ってから決める。一般に、身体機能が低下し足腰が弱くなると、前屈姿勢になりがちなため、手すりは便器から遠い位置・低い位置の方が使いやすくなる。手すりの取付け位置に壁下地補強を行う際には、将来の身体状況の変化にも対応できるよう、設置位置よりも広い範囲にわたって行う。

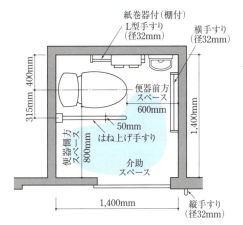

図8・7　トイレの手すりの設置例

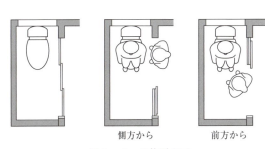

図8・6　3枚引き戸

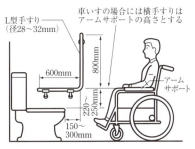

図8・8　トイレの手すりの取付け高さ

(3) 腰掛け式の便器の使用

座位移動の場合を除き，足腰への負担が軽い腰掛け式の便器（洋式便器）が適している。便座の高さは，排泄のしやすさと立ち座りまたは車椅子からの移乗のしやすさに関係してくる。関節リウマチなどで膝が十分に曲がらない場合には特に立ち座りが容易になるように座面をやや高くするとよいが，高すぎると排泄しにくくなるので，慎重に検討する。排泄しやすい高さは，両足のかかとが床面に着いている高さである。車椅子使用の場合には，移乗しやすいように，車椅子座面と同じ高さにするのがよいとされ，座面が高い450mm程度の便器もあるが，排泄時の影響を考慮し，排泄を優先にする場合が多い。

便器の高さ調節（座面を高くする）の方法には，便器の下部に建築工事で台をつくりかさ上げする方法（図8・9，事例1・7）や補高便座（図6・25）を使用する方法がある。

図8・9　便器かさ上げの工事例

その他，便器の形としては，車椅子でアプローチしやすいものとして，便器下部にくびれがあり，車椅子のフットサポートが入り込めるものがよい。

(4) 暖房器具の設置

排泄に時間がかかる場合も多く，冬季の冷えたトイレでの排泄は心臓発作を引き起こすことも多い。暖房便座に加えて，部屋の暖房機器として，パネルヒーターのような輻射暖房を設置するのがよい。

2．使用しやすいトイレの配置

高齢者の場合はトイレの夜間使用の頻度が高くなるため，寝室に直結させるなど，寝室とトイレとの距離をできるだけ短くして，移動そのものや移動介助がしやすい位置に設けることが大切である。排泄動作そのものよりもトイレまでの移動が困難であるためにポータブルトイレやおむつを使用している場合も多い。

3．動作や介助をしやすいトイレスペース

トイレスペースは，排泄動作が自立している場合には立ち座り動作がゆったりと行えるスペース，介助が必要な場合は便器側方または前方に介助スペース，車椅子使用の場合には車椅子スペースの確保が，それぞれ必要である（図8・7，図8・10，図8・11，事例1・2）。現在は自立している場合でも，手洗いや収納用のカウンターを設けて手すり代わりとして利用し，将来は取り外して介助スペー

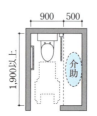

〈前方移乗〉
立って向きを変えてから座る。上肢が弱い場合には前向きに座ることもある。

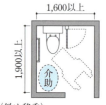

〈斜め移乗〉
2，3歩ける人か，上肢が強い人が手すりを使いながら移乗する。

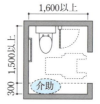

〈側方移乗〉
対マヒや片マヒの人の基本的な移乗の仕方。

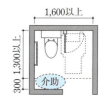

〈斜め後方移乗〉
上肢の弱い人や座位バランスのとれにくい人向き。

図8・10　車椅子から便器への移乗動作

スとなるようにスペースを確保しておく工夫をするとよい（図8・12，事例2・2）。十分なスペースが確保できない場合には，洗面所とワンルーム化したり，ワンルーム化できる間仕切り（図7・18）とすることによって，動きやすい動線，介助スペースや車椅子スペースを確保できるが，同居家族がいる場合には，家族用のトイレをもう一箇所設けると良い。同居家族が多いと，脱衣中や入浴中にトイレの使用を制限されることにもなる。

4．一連の動作が安定すること

扉の開閉，立ち座り，服の着脱，排泄，洗浄といった一連の動作を安定した姿勢で行えるように手すりを設置することが重要である。

(1) 便器と出入口の位置関係

出入口が便器正面にある場合と便器側方にある場合では，便器への接近から座るまでの動作で，身体を回転させる範囲に違いが生じる（図8・10，図8・13）。片マヒなど回転の向きに制約がある場合には，得意な向きから接近できるようにする。歩行が不安定な場合には，歩行用手すりが必要である（図8・14）。ドアを開閉して出入りする際に，身体を支える縦手すりを設けるとよい。

側方アプローチ　　　　前方アプローチ
体の回転が少なく　　　体を半回転（180°）
てすむ（90°だけ）　　　させなければならない。

図8・13　便器と出入口の位置関係

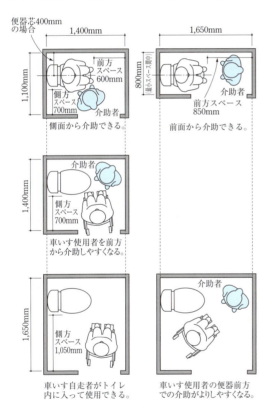

図8・11　トイレスペース

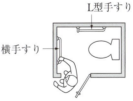

右手で便器正面の横手すりを掴みながらトイレに入る。身体の向きを変え，ドアを閉める。身体の向きを変え，便器正面の横手すりを掴みながら腰をおろし便器に座る。

右手でL型手すりの縦位置を掴みながらトイレに入る。身体の向きを変え，ドアを閉める。身体の向きを変え，L型手すりを掴みながら腰をおろし便器に座る。

図8・14　アプローチ動作と手すり（左半身マヒの場合）

(2) 服の着脱

服の着脱には立位姿勢の安定が求められる。片マヒなどで手すりが握れない場合には，手すりや壁面にもたれて体を支え，利き手でズボンを下げる。肩高さより100mm程度高い縦手すりがあると，肩，腕，ほほを手すりに充てて姿勢を保つことができる。

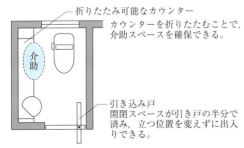

図8・12　折りたたみ可能なトイレ内カウンター

8・5 入浴する

　入浴は身体を清潔にすると同時に，気持ちをリラックスさせる上でも大切な行為である。入浴動作はADLのなかでも最も難しい動作と言われており，浴室は転倒などの事故が多く発生する場所である。入浴動作として，浴室に移動する→身体を洗う→浴槽に入る・出る（→浴槽内での身体の安定），の一連の動作がスムーズに行われることが大切である。

1．共通事項

(1) 浴室出入口の建具

　浴室出入口の有効幅員は，通常600mm前後であることが多いが，介助が必要であったり，車椅子を使用する場合にはこの寸法では浴室を利用することができない。介助者や車椅子の出入りが容易な幅員を確保することが望ましく，3枚引き戸にするとよい。

(2) 浴槽の形態

　浴槽は出入りや姿勢保持に容易な深さ500～550mm程度の和洋折衷浴槽が適している（7・9・1）。

(3) 浴槽縁の高さ

　立位でも座位でも，またぎ越しをする場合，洗い場から400mm程度の高さが適しているが，本人の身体状況に合わせて高さを決定する。これより高くすると，またぐ際に足首が浴槽縁に引っかかりやすくなり，低くすると浴槽底と洗い場の高低差が大きく浴槽から出にくくなる。浴槽エプロン部分の厚みが厚くなるとバランスをくずしやすくなるので，薄く仕上げる方法を工夫する。車椅子やシャワーキャリーを使用する場合には，移乗が容易になるように，原則として座面高さと浴槽縁高さを揃える（図8・15）。

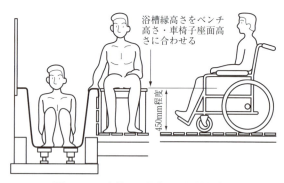

図8・15　車椅子に配慮した浴槽縁高さ
出典：東京商工会議所編「福祉住環境コーディネーター検定2級テキスト改訂版」東京商工会議所2001年をもとに作成

(4) 手すりの取付け

　浴室内に手すりを取りつける場合には，浴室への移動からシャワーチェア（図6・32）に座るまでの動作や浴槽の出入り動作がスムーズに行える位置に設置する。一連の動作を疑似的に行って位置を決定する。通常，浴室出入り用縦手すり，洗い場立ち座り用縦手すり，洗い場移動用横手すり，浴槽出入り用縦手すり，浴槽内での立ち座り・姿勢保持用のL型手すりがある（図8・16）。ユニットバスの壁面に手すりを取り付ける場合には，あらかじめ壁面裏に下地補強を行う必要がある。将来，必要が想定される箇所には補強を行っておくと良い。手すりには，工事なしで簡単に設置できる浴槽縁へのはめ込み式の簡易手すり（福祉用具）もある。浴槽への立位でのまたぎ越しや浴槽内での身体保持に使用することができる。

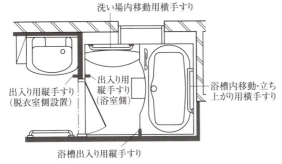

図8・16 浴室の手すり設置位置（事例1・6）

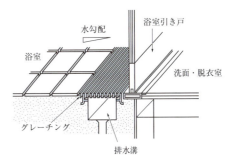

図8・17 浴室出入口のグレーチングによる段差の解消

(5) 暖房器具の設置

ヒートショック防止のため，浴室や洗面・脱衣室にも，暖房器具を設置し，入浴前に暖めておくとよい。床暖房は，短時間使用の浴室では経済的でない。防湿型の遠赤外線ヒーターは直接身体を温めるので効果的である。

また，換気扇を設置する場合には，熱交換型換気扇を用いるようにし，浴室内の暖気を逃してしまわないようにする。

2．浴室への移動がスムーズであること

通常，浴室出入口には，洗い場で流す湯水が洗面・脱衣室側へ流出しないように100mm程度の大きな段差が設けられていることが多い。この段差処理の方法として，歩行が安定している場合や後方からの介助の場合には入口付近に手すりを設け，手すりに捉まって入口段差をまたいで対処する方法，洗い場にすのこを敷き詰めてまたぎ段差を解消する方法がある。すのこを使用する場合には，乾燥させるなどの，維持・管理面での配慮を忘らないことが大切である。

シャワーキャリーなどを使用する場合には，入口段差を完全に解消する（洗い場と洗面・脱衣室の床面を同一面にする）必要がある。その際には，出入口洗い場側に排水溝を設け，グレーチングを敷設し，水勾配は出入口と反対側に設ける（図8・17）。

移動用の手すりを設ける場合には，左右どちらが良いか，手すりの握りかえも考慮して決める。片マヒの場合には，利き手が左右どちらかに限定されることに留意する。浴室入口からシャワーチェアの位置まで，移動用と立ち座り用の手すりを連続させる。その際のシャワーチェアの位置は，浴槽の出入り動作，浴室出入口との位置関係を考慮して決める。

3．介助しやすいスペース

浴室面積は，介助者が浴室に入って介助動作を行うことが可能な大きさが望ましく，シャワーチェアなどに座っている人の介助をするには，洗い場として内法900mm×1650mm程度は必要であり，さらに，幅を1350mmに広げると，横からの介助も容易になる（図8・18）。高齢者等配慮対策等級5では，内法短辺1400mm以上でかつ面積2.5m^{2}以上の広さを求めている。

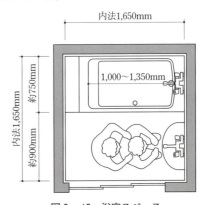

図8・18 浴室スペース

出典：「バリアフリーブック住まいの水まわり編」東陶機器2003年をもとに作成

8・6

移動する(つなぐ・屋内移動)行為をつないで日常生活をつくる

　住宅内で営まれる生活行為は，ライフスタイルや家庭内役割などによって様々であり，使用する部屋やその頻度も異なってくるが，寝る・食べる・整容する・排泄する・入浴する行為は，誰にでも共通で不可欠な行為である。したがって，第一に，生活拠点となる寝室とこれらの行為を行う諸室を安全かつ円滑につなぐ動線の確保が大切であり，このことは生活の質に大きく関係する。その上で，個々人のライフスタイルに合わせて必要となる部屋などへの安全な動線を確保することで豊かな住生活を実現可能にする。

1．廊下―水平移動

　廊下は，同一平面上にある部屋と部屋を結ぶ動線空間として，それぞれの生活行為を行う部屋の連続性を確保する重要な空間である。

(1) 通行可能な幅員―廊下を通って目的の部屋へ移動できること

　廊下として通行可能な幅があり，廊下から目的の部屋への出入口が通行可能な幅をもち，かつ，廊下からドアを開けて部屋に入る一連の動作がスムーズに行えることが求められる。

　歩行による移動の場合，歩行形態により通路として必要な幅員寸法は異なるが，伝い歩きの場合は910mmモジュールによる廊下幅(有効幅員は最大で780mm)でも通行可能であり，介助歩行の場合も1.5人分の幅が必要となるが，何とか通行可能である。

　車椅子を使用する場合，廊下の形状，廊下と部屋出入口の位置を確認し，必要に応じて，直進のみでなく，直角に曲がることや部屋に入ることができるかどうかを確認する(事例1・5)。自走用車椅子の場合，910mmモジュールによる廊下幅ではこれらの動作を行うことが不可能であるため，直角方向の廊下幅を広げる，出入口幅を大きくとる，といった対応が必要になる。廊下幅を大きくとるに従って出入口幅は小さくてすむ(図8・19)。移動に必要な幅員は，使用する車椅子の寸法や自走・介助，操作能力により違いがあるので，実際に車椅子を動かして検討する。

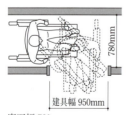
廊下幅 780mm
建具幅950mm

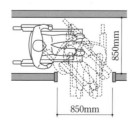
廊下幅 850mm
850mm

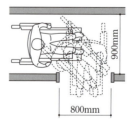
廊下幅 900mm
800mm

自走用車いすの場合，介助用よりもサイズが大きく，かつ自分でハンドリム操作をするため，廊下幅・建具幅を必要とする。

図8・19　自走用車椅子が通行可能な廊下幅員と出入口幅員の関係

(2) 安全な通路—転倒しにくい空間であること，転倒しても怪我しにくいこと

段差のない出入口となるように，敷居部分の段差を解消する（7・2・2(2)）。

伝い歩きの場合や視覚障害がある場合には，特に手すりを取り付ける必要があり，手すりはできるだけ連続させることを原則とする。やむを得ず連続できない場合には，途切れた手すりから次の手すりへと，同じ姿勢・同じ状態での握り換えが無理なく行えるように配慮する。手すり間の空き距離が大きいと，手放し状態で数歩歩行することになり危険であるため，空き距離は最小限となるように心がける。

廊下の照明は一般的に居室と比べて照度が低く，消灯していることも多い。高齢者の場合，加齢に伴い暗順応（明所から暗所に入って目が慣れる）まで時間がかかることから，居室との間に明るさの差が生じないようにする。また，夜間のトイレ使用頻度が高くなるため，寝室入口からトイレ入口までの動線の要所には位置確認ができるように足もと灯を設置する。

床仕上げは，滑りにくい床材を使用すること，転倒時の安全性にも配慮してあまり硬い材料は使用しないこと，とし，床下地がコンクリートの場合には，転がし根太を入れて床下に空隙をつくり弾力性をもたせる。その他，壁仕上げについては，身体をこすっても安全な材料を選択する。

(3) その他—より快適に

車椅子を使用する場合，車輪自体や付着物により，床表面を傷つけてしまうことが多いため，傷がつきにくい床材や傷が目立ちにくい色を選択するとよい。また，幅木や壁も，車椅子操作時にフットサポートや駆動車輪軸があたって傷や汚れをつけることから，合板など堅固なもので補強した上で，「車椅子あたり」を設ける必要がある。「車椅子あたり」の高さは，実際使用する車椅子を測って決定するが，通常は350mm程度であり，通常の幅木（60～80mm程度）を4～5段重ねてもよい（図8・20）。

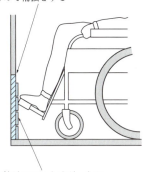

図8・20 車椅子に配慮した幅木の設置例

杖を使用する場合，歩行音が響いて気になることがある。この場合，床仕上げにタイルカーペットのような衝撃音を吸収する材料を選択すると，音を小さくすることができる。

2．階段—垂直移動

階段は，各階を上下に結ぶ動線空間であり，住宅の中でも事故の発生しやすい場所のひとつである。できるだけ生活空間を同一階にまとめることが望ましいが，住宅の多層化が進む今日では，上層階を安全に使うことができる配慮が求められる。

(1) 位置

寝室が2階以上にある場合，夜間のトイレ使用時などに誤って階段から転落しないように，寝室とトイレの間に階段降り口を設けな

いように，動線上配慮する。

(2) 昇降のしやすい踏面と蹴上げ

できるだけ緩やかな階段とする。階段勾配や形状については，図8・21を目安として計画する。この数値内であれば，比較的安全で容易に昇降できるとされる。

図8・21 踏面と蹴上げ寸法の関係

手すりは，昇降時に利き手で使用することを考慮すると，両側にそれぞれ連続して設けることが望ましいが，両側設置が難しい場合には，降りる時の方が危険性は高いため，降りる時の利き手側に手すりを設置する。手すりは廊下同様に，できるだけ連続させ，廊下手すりに連結させる。手すりは階段の起点と終点では水平に延長し，端部は壁側か下方に曲げる（図7・12）。手すりの端部を延ばしておかないと，特に降りる際には手すりを持とうとして前のめりになり転倒しやすく危険である。

(3) 転倒しにくい階段，転倒時の配慮

階段の形状は，転落したときの距離をできるだけ短くする形状とすることが望ましく，できる限り広い踊り場付きの緩やかな勾配の階段とする（図8・22）。床仕上げ材はすべりにくい材とする。すべり止め（ノンスリップ）は踏面とほぼ同一面になるようにし，材料が硬すぎる（金属製など）と踏み外したときに危険になるので，硬すぎない材料（ゴム製）を使用する。

(4) 福祉用具の活用

階段を使用することに大きな危険を伴う場合には，階段昇降機（6・3・8）やホームエレベータの活用を検討する。

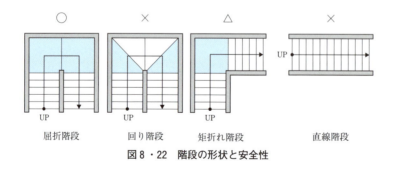

図8・22 階段の形状と安全性

8・7 食べる（食事），くつろぐ（団らん）

1．食事

食事は，人間が生命を維持し活動するために必要な栄養を摂る行為であるが，人間の基本的欲求を満たす楽しみな生活行為でもあり，生活のリズムをつくる上でも大切である。

住宅内で食事をする場所としては，**食事室**，食堂，ダイニングなどと呼ばれる部屋があり，家族生活のための空間の一つとして，家族団らんの場である居間や食事をつくる家事空間である台所とのつながりが強い。現代の住宅では，これらの部屋を区切らずにワンルーム空間として計画されるものが多い。

体調が優れないときなどは，寝室などで食事をすることが多くなりがちであるが，できる限り移動して，食事室で食事を摂るのがよい。寝床から起きることで寝たきりを防ぎ，軽い運動にもなる。場所が変わることで気分転換を図ることもできる。同居家族がいる場合には，なるべく家族と一緒に会話を楽しみながら摂るのがよい。会話をすることによって認知症予防にもつながる。

食事をする場所としては，キッチンに近い方が配膳に便利であり，匂いや音を感じることで食欲がわき，食事時間の認識も高まる。

車椅子を使用する場合，テーブルは，車椅子でも接近でき，食事がしやすい形状のものにする。食べる動作や食べる姿勢を保持することに介助が必要な場合には，それぞれの動作や姿勢の保持に対応できる椅子やテーブルの用意や介助者の位置を十分検討し，そのためのスペースを確保する。

2．団らん

団らんのためのスペースとして，ソファやテレビなどのある**居間**がある。食事室とともに，家族が集まって過ごす中心的な空間である。居間や食事室は，高齢者にとっては日中の多くの時間を過ごす居場所ともなる。

身体機能が低下してくると，自分の寝室にこもりがちになるが，体調がよい時にはできるだけ居間・食事室で過ごす時間をもつことも大切である。そのためにも，出入りしやすく，居心地がよく，安全で充実した空間であることが重要である。食事室とキッチン，居間と本人寝室との位置関係については前述した通りであり，居間と食事室もワンルームにするか隣接させるように配置するとよい（図8・23，図8・24，事例2・3）。車椅子を使用する場合には，車椅子での移動が容易にでき，ソファなどでの団らんにも加わりやすいよう家具配置に配慮し，床には物を置かないように工夫する。

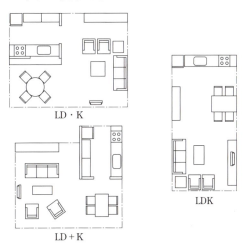

図8・23 居間と食事室のつながり

趣味や仕事をリビング空間で行う場合には，そのためのコーナーを設けるなどの空間的な仕掛けが必要である。一般的には，高齢者はテレビ視聴に多くの時間を当てているので，テレビの見やすい居間であることも求められる。また，直接屋外に出入りできる掃き出し窓を設け，車椅子でも外部の眺めを見やすくしたり，テラスなどに出やすくする。

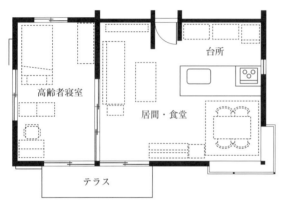

図8・24　LDKと隣接する高齢者寝室
二世帯住宅1階，LDKと寝室の境は3枚引き戸で，開放するとひとつながりになる。
出典：「高齢者の住まい」市ヶ谷出版社

8・8

家事をする　調理，洗濯，掃除

1. 調理

　食事に関連するもう一つの行為として，「食事をつくる」行為がある。これは，掃除や洗濯などと同様にヘルパーなどによる代替も可能であり，生活動作として複雑で危険を伴うこともあるため，行わない場合が多い。同居家族の状況などによっては必ずしも日常的に行う必要性があるとは限らないが，主婦としての家庭内役割がある場合には整備の必要性は高くなる。

　また，献立の立案→材料の入手→調理，配膳→片付け，の一連の流れを，可能な範囲で自分で行うことは，生活の自立性を保ち，介護予防や認知症の緩和効果につながる。

　調理は複雑な動作や危険性の高い動作も多く，**キッチン**の環境整備の必要性も家族状況等により異なる。高齢者や障害者の生活能力の自立度や家庭内での立場を把握し，作業環境をどの程度まで整備するかを本人や同居家族に確認した上で，調理という家事作業への関わり具合に応じたキッチンへの配慮を行う。調理準備から後片付けまでを含めた作業動線上の配慮と，調理作業を身体に負担なく安全に行うための調理機器の配慮がある。

(1) 食事室・居間とのつながり

　キッチンと食事室・居間とは結びつきの深い部屋である。特にキッチンと食事室の間は家事動線を短くし，能率的であることが求められ，さらには居間も含めて家族と会話しながら作業できる配置が望ましい。このような観点から，キッチンは食事室と分離したタイプ（クローズドキッチン）よりも，キッチンと食事室を一室とするタイプ（オープンキッチン）やカウンター・ハッチなどで緩やかに仕切るタイプ（セミオープンキッチン）がよい（図8・25）。車椅子使用者の場合，車椅子で前後左右に動きながら作業を行うことになるので，調理スペース内に車椅子が回転できるスペースを確保する必要がある。関連室との視覚的・動線的つながりも考慮したキッチン計画が求められる。

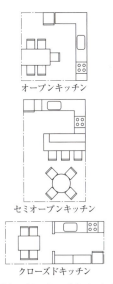

図8・25　キッチンタイプ

(2) 作業しやすいキッチンの配列

　身体への負担をできるだけ軽減するために，動線の最短化を図り，作業動作に無駄がなく，無理な姿勢にならないように，シンク・コンロ・冷蔵庫を配置する。これら調理機器類を一直線上に配置する形式（Ⅰ型配置），L字状に配置する形式（L型配置）などがある（図8・26）。Ⅰ型配置は動線が単純で，間

口が短い場合に適している。間口が長くなるとI型配置は調理台―シンク―コンロの移動距離が長くなるため，身体を回転させることで移動距離を短くしているL型配置が便利である。車椅子使用者の場合には，横移動が難しいため最小移動で軸回転により作業ができるL型やU型がよいが，片マヒの場合には回転動作が難しいことも多いためシンク・コンロ・冷蔵庫の配列を考慮したI型がよいなど，障害の状況に応じて作業しやすい配列を選択する（図8・27）。さらに，調理手順に沿って電子レンジや食器棚などの配置にも留意する。

(3) **作業台高さと手の届く範囲**

現在のJIS規格による調理台・シンク・コンロなどの作業台の高さには，800mmと850mmがある。使いやすい高さへの調節は，ある程度までは足元にある台輪部分（100mm程度の台）で可能である。

一般的には調理作業は長時間にわたって立位姿勢で行うため，身体の負担が大きく，高齢者や下肢障害のある者は作業台に寄りかかりながら作業することも多い。高齢者や障害

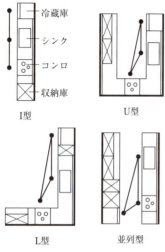

図8・26 キッチン設備の配列
出典：白濱謙一編「建築計画・設計シリーズ41 新・住宅I」市ヶ谷出版社 2003年をもとに作成

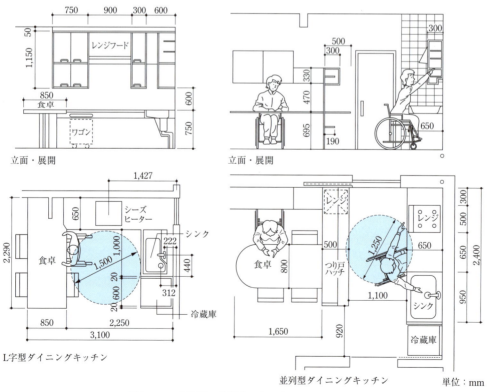

図8・27 車椅子にも対応できるキッチンユニット

者が調理を行う場合，作業台前につかまりやすいバーを設けたり，椅子に座っての作業ができるとよいが，通常の椅子の座面高さは作業台高さには適さない。障害の程度が軽い場合には，座面の高い椅子に座っての調理が可能であり，作業台に膝入れスペースを確保すると作業がしやすい。下肢機能が低下している場合には，座面の高い椅子での作業はむしろ危険であるため，調理の下ごしらえなどの作業に限って安定性のよい椅子に座って行えるように机と椅子を置けるスペースを設けるとよい（図8・28）。

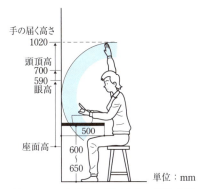

図8・28 高齢者の椅子座位の動作空間

車椅子使用者が調理を行う場合，作業台の高さは車椅子での作業がしやすい高さに設定し，作業台下に車椅子が入れるように膝入れスペースを設ける。通常，車椅子での作業台高さは740〜800mm程度がよい。作業台下に膝を入れやすくするためにシンク深さを通常の180〜200mmより浅くする場合があるが，その際には，水はね防止のために水栓金具を泡沫水栓に変更する配慮が必要である。また，作業台の奥行は600mm以内がよい。それ以上では手が届かなくなる。

通常，車椅子からの手の届く範囲は図8・29に示すとおりであるが，障害者や上肢筋力が低下した高齢者などはその範囲がより限られたものになることを考慮し収納棚の位置を計画する必要がある。

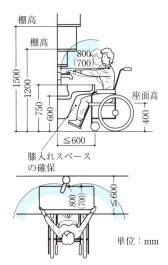

図8・29 作業台と手の届く範囲

(4) 安全面に配慮した調理機器

調理機器の中でも，特にコンロについては火傷や火元の安全への配慮が必要である。コンロの熱源としては，電気とガスの2方式がある。また，換気扇スイッチは手元で操作できる位置に埋め込み配線を行うか，コードレスリモコンを使う。

電気を熱源とする機器には電気調理器と電磁調理器（IHヒーター）があり，いずれも五徳の突出がないので，鍋をコンロから調理台へと滑らして移動しやすいが，電気調理器は天板の加熱部分が熱せられるので，鍋を下ろした後も天板加熱部分には数分間は余熱が残るため，触れるとやけどをする危険性がある。電磁調理器は鍋自体を加熱するため調理器の加熱部分に触れてもやけどしにくく安全性は高いが，調理直後は天板に鍋からの余熱が移るので注意が必要である。使用できる鍋は重いものが多いため，上肢筋力の低下した者や電磁気の身体への配慮が必要な者には適さない。

ガスコンロは，現在市販のものは立ち消え安全装置付きが標準になっており，さらに天ぷら火災や空焚きなどを防止する安全装置も開発されているが，直火であるため，着衣着火の危険性については十分な注意が必要である。また，一般的なガスコンロは五徳が天板面から突出しているが，上肢筋力が低下した者が鍋の滑らし移動ができるように，五徳の出分だけコンロ部分を下げ，上面を調理台と同じ高さに揃えるようにする。

2．洗濯

洗濯作業は，洗う→洗った衣類を取り出し，かごに入れる→物干場に運ぶ→干す（あるいは乾燥機を使う）→乾いた洗濯物を取り込む，という一連の流れで行う。

縦型の洗濯機の場合，洗濯層内の洗濯物を取り出しやすい工夫として，洗濯機を設置する場所の床を下げるとよい。車椅子使用者は洗濯機に車椅子を横付けした状態で洗濯物を出し入れする。横付け状態で洗濯槽内を見渡せ，洗濯物に手が届き，取り出せる高さに洗濯機を設置する。

乾燥機は洗濯機上部に設けると高くて使いにくいので手の届く範囲を考えて設置する。前面に開口部や操作パネルの付いているドラム式洗濯乾燥機の利用を検討する。

洗濯物を干す場合には，物干しまで段差なく，移動距離が長くならないようにする。物干しは，手が届きシーツなどの大物が下につかない程度の高さに設定する。

3．掃除

清掃作業は，掃く，拭く，磨くといった作業が主で，その作業範囲は上下左右と広範囲にわたり，様々な姿勢で，難しい動作を伴う作業である。

掃く作業は，掃除機やほうきなどの用具を持ちながら移動するため，床段差があると危険である。家具にキャスターが付いていると，家具を動かすのが楽である。また，ふだんから床に物を置かない習慣をつけると掃除が楽であり，つまずく危険もなくなる。車椅子使用者の場合には車椅子操作をしながら床掃除ができる十分なスペースが必要である。床を拭く，磨く作業は，膝や足への負担が大きいしゃがみ動作で行うのは難しい。モップなどの柄のついたものを使用することでしゃがまずに作業できる。家具や棚などの清掃も手の届く範囲が限られているので，柄のついたほこり取り用具を用いる。掃除をするための掃除機やほうき，バケツなどの用具や洗剤などは，障害の程度に応じて手の届く範囲に収納しておく場所を設ける。

8・9 仕事をする

　自宅にオフィスを設ける場合，一般に，「仕事」と「プライベート」の快適性を両立させることが求められる。そのために，2つのエリアを区分けして動線を明確に分けるとともに，両方のエリアをつなげる動線が必要になる。身体移動に制約がある場合には，仕事の内容に応じて，両方のエリアを近接させて移動負担を少なくする。同居家族がいる場合で両方のエリアを重ねる際には，仕事の仕方などにも配慮が求められる。

　図8・30は，車椅子使用者が生活空間を1階に集中させるため，**ホームオフィス**機能を夫婦寝室内に設けた事例である。寝室を玄関に隣接させ，玄関土間から直接出入りできるドアを設けて，玄関側にあるオフィスコーナーへアクセスできるため，家族のプライベートな動線と交錯しない平面計画となっている。また，洗面所・トイレにもアクセスしやすい動線となっている。

　車椅子使用者がデスクワークをする場合，机やテーブルの甲板に，アームレストがぶつからないようにする。一般に，机・テーブル等の高さは，車椅子の座面高さに27～30cmの差尺を加えて求める。また，膝がぶつからないで机の下に入ることができること，フットレストが机の下前方にぶつからないこと，の注意が必要であり，一人分のスペースが十分に確保されていることが求められる。書類等を収納する戸棚は，車椅子で接近しやすく，手が届く範囲を配慮した寸法計画とする（図8・31）。

図8・30　寝室内にあるホームオフィス機能

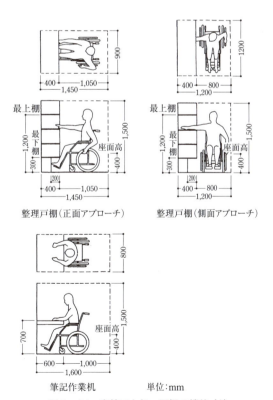

図8・31　車椅子と机・戸棚の機能寸法

8・10

外出する 屋外にでる 屋外移動

　住宅内のみの生活ではなく，屋外にも出て，近所の人との会話や，商店街での買い物を楽しむことは，社会生活の上で重要なことである。また，本人が設定する生活改善目標によっては，仕事や余暇活動のための外出がQOLの向上に寄与するため，外出しやすい環境整備が求められる。屋外への移動環境を整備することは，緊急時の避難経路確保のためにも必要である（事例1・1）。

1．玄関
(1) 上がり框段差

　日本の住宅は，**玄関**で靴を脱いで室内に上がる。そのため，玄関には上がり框などを設け，土間との間に段差のある場合が多い。この上がり框による段差は，近年の住宅では小さくなる傾向にあるが，古い戸建住宅では300mm程度あることも多い。また，玄関土間と屋外のポーチには，雨仕舞や外部からの風・ほこりの侵入防止のために，玄関扉の沓摺部分に最小限の段差ができる（図7・5）。

　玄関内において，上がり框と土間の段差が180mm超で昇降が困難な場合には，土間に式台を設けて小さな段差に分割して昇降しやすくしたり，ベンチを設置してベンチに腰かけて段差を越えるとよい（図8・32）。

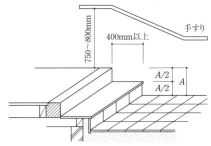

上がり框の高さ（A）が180mmを超える場合，式台の各段の高さは，180mm以下の範囲でAを等分する。
$A/2$は180mm以下

図8・32　式台の設置

(2) 靴の脱ぎ履き空間としての配慮

　歩行による移動の場合，靴の着脱は，玄関土間が狭い場合には土間と式台の仕上げを揃えて，式台上で脱ぎ履きを行い，土間が広い場合には屋内床と式台の仕上げを揃えて土間で脱ぎ履きを行うとよい。靴の脱ぎ履き時は姿勢が不安定になるので，手すりとベンチを設置し，ベンチに腰かけて靴の着脱を行えるようにする。下駄箱をほどよい高さにして手すり代わりに使ったり，ベンチ下を靴置きに利用する方法もある。

　移動能力が低下してくると，屋内外で移動方法が変わり，例えば屋内では介助歩行，伝い歩きであるが屋外では車椅子を使用する場合がある。また車椅子使用者でも，屋内外とも同じ車椅子を使用する場合と，屋内外で乗り換える場合がある。玄関で車椅子への乗り換えを行う場合には，円滑に屋外用の車椅子に乗り移れるスペースを確保するとともに，屋外用車椅子を収納するスペースも必要となる。

2．アプローチ

(1) 1階床面から道路面までの高低差

歩行による移動の場合，屋外での高低差の解消策としては，緩やかな勾配の階段かスロープを設ける。杖使用者の場合や疾病（パーキンソン病，腰痛）によっては，スロープよりも緩やかな階段の方が適している。将来，車椅子使用の可能性がある場合には，階段とスロープを併設するのが最善策である。

車椅子を使用する場合は，スロープによるアプローチとなる（図8・33）。勾配はできるだけ緩やかにとることが望ましく，1/12～1/15程度を基本とする。そのためにそれなりのスペースが必要となる。スペースの確保が困難な場合には，段差解消機の設置を検討する（事例1・2）。

外からの出入りはできるだけ玄関から行うことが望ましいが，スロープ設置の場合には，スペース確保の問題，住宅から道路までの敷地条件や住宅構造上の制約により，玄関使用が難しいことも多く，代替手段としては寝室や居間の掃き出し窓からの出入りを検討する。

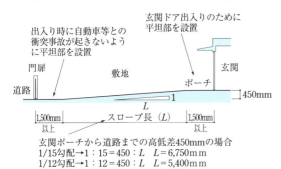

図8・33 屋外スロープの設置

(2) 転倒しにくい空間

歩行による移動の場合，階段もしくはスロープのいずれの場合も，転倒しにくい安全な空間づくりが大切であり，連続した手すりの設置や床仕上げを凹凸がない平坦な形状にするなど配慮が必要である。床材は，雨に濡れた際にも滑りにくいものを選ぶ。

アプローチから玄関までの距離が長く暗い場合には，屋外灯を設置して，安全に移動できるようにする。段差がある場合には，段鼻部分の色を変えて踏み外ししないように注意を促したり，足元灯を設置するなどの色彩・照明計画上も配慮する。

(3) 車庫から玄関まで

歩行障害のある場合は，自動車が重要な移動手段となることが多く，車庫から玄関までの移動空間を整備する必要がある。歩行面の配慮とともに，降車してから玄関まで雨に濡れずに移動できる空間的配慮も必要である（事例1・4）。

多雪地帯・寒冷地の場合，冬期には，積雪や寒冷条件により外出行動が大きく影響される。玄関から道路までのアプローチ空間や，車庫の位置，形態には，雪や寒さへの対策が必要で，玄関内風除室，住宅内車庫の組み込み，雁木などの建築的対応と，融雪機能をもつロードヒーティングなどの設備的対応がある。

3．庭・バルコニー

庭やテラス，**バルコニー**は，洗濯物を干したり，屋外に出て日光浴をしたり，植物を育てたり，家事や様々な屋内生活の延長として屋外生活を楽しむ場所であり，日常生活に欠かせない空間である。屋内とテラス，バルコニーをスムーズに行き来できるように，居室の掃き出し窓などの出入口の段差解消や車椅子でも通行可能な有効幅員を確保する配慮が必要である。一般に居室床と庭は高低差があるため，掃き出し窓からスロープを通って庭に出るか，スロープ設置のスペースが取れな

い場合には段差解消機を設置する。また玄関からの出入りがスペースや敷地条件上困難な場合には，居室の掃き出し窓が外出時の出入口も兼ねることになる。

出入口の位置は，住まい全体の間取りと屋外空間の関係により，一般には家族生活空間である居間から屋外の庭やテラスに出る場合が多いが，本人寝室から直接屋外に出る場合もある。

マンションのバルコニーは，戸建住宅の庭と同じ役割をもつ。また，非常時には避難経路としても重要な空間である。すのこを敷いて段差解消を図り，滑りにくい床仕上げにし，容易に避難できる隣戸への避難口幅員を確保する。車椅子使用時にバルコニーから外を眺める場合，車椅子からの目線高さと手すり高さがほぼ同じになって，外を眺めにくいことがあるので，眺めを遮らない手すり形状とする（図8・34）。

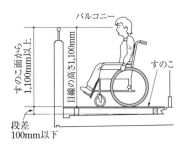

図8・34 バルコニーの手すり高さ

第3部　事例編

第9章
障害に配慮して計画された住まい

執筆担当：定行　まり子　　橋本　彼路子

事例1・1　生活の再構築と生活圏の拡大　……………156

事例1・2　生活の再構築　………………………………160

事例1・3　適切な手すり設置により生活範囲が
　　　　　　広がる　………………………………………164

事例1・4　屋内外昇降リフトにより介護生活を
　　　　　　満喫　…………………………………………166

事例1・5　屋内での車椅子移動を可能に　……………168

事例1・6　水まわりの改修で加齢による日常の
　　　　　　不自由を解消　………………………………170

事例1・7　段差解消により車椅子生活を満喫　………174

　本章では，本人が障害者となった後，その障害の程度および身体状況等に応じて計画された住まいの事例を紹介する。

事例 1・1　生活の再構築と生活圏の拡大
千葉の新築事例

条件の整理

本人	70代男性
身体状況	左半身不随
家族構成	夫婦＋息子世帯
在宅サービスの利用	デイサービス
建築種別	戸建て
福祉用具利用状況	車椅子，手すり
相談先	スタジオ3　橋本彼路子氏

(1) 新築の経緯

本人は，交通事故により頭を強打し，左半身不随になり，車椅子での生活となる。事故前は，会社役員として現役で勤務していた。当時住んでいた住宅の敷地は，道路から1メートル程度高く，住まいは増築に増築を重ねていたため，各部屋が狭いということもあり，新築を決意した。二階は息子世帯，一階は老夫婦世帯の二世帯住宅として新築した。延べ床面積は約200m^{2}である。

図9・1　外観

(2) 設計の対応

①室内環境

広い空間を実現しながら壁厚200mm以上のRC壁とペアガラスにより快適で安定した室内環境を保つように配慮した。

②水まわり

浴室と便所は寝室に隣接させ，車椅子でアプローチしやすいように，直線的な動線としている。天井が打放しのこともあり，天井走行式リフトが必要になった際には，比較的簡

図9・2　室内環境

単に対応可能である。浴室と便所を一体化，それらと手すりを自立できるように配置し，

車椅子で利用しやすい広く段差のない空間とした。

③床仕上げ

床のコルクタイルは、歩行時の足の負担を軽減し、万が一、転倒した場合の安心感を得られる。

図9・3　広く段差のない水まわり

図9・4　収納の引き手を兼ねた手すり　　図9・5　浴室とトイレの一体化

図9・6　階段状テラスと茶の植栽

④手すり

握りやすく頑丈な手すりを使用し、収納の引き手を兼ねたり照明の意匠と関連づけて、手すりだらけという印象をなるべく避けた。

和室は、座ったときと歩いたときのため、二段の手すりがついている。

図9・7　和室（左側に手すり）

⑤外部とのつながり

住み手が天気や四季の移り変わりを感じられ、家の前の美しい並木を居間の高窓からも眺められるように考えられている。また、寝室から車椅子でアクセス可能な、段差のない木製のベランダを設置した。

前庭には上りやすい階段状テラスを設け、息子の提案からリハビリに利用し、安心して歩行できるようにした。

図9・8　寝室から車椅子でアクセスできる段差のないベランダ

庭には，家庭菜園が好きな本人が家族とともに収穫の楽しみが味わえる茶の植栽をした。

⑥スロープの設置

玄関出入り口には，庇がついた車椅子用のスロープを設置した。玄関内で電動車椅子を降り，歩いてスロープを上って，リビングで室内用車椅子に乗り換える。

スロープには滑り止め加工を施した。リビング内スロープ部分・上部の天井の一部を高くし，部屋の奥まで日光が届くように工夫している。

図9・9　スロープ

(3) 新築後の生活

新築後，施主の70代男性（左半身不随）は，コーヒーを飲みに電動車椅子で喫茶店に出かけ，スーパーで買い物をして帰るのを日課にしていた。リビングで室内用車椅子を降り，スロープを手すりをつたい歩いて下り，電動車椅子にのり，外部のスロープを下り外出する。

デイケアセンターに通っていたが，迎えの車が来ると，車まで，自分で家の中から車椅子で出ていくことができた。

バリアフリーは，住まいの中の問題だけではなく，地域全体で考えていく必要がある，と設計を担当した橋本彼路子氏は語る。外に出て，自由に動き，生活を楽しむためには，住まいの中だけではだめで，生活の広がりを確保するということが大切だという。

本人は，車椅子になっても，外に出て，人と関わることが好きな方だった。

また，寝室から木製のベランダに車椅子で出ることができるようにしたが，喫煙，お茶やお菓子を楽しみ，孫とのひとときを過ごすことができた。近所の人が玄関脇からベランダを訪れ，一緒にお茶を楽しむこともある。この家でリハビリができるように，との息子の提案から，広い庭でリハビリもおこなっている。家庭菜園が好きなため，お茶を植え，収穫の楽しみを味わう。フライパンでお茶の葉を炒って，近所の人におすそ分けすることもあった。

本人の半身不随のレベルでは，トイレ自立はありえないと言う人もいたが，本人はトイレも自立。浴室に入るときも，洋服は部屋で脱いで，シャワーチェアで浴室にいき，背中を洗ってもらうために妻を呼んでいた。あとはほとんど自立していた。この住まいが，ADL, QOLをあげたと捉えることができる。

妻は，自分も年老いてきて，最近ますます，バリアフリーの家にしてよかったと思ってい

図9・10　電動車椅子を使用し，一人で外出

るという。床が柔らかく暖かいのが気にいっている。息子は杖で歩くことへのリハビリを希望し、「転んでも大丈夫なんだからやってみたら」というが、本人は不安があるのと車椅子での生活に不自由がないため、杖での歩行に積極的ではないという。医者からは、「無理をすることはないので車椅子の達人になってください」といわれたという。

図9・11 歩いて室内スロープを下り、電動車椅子で外出する

図9・12 玄関の活用

当初、玄関のくつのはき替えのためのベンチと手すりを設置、後に車椅子のはき替えスペースになった。こうしたスペースが玄関に必要である。

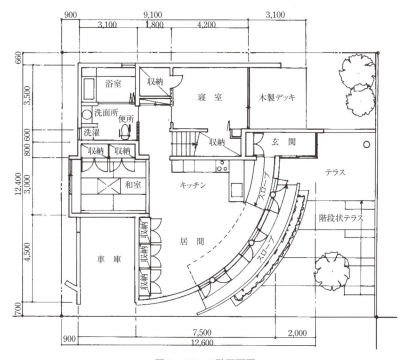

図9・13 1階平面図

160　第9章　障害に配慮して計画された住まい

事例 1・2　生活の再構築
京都・数寄屋住宅の部分改修

条件の整理

本人	80代女性
身体状況	（当時）股関節骨折，肺塞栓
家族構成	（当時）本人（母親）と息子夫婦，孫2人
在宅サービスの利用	特になし
建築種別	戸建て
福祉用具利用状況	段差解消機，ギャッジベッド，車椅子
相談先	スタジオ3　橋本彼路子氏

(1)　改修の経緯

　1972年，本人の意向で敷地中央部に住まいを新築し，当時は，主に本人（母親），夫と息子，娘も一緒に住んでいた。その後，夫が亡くなり，息子と娘が家を出た後は，本人（母親）一人で住宅全体を使用して生活していた。就寝は2階だった。この間のADL，日常生活はほぼ自立していたが，股関節が悪く，歩行に困難がみられた。2005年3月，本人の強い意志から手術をうけたところ，その入院期間中に肺塞栓にかかり，退院後は介護が必要になった。これをきっかけに息子夫婦とともに自宅で生活することになった。自宅が本格的な日本家屋（数寄屋）で段差が多いこと，在宅介護を考えていたことから，室内外のいずれの空間も車椅子に対応する必要があった。そのため3度にわたる改修を行った。

(2)　設計の対応

　退院後の生活は寝食を和室で行い，就寝時はギャッジベッド，起床後は車椅子を使用し

ていた。本人には強い独立心があり，便所・洗面所などへは自分で行くことを考えていた。そこで，最初の改修は，母親が退院するまでに，母親が介護を受けながらも自分で生活ができるよう，最低限の改修を目指した。その後の改修で，室内の快適性を求めた改修を行った。

　いずれの改修においても，本人（母親）の使いやすい住まいを第一に考え，色味や雰囲気は，元の住宅のイメージを失わないように配慮している。

　2005年春，一度目の改修を行う。車椅子生活が始まることから主な移動手段が自動車になること，在宅介護にあたり多くの自動車の出入りが予想されたことから，敷地の住宅前面部分に車を3台止められるようにした。

①玄関回りの段差の解消

　二度目の改修では，住宅へのアプローチ部分にある段差を，木製の板のスロープにより解消した。石で作られた玄関前のアプローチに固定のスロープを設置するためには，1/12

事例1・2　生活の再構築　161

勾配の長いスロープでなくてはならないこと，スロープの形状が意匠的に数寄屋にそぐわないことから，仮設的な木板によるスロープを設置し，必要時に取り付け，不要時には玄関わきに立てかけておくことにした。

玄関上がり框の段差は，玄関内に段差解消機を設置することで解消した。勝手口の屋外側に設置する案もあったが，雨天時の利用や機械の耐久性を考慮し，玄関内に設置した。

図9・16　トイレ出入口扉の開き勝手，取付位置を変更

図9・14　仮設スロープ

図9・17　収納の扉の枠に収まり拡幅されたトイレの扉

らに狭くなり，車椅子でアクセスできない。そこで開き勝手を反対側（外開き）にして蝶番を本来の木枠ではなく，手前の収納の扉の枠に付け，収納扉を木枠の範囲内で奥に入れて，トイレの扉を開けたとき扉が納まるスペースをつくった。

トイレの出入り口は，ドア枠の幅750mmを確保し，車椅子でのアクセスが可能となった。建具も既存建具の外側に新たに木枠を取り付けることで，元のイメージを継承している。また，便所内の洋式トイレと和式トイレの間仕切り壁をとり，室内空間を広くするとともに，既存の小便器を取り外し，介助者が介助できるスペースを設けた。

図9・15　玄関内の段差解消機

②水回りの快適性の向上

最大の問題は，在来工法であるため，トイレまでの廊下の有効幅が780mmしかないことだった。トイレの扉を廊下側に開くと幅がさ

同じ場所にある既存の洗面器は下部の扉を外して，車椅子でも使用可能とした。さらに，廊下と便所の段差は木製のすりつけ板を設置

することで，段差を解消し，歩行時・車椅子使用時に支障が出ないようにした。

　風呂場が寒いという問題に対処するため，既存の風呂場部分に，新たにメーカーのユニットバスを設置した。ユニットバスの下には断熱材を敷置した。耐震性に問題があったので，柱と耐力壁を設置することとなった。壁なども既存のものに近い色となるように配慮した。

図9・18　室内間仕切撤去後のトイレ

図9・19　トイレ床の段差解消

図9・20　車椅子使用可能な洗面器

③室内環境

　室内に冷気が入ってくることが問題となっていたが，冷気が入ってくる場所を玄関と特定し，玄関と廊下の境界部分に新たに扉を設置した。その際には，水回りに使用されていたドアと意匠を揃え，室内の雰囲気を変えることのないように配慮した。

(3)　改修後の生活

　介護が必要になった本人（母親）が車椅子生活を行う上で必要だったのは，お茶を教えていた和室，そこからの庭の見え方など，いくつもの魅力や思い出が詰まった自分の住まいであった。とりわけ，一階の和室は，元々そこでお茶を教えていた特別な場所で，できるだけ「壊さない」改修が必要であった。和室近くにある水回りがバリアフリーとなったため，車椅子での生活となった後も，自宅では最後まで就寝場所として和室を使用していた。取り外しができるスロープの設置，意匠的に既設のものと似た扉の設置など，目に見えるものを，元の住まいのイメージを継承するように配慮したことも，本人の安心感につながったと思われる。

事例1・2 生活の再構築 163

図9・21 改修後平面図

図9・22 柱・耐震壁の増設　　　図9・23 浴室床断熱材増設

164　第9章　障害に配慮して計画された住まい

事例 1・3　適切な手すり設置により生活範囲が広がる

東京・板橋の住宅

条件の整理

本人	89歳女性
身体状況	大腿骨骨折，要介護3
家族構成	本人（母親）と娘家族
建築種別	戸建て
在宅サービスの利用	特になし
福祉用具利用状況	屋外車椅子，歩行補助具，入浴補助具
相談先	（株）高齢者住環境研究所　溝口千恵子

(1)　改修の経緯

　本人は自立していて，一人でデパートに行くのが楽しみという活動的な生活をしていたが，自転車とぶつかり転倒，大腿骨を骨折し入院した。6ヶ月の入院後，退院したが，移動は杖使用で娘の介助が必須となった。杖がうまく使えず，小柄な娘の介助もおぼつかない状態で，あまり動きたがらなくなり，結果としてほとんどベッド上の生活になってしまった。昼間の排泄は，介助と杖歩行で何とかトイレまで行っていたが，夜間は，ポータブル便器を使用せざるを得なくなっていた。

　介護者の負担が重くなってきたため，本人の自立移動が可能となるように改修してほしいということで相談があった。

　本人は，ポータブルトイレを使わないで済むよう，ベッドからトイレまで自立移動が可能になるようにと要望，また，家族は本人のためだけでなく，家族にとっても快適な環境となるようにしたいと要望した。

(2)　現状の問題点と設計の対応

　手すりを最も必要としている場所は，寝室からトイレまでの動線上であった。杖を持ち，娘が後方から支え，トイレまでの移動するのに，4mほどの距離を50秒近くかかっていた。そこで，動線上，必要と思われる箇所に3本の手すりを取り付け，自立移動が可能となるようにした（図9・28）。工事の際にも，再度，動作をしてもらい，念を入れて確認の上，手すりの取り付けを行った。

　現状のクロス貼りの壁が貼り替えの時期を迎えていたこともあり，貼り替え時に，石膏ボードの下地を補強した。手すりの取り付けを考えているところは，床から600mm～900mmまで石膏ボードをカットし，下地の間柱に合板を固定する方法をとった（図9・24）。

(3)　改修後の生活

　改修後，本人にトイレまで移動してもらったが，杖を使っていたときとは別人のように，

事例1・3　適切な手すり設置により生活範囲が広がる　165

手すりにつかまり，あっという間に一人で歩いていった。「杖は信用できない」といっていた本人も，手すりの安心感を実感し，手すりがあれば自分の足で室内を歩きまわれると，大喜びだった。しっかり固定された手すりは，自立した移動動作を支える大きな役割を果たすことを知り，その後，他の部分にも手すりの設置を希望されている。ベッド上での時間が長くなりつつあっただけに，生活の場が広がり，家族も一安心の様子であった。

図9・24　クロス貼りの前に石膏ボードを切り込み，補強のための合板を取り付け，そのうえにクロス貼りをする

図9・25　寝室内ベッド　ベッドから立ち上がり，ベッドボードを伝い，手すり①を利用し廊下に出る。

図9・26　廊下コーナーの手すり②

図9・27　トイレ出入り口　建具開閉時に使用する手すり③

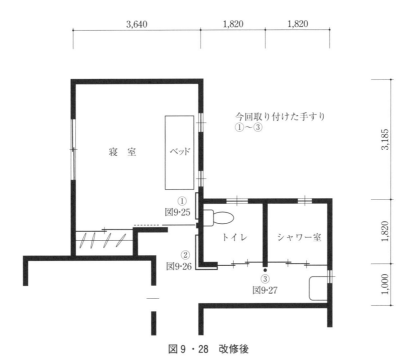

図9・28　改修後

166 第9章 障害に配慮して計画された住まい

事例 1・4　屋内外昇降リフトにより介護生活を満喫
長野の住宅

条件の整理

本人	64歳男性
身体状況	頚椎損傷
家族構成	本人，妻，娘夫婦，孫3人
建築種別	戸建て
在宅サービスの利用	訪問介護，ヘルパー派遣
福祉用具利用状況	車椅子，入浴補助具
相談先	機能訓練士，㈱モリトー

(1)　改修の経緯

居間で脚立に乗って蛍光灯を交換中に転倒し，頚椎を損傷。入院中は全介護で，物を持つこともできなかった。長野県身体障害者リハビリセンターの機能訓練士が中心となって，設計者と本人および家族が連携してリフトの導入が進められていった。

本人は，病院の特殊浴槽は浅いので入った気がしない。自宅のお風呂でゆっくり湯船につかりたいと要望，家族は，自宅で快適な生活を送れるようにしてあげたいと要望していた。

(2)　現状の問題点と設計の対応

屋内外の段差を解消し，車椅子での移動に支障がないようにすることを目標とした。問題は，屋外への移乗時に，段差解消機やスロープを利用するには敷地が狭く難しく，また，車で外出する際は，屋内から屋外用車椅子へ，車椅子から車内へと2段階の移乗が必要であることだった。

脱衣室から浴室・浴槽，ベッドから車椅子や床への移動と，外出時の屋外用車椅子への移乗において，介護者の負担を軽減するため，**昇降リフト**を使用することに決定した。

屋内外の段差解消を中心に進められた。洗面所の改修や，フローリングの改修とともに床暖房を採用した。脱衣室から浴室・浴槽，ベッドから車椅子や床への移動にはリフトを利用することとした。特に，屋内外の移動には360度回転可能で上下のストローク幅が最大1160mmあるリフトを採用することで，居室から600mmの高低差のある庭への移乗が可能になった（図9・30，31，32，33）。有効到達距離が2620mmあるため，その圏内に車を駐車すれば屋内用の車椅子から直接車の座席に移乗できるようになった（図9・29）。

(3)　改修後の生活

本人は，退院する前は，自宅でどういう生活ができるか，かなり心配していたが，楽に外出できるようになったので，よく友達とカ

ラオケに行くようになった。病院では物を持つことができなかったのに，今ではマイクもビールグラスも持つことができるようになった。最高のリハビリである。家のお風呂はお湯がたっぷりあるので気持ちが良い。

家族は，突然の事故で障害者になり，不安で一杯だったが，介護するほうもとても楽になり，孫達まで一緒になって協力し，介護を楽しんでいる。家族の絆が強まったという。

図9・30　改修前の庭

図9・31　高低差をクリアできるリフト

図9・29　リフトで屋内車椅子から福祉車輌に直接移動

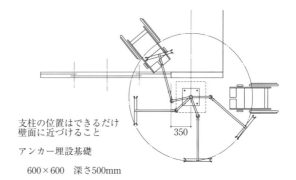

支柱の位置はできるだけ壁面に近づけること
アンカー埋設基礎
600×600　深さ500mm

図9・32　平面（360度回転可能）

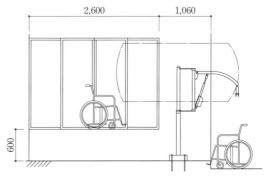

図9・33　立面（600mmの高度差クリア）

168　第9章　障害に配慮して計画された住まい

事例 1・5	屋内での車椅子移動を可能に
	神奈川・横浜市の住まい

条件の整理

本人	78歳女性
身体状況	大腿骨骨折
家族構成	本人，娘，孫
建築種別	戸建て（所有）
在宅サービスの利用	デイサービス（入浴）
福祉用具利用状況	手動車椅子，歩行補助具，入浴補助具
相談先	㈱高齢者住環境研究所　溝口千恵子

(1)　改修の経緯

　大腿骨を骨折し，入院した。自立歩行は困難なため，車椅子を使用し，退院に向けて，リハビリを4ヶ月続けている。78歳で初めて車椅子を使用した女性としては異例と言えるほど，車椅子操作が上手く，院内を活発に動き回っていた。

　娘は仕事を持ち，孫は学生で昼間は留守がちである。自立した生活を送るためには車椅子で生活できるように自宅を改修する必要があった。

　本人は，退院したらデイサービスも利用したいので，車椅子で移動のできる環境を整備してほしいと望んでいた。

(2)　現状の問題点と設計の対応

　屋内で車椅子移動を行う際の問題点として，
①寝室として使用している和室と廊下との境に30cmの段差がある。
②トイレの出入り口の有効幅が60cmしかない。

③居間の出入り口の開き戸が操作しにくい。
④居間に出入りするためには，廊下を直角に曲がる必要があり，そのための幅が不足している。
⑤洗面所の出入り口が開き戸で敷居から床面が25cm突出している。
⑥浴室の床に段差がある。
などがあった。

　対応として，まず寝室と廊下の段差を解消した。

　寝室として使用している和室の床を畳からフローリングに変え，同時に廊下との段差を解消した。

　浴室の出入り口のまたぎ段差は，脱衣室側にスロープを，浴室側にすのこを設置して段差を解消し，シャワー浴のみを行えるようにした。

　廊下の有効幅員は760mmで車椅子直進移動は可能だが，トイレと居間の出入りでは，台所のコーナーの壁が支障となり，直角に曲がれず撤去する必要があった。柱の構造的な

負担を調べるため，和室の押入れの天井を上げてみたところ，特に問題がないことが確認できた。

台所のコーナーの壁の撤去は，費用を安く抑えるために，床面より2,000mmまでの柱と壁を撤去，補強してコーナーを削り，車椅子が曲がれるようにした（図9・35, 36）。

トイレの出入り口の有効幅員を広げるために三枚引き戸に取替え，車椅子を斜めにトイレ内にアプローチし，そこで手すりにつかまり，立位から腰を回して便器に移乗する方法をとることとした。便器に座った状態で車椅子を廊下の外に押しやり，引き戸を閉めて用を足すようにする。

居間の開き戸はV溝レールを床面に埋め込むと，床の工事も必要となるため，上吊りレールの引き戸に交換した。

(3) 改修後の生活

母親が自立した生活が送れることが第一だが，使い慣れた環境をあまり変えたくないという思いもあった。それらに配慮し，住み慣れた環境を維持できた。さらに，費用も安くあがってよかったと家族は思っている。

図9・34 出入り口の開き戸は引き戸に交換。開口幅確保のため，引き込み内側は掘り込み引き手。外側は車椅子座面からも操作しやすい取っ手を使用。

図9・35 コーナー撤去により居間への出入りもしやすくなる

図9・36 コーナーの壁と柱を床から2,000mmのみ撤去

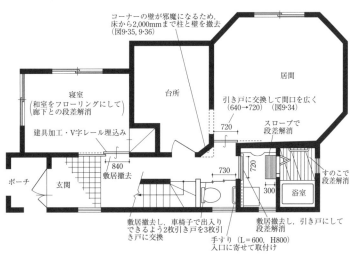

図9・37 改修後

170　第9章　障害に配慮して計画された住まい

事例 1・6　水まわりの改修で加齢による日常の不自由を解消
東京・千代田区の家

条件の整理

本人	74歳女性
身体状況	胸，腰椎圧迫骨折，骨粗しょう症
家族構成	本人，夫
建築種別	マンション（所有）
在宅サービスの利用	特になし，週に一度娘が訪問
福祉用具利用状況	屋外車椅子，歩行補助具，入浴補助具
相談先	介護支援専門員，東陶機器株式会社

(1)　改修の経緯

　日常生活動作を行うことは不自由であるが，周囲にあるものにつかまったり，壁に寄りかかったりなど，できる限りの努力をして，排泄・入浴ともに時間をかけながらも自力で行っていた。しかし，たびたび転倒などの事故を引きおこしていた。

　大学の教授であった夫の退職を機に，書物の整理をしようということで，住宅リフォームを検討し始めた。その際，本人の身体状況や自立度を考え，同時に本人が住みやすいように改修をしたいと，夫が福祉について調べ始める。最終的に，民間の福祉関連企業（生命保険会社の提携会社）に足を運び，そこの介護支援専門員により住宅改修理由書が作成される。介護支援専門員の紹介により，改修の設計・施工は設備メーカーの提携会社によって行われた。

　本人は，障害はあるが，日常生活や家事は自立して何とかやっていきたい。夫が退職し，夫婦で自宅にいることが多くなったので，こ

れを機会に年をとっても住みやすい住宅に改修したいと希望していた。加齢により，尿意が頻繁になってきているが，トイレが寝室より遠いために，苦労している。また，今は周囲にあるものにつかまったり，壁に寄りかかったりしながら住戸内を移動しているが，もう少し安全で楽に移動できるように廊下に手すりがほしいと要望した。

　夫は，浴槽が小さいので，大きくして足を伸ばしたい，妻の生活が楽になるように改修してほしいと要望した。

(2)　設計の対応
①トイレの出入り口を寝室側にも設置

　トイレに出入りしやすいように，寝室側からの出入り口を設置した（図9・38，図9・39）。その際，開き勝手と寝室の空間の確保を考慮し，寝室側からも出入りできるよう片引き戸を設置した（図9・42）。

　それに伴い，紙巻器を移動する。開口幅は，将来車椅子使用になっても可能なように750

mmを確保した。

また，両側が扉（出入口）になるため，床に固定するアームレスト（床に設置する工事を伴うため，介護保険住宅改修の手すり取り付けとして適用される。福祉用具ではない）を設置した（図9・41）。さらに跳ね上げ式にすることによりご主人が利用する場合も支障がないようにした。

寝室側にトイレへの開口を設置すると，においが気になる。相談の結果，トイレ換気扇を容量の大きいものに付け替えることにした。

②浴室の拡張，段差の解消，手すりの設置

浴室を広くしたいという要望を満たすため，廊下（玄関ホール）側に間仕切壁を移動することを検討した。

浴室・廊下間の間仕切壁を130mm廊下側に移動し，浴室空間を広くするよう工夫している。また，それでも通常は内寸1,200mm×1,600mmのユニットバスしか入らないところを，配管経路の改良などにより新しく開発された1,300mm×1,600mmの高齢者仕様のユニットバスを設置した。

その際，それぞれの必要性を考え5箇所に手すりを設置した（図9・44，a～e）。

a．出入り用縦手すり（脱衣室側設置）
b．出入り用縦手すり（浴室側）
c．洗い場内移動用横手すり
d．浴槽出入り用縦手すり
e．浴槽内移動・立ち上がり用横手すり

浴室内のどの空間にいても最大限利用でき，すべり易い浴室内での転倒を防止するように考慮した。

また，脱衣所から浴室への段差が大きいため，浴室への出入りが困難であり，転倒の原因の一つにもなっていた。段差は脱衣室と出入り口の下枠とが125mm，下枠と浴室床面とが85mmと，2段階の段差があった。排水溝が浴槽側にあるユニットバスを設置するこ

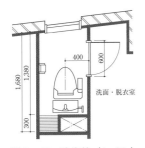

図9・38 改修前（トイレ）

図9・39 改修後（トイレ）

図9・42 寝室から見たトイレ建具

図9・40 改修前（トイレ）

図9・41 改修後アームレストを設置（トイレ）

とにより，下枠と浴室床面の段差をほぼなくし，脱衣室から浴室への出入りを簡潔にするよう計画した。

③廊下に手すりを設置

玄関から居間までの廊下が長い上に，直角に曲がるところが2箇所あった。歩行補助具を使っていたから，転倒の危険性もあった。そこで，玄関から居間まで全面に渡って，建具などによって設置が切断されない側に手すりを設置した。壁面に下地が入っていなかったため，露出の補強材を取り付けた。設置高さおよび太さは，実際に試してみて決定した（図9・46）。

(3) 改修後の生活

生活するうえで金銭的余裕はあるほうなので，着物などの趣味にお金を使ってきたが，それよりもはるかに安い金額で，こんなに生活動作が楽になるのだったら，もっと早く，10年前から改修していればよかったと妻は語る。トイレまでが近くなったので，夜でも安心だし，大変楽である。お風呂に入るのが楽しみになったという。

夫は，妻が喜んでいるので改修してよかった。トイレが寝室と近くなったり，浴室の段差がなくなったりしたのは，自分にとっても大変有意義だったと話している。

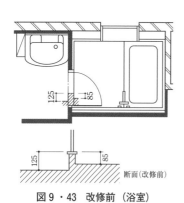

図9・43 改修前（浴室）

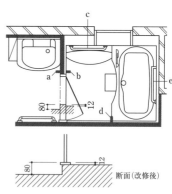

図9・44 改修後（浴室）

図9・45 玄関には縦手すりも設置

図9・46 廊下に手すりを設置

事例1・6　水まわりの改修で加齢による日常の不自由を解消　173

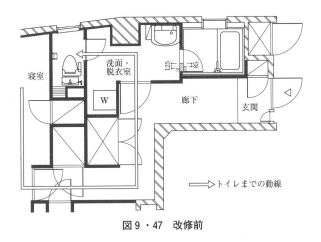

図9・47　改修前

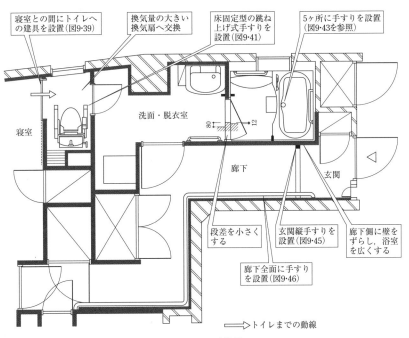

図9・48　改修後

174　第9章　障害に配慮して計画された住まい

事例 1・7　段差解消により車椅子生活を満喫

条件の整理

本人	61歳女性
身体状況	関節リウマチ
家族構成	単身
建築種別	マンション（公団賃貸）
在宅サービスの利用	ホームヘルパー（入浴，食事，掃除，洗濯），訪問看護士（入浴），ガイドヘルパー
福祉用具利用状況	電動車椅子（屋外），手動車椅子（屋内），自助具，両足の装具
相談先	作業療養士（OT）・都市基盤整備公団

---

(1)　改修の経緯

　32歳で関節リウマチを発症。医師の勧めにより，48歳で膝の人工関節手術を受けるまでは，戸塚区の公団で1人暮らしをしていた。6ヶ月の入院生活になるとの連絡を事前に公団に入れてあったが，手術後の経過が思わしくなく，結果として1年7ヶ月に及んだ。入院中，公団の横浜支部の職員が，病院を訪れた。職員は，公団の建て替え事業を機に，公団の中に障害をもった人が多数入居していることを知り，障害者のための住居について学ぶ必要性を感じた。そこで，退院するまで病院やリハビリセンターに何度となく通い，身体状態（車椅子であることなど）をよく理解する一方，障害者の実情についてヒアリングするなど，本人と公団との歩み寄りがあった。

　退院の目途がつくと同時に，病院のケースワーカーと公団の職員に相談し，公団側の勧めもあって車椅子でも外部から玄関までのアプローチが確保できるよう，エレベーター付きの高層の物件を検討した。入院中だったが，一度だけ下見して決断した。使い勝手など，自分で試してから決めることはできないが，自分をよく理解してくれる担当医，作業療法士（OT）などに何度か出向いてもらい，退院と同時に自立した生活ができるように入院中に改修を進めることにした。

　本人は，一人暮らしだが，できるだけ人的サービスを受けずに，在宅生活をしやすいように工夫したいと要望していた。

(2)　設計の対応

①トイレ

　扉と敷居を外し，車椅子で入れるようにした。移乗のために手すりをつけた。通常の便座高だと膝に負担がかかるので，楽に立ち上がれるようにするため便座を10cmかさ上げして高くした（図9・50）。

　洗面所とトイレの間仕切壁を取りたかったが公団の許可が下りなかった。

②浴室・洗面所

浴室の蛇口が旧式だが，力を入れて握れないため回すのが困難であった。洗面台の収納に脚がぶつかってしまい，車椅子が近づけないので，洗顔がうまくできなかったが公団の許可が下りず改修できなかった。そのため，入浴サービスを利用する。入り口の段差を解消し，手すりをつけ，蛇口を変えるのみとなった（図9・51）。

洗面所は，下部の収納を取り除き（図9・52），鏡の位置を低くした。

③ベランダ

床面と掃き出し窓の下枠，ベランダとで2段階の段差があり，車椅子では出られないため，すのこを使い段差を解消し，金網を使ってさらに掃き出し窓の下枠による車椅子の揺れを防ぐ。金網を下ろすとベランダへ段差なく移動できる。

④玄関

玄関ドアが重たいので簡単に開けられるように，ドアストッパーを外し，軽くする。上り框の段差を解消する。靴箱を撤去し，車椅子が通れるスペースを確保し，スロープをつける。玄関周辺は狭いので車椅子が当たりやすい部分の壁を目立たない色で補強する。

⑤共用部分

共用玄関の階段部分とエレベーターを降りて外廊下へ続く部分にスロープを付け，段差を解消する。

電動車椅子の重さを考慮する。

 図9・49　自助具を使った例

 図9・50　かさ上げした便器

 図9・51　改修できなかった浴室

 図9・52　収納をはずした洗面台

 図9・53　ベランダにすのこを敷く

 図9・54　ベランダとの段差解消

 図9・55　車椅子があたる部分を補修

なお，改修工事費は，横浜市の障害者福祉の補助を受け*，残りは自己で負担であった。

* 収入によって異なる

(3) 改修後の生活

本人は，住宅改修をして自力でできることが多くなった。とても満足している。

共有部分のスロープは公団が付けてくれた。外出の幅が広がったし，とても便利である。よく専門家と話し合って決めたため，不都合はないが，初めての土地であるため心配だった。外出する時には必ず，車椅子でいけるかどうか下調べをする。人の2倍は外出していると思う。福祉機器展示会などに出かけ，新しい福祉設備の知識を得ることができたり，実際に試したりできるので助かっている。自力でできることが増え，肢体障害者会の会長や友の会監査を担うなど，車椅子生活になる前よりも積極的になった。とても今の生活を楽しんでいる。

使い勝手など，自分で試してから決めてはいないが，自分をよく理解してくれるOTが考えてくれ，手すり等とてもよい位置につけられている。OTは今でも時々様子を見に来てくれる。とてもよい相談相手である。

浴室には手すりをつけたが全介助のため使われていない。入浴補助具を使用している。浴槽内で昇降するリフトなど，新しく開発された補助具の検討がなされてもよいだろう。また，緊急通報システムの利用も有効だろう。

図9・56 玄関の簡易スロープ

図9・57 共同玄関のスロープ

図9・58 共同外廊下のスロープ

図9・59 蛇口をレバーに変更

図9・60 車椅子の高さに合わせたキッチン用椅子

図9・61 動線を考えて洗濯機をキッチンの横に

事例1・6 段差解消により車椅子生活を満喫 177

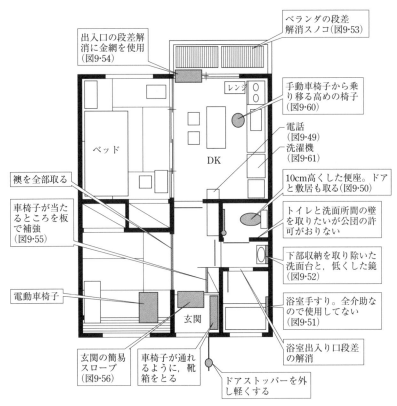

図9・62 間取り図

第10章
計画時からバリアフリーとした住まい

執筆担当：定行　まり子　　橋本　彼路子

事例2・1　老後を見据えて　………………………179

事例2・2　将来への備えが役立つ　………………182

事例2・3　将来を考えた建て替え　………………185

　本章では，新築当初から老後を見越してバリアフリーの
住まいを計画した事例を紹介する。

事例2・1　老後を見据えて　**179**

事例 2・1　老後を見据えて

東京都区部RC造4階建の新築

条件の整理

本人	80代夫婦
身体状況	妻は脚力低下
家族構成	（新築時）夫婦，娘，（現在）夫婦，（階下に息子夫婦）
在宅サービスの利用	訪問リハビリテーション，ディサービス
建築種別	RC造4階建，夫婦は4階に住む
福祉用具利用状況	杖，手すり，歩行車を介護保険でレンタル，シャワーチェア，緊急呼出ボタン（寝室とトイレに設置）
相談先	辻垣建築設計事務所

---

(1)　新築の経緯

夫婦の高齢化に備えた，終の住処としての建て替えが目的であった。道路の拡幅工事が行われるにあたり道路と玄関が接すること，また，建て替え前の住宅では，夫婦の寝室と子供室が2階にあるプランであり，高齢化していく夫婦にはすぐに住みにくくなると予想された。

新築の際には，夫婦がワンフロアで生活できること，将来，車椅子でも生活できるスペースの確保を希望した。福祉住環境の監修を夫婦の娘が行った。主な住まい手は夫婦だが，娘が罹患しているリウマチの療養に使用することがあることにも配慮が必要であった。

(2)　設計の対応

バリアフリーに配慮するとともに落ち着いた空間づくりを目指した。室内のいたるところに無垢材や古材が使用され，RC造でありながらインテリアは木造住宅のように感じら

れるように配慮された。

①スペースの確保

計画では，車椅子生活に対応できるスペースの確保が重視された。

建具はすべて引き戸とした。

玄関のたたきおよび廊下は車椅子でも生活できるように十分なスペースが設けられ，玄関スペースにはベンチを設けた。高い天井高と天窓が設けられていることから開放的な空間となっており，廊下幅は通常より広いが違和感を感じないように配慮した。

②水回りへの配慮（図10・8）

便所1には縦手すりと横手すりを設置した。便所2は，車椅子で使用できる広さを確保した。約1.8m×1.8mの面積の便所内に足元空間の空いた洗面台，水栓にはレバーハンドル，便座の横に上下に可動する横手すりを設置した。便所2は洗面脱衣室と隣接しており，将来，壁面の一部を取り外すことで2室を一体化し，十分な介助スペースを確保でき

るように配慮している。浴室は3枚の引き戸が設置され、座って入れるように縁の幅の広い浴槽を使用している。将来的には、車椅子のまま浴室に入り、浴室用椅子から浴槽縁に移乗して入浴することを想定している。

③取手、コンセント高さなどへの配慮

キッチンは車椅子使用時のために移動距離の短くなるL字型キッチンを採用し、引き出し等、各取手を手掛け部分が大きいものとした。さらに、照明のスイッチなどの操作盤は通常の高さより低く（FL＋1000mm）、コンセントの位置は通常より高め（FL＋450mm）に設置した。車椅子のまま操作しやすい高さとして計画されたものだが、高齢の夫婦にとっても使いやすい高さとなった。

また、寝室とトイレには、緊急呼び出しボタンが設置された。（図10・3）

④気配を感じる仕掛け

高齢期を迎えた夫婦はそれぞれ別の寝室で就寝しているが、互いの寝室の間仕切りは壁ではなく、欄間部分が開いた古材を使用した建具によって仕切られている。この間仕切りは、別室にいても互いの気配を感じられるようにとの、娘の希望により採用された。男性の寝室には北側に小さな書斎スペースが設けられた。この他にも食品庫、倉庫を設け、ゆったりとした空間づくりに配慮した。

(3) 新築後の生活

現在は、80代夫婦が自立して生活している。70代初めにバリアフリー対応の住まいを計画したことで、安心して、ゆとりのある老後を過ごすことが可能となった。

身体状況が変化する前に、住まいの状況変化に対応出来得る年齢であるうちに、バリアフリー対応の住まいを計画しておくことの大切さを再確認させられる事例である。

図10・1　可動手すりを配置した車椅子で使用できる便所

図10・2　木造住宅のようなインテリア

図10・3　緊急呼び出しボタン

図10・4　落ち着いた居間空間

事例2・1 老後を見据えて 181

図10・5 車椅子に対応可能なスペースがある玄関

図10・6 寝室を間仕切る建具

図10・7 L型キッチン

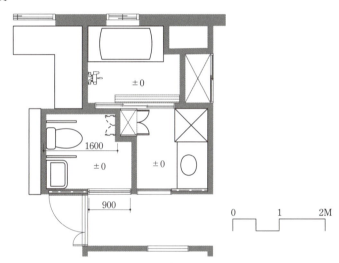

図10・8 水回り平面図

図10・9 平面図

182　第10章　計画時からバリアフリーとした住まい

事例 2・2　将来への備えが役立つ

東京都郊外の新築事例

条件の整理

本人	80代女性
身体状況	脚力低下，鬱病，メニエル氏病
家族構成	（新築時）娘（現在）80代母親（娘は隣居）
福祉サービスの利用	特になし
建築種別	戸建て（木造平屋）
福祉用具利用状況	手すり，シャワーチェア，緊急通報システム，ポータブルトイレ，外出の際は杖歩行
相談先	(有)アトリエ・ビーズ，板東みさ子

---

(1) 新築の経緯

当初は，50代（当時）の娘の終の住処として新築された。将来への備え（高齢になった際の身体状況）を考え，室内には段差をつくらず，車椅子でも移動可能となるように計画された。娘が骨折した際に，しばらく車椅子生活となったが，段差の多いスキップフロアの自宅へ帰ることができず，3ケ月間の入院生活を余儀なくされた。このことが段差のない住まいを計画するきっかけとなった。

現在は，高齢になった80代の母親が住まいとして利用している。バリアフリーの住まいは，将来，家族の誰かがバリアフリーを必要とする身体状況になった際に，必要に応じて対応し得るものであると，家族は実感している。

(2) 設計の対応

①ワンルーム空間の構築

新築時は，ひとり暮らしの娘のために，ト

イレ・浴室以外はワンルームとし，寝室，ダイニング，キッチンを配置。ベッドから室内への見通しがきくように計画された。将来，ヘルパーなどの支援を受ける際に，人の動きをベッド上から把握することが可能なように考えられている。

ベッドが置かれたスペースに隣接して洗面，トイレ，浴室を設置。病に伏した際に，スムースに水回りに行くことができるようにした。

ダイニングスペースは，キッチンと隣接し，配膳が楽に行えるように配慮された。キッチンはダイニングに連続した通路に配置され，車椅子でも使用可能である。ワンルームの西側には，庭に面して出窓が設けられ，北側にはテラス戸があり，通風に配慮している。

東側は道路であるため，開口を少なくし，ほとんどが収納，一部キッチンとなっている。

ワンルームではあるが，居室として利用する部分の天井の高さは，通路として利用する

部分の天井より高くなっており，室内空間は変化に富む。建具はすべてガラスのスリットのある木製引き戸で，欄間部分も透明なガラスで計画されている。そのせいか，小さな住まいだが，閉塞感はない。床には，ガスによる温水床暖房が設置されている。

②水まわりへの配慮

前述したように，水まわりは，ベッドから至近距離にあり，病に伏した際にも，負担なくアプローチできるように考えられている。便所には，便器の左側に，横手すりと縦手すりを設置。右側には洗面台があり，仮に身体の左側がマヒした場合は，洗面台の上を手すり代わりに使用できる。

便所のとなりは，三枚の引き戸で仕切られた浴室となっている。洗面所から浴室への床に段差はない。浴室も，ベッドから至近距離でアプローチ可能である。

問題は，スペースで，介助のためのスペースが足りない可能性がある。

図10・10　寝室からトイレの扉をみる

図10・11　キッチン，シンク取り外し可

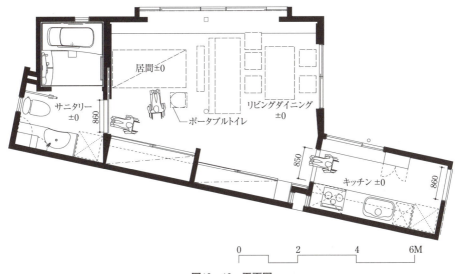

図10・12　平面図

(3) 現在の生活

　当初は，将来に備えての「終の住処」としての新築住宅であった。娘が将来車椅子でも生活できるように考えられた住まいである。現在は，母親が居住している。

　母親は，持病の眩暈でベッドから立ち上がるのも難しい状態になることもあるため，ベッドサイドにポータブルトイレを置いている。薬が効くまでの間は，介助が必要になるが，ベッドから水回りが至近距離にあるため，安心感があるという。

　ガスの温水床暖房は，ガス代は高額になるが，冬の寒さをしのぐには快適であり，母親は気に入っている。

　高齢期に入ってからの住宅の住み替えでも，娘の住まいをバリアフリーしておいたことで，安心して暮らしていくことができた。

　新築のきっかけは娘の骨折であったが，その時点でバリアフリーの住空間を計画したことで，時を経て，高齢の家族も助けられた。

　家族の誰かが，バリアフリーを必要とする身体状況となった時に，それに対応しうる住空間に配慮しておくことの大切さが窺える事例である。

図10・13　トイレと洗面所

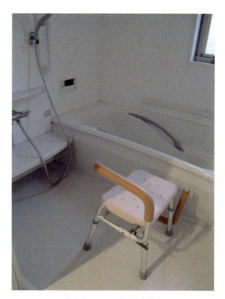

図10・15　浴室内部

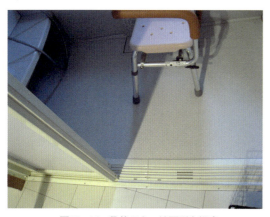

図10・14　段差のない洗面所と浴室

事例 2・3　将来を考えた建て替え　**185**

事例 2・3	将来を考えた建て替え
	東京・大田区の二世帯住宅

---**条件の整理**---

本人	92歳女性
身体状況	自立，高齢による身体能力の低下
家族構成	本人，60代息子夫婦，孫
建築種別	戸建て（新築）
在宅サービスの利用	特になし
福祉用具利用状況	屋外手動車椅子
相談先	建築家　大杉眞奈美

(1)　建て替えの経緯

　近隣商業地域で，南側に３階建が建っており，暗く，朝から照明をつけていた。戦後から何度も建て増しを繰り返してきたため，段差が多く，廊下のない続き間で，家族が奥の部屋へ行くには他の寝室を通り抜けていくようなプランだった。また，居間は，家族が食事をする場所であったり，入浴の際に脱衣室も無く冷え切った廊下で脱ぎ着したりと，家族全員にとって生活するうえで不都合が多かった。

　本人の身体能力をみると，歩行は可能だが，段差が多いこともあって，動くのが億劫であり，一日中ベッドに寝て，テレビをつけっぱなしで過ごしていた。車椅子を使用したかったが，屋内に車椅子が通れるくらいの通路幅が確保できなかったため，普通の椅子（車椅子よりも幅が小さい）の脚に車輪をつけてそれに座って移動していた。

　息子夫婦を中心とした世帯に加え，孫が所帯を持つことを想定し，二世帯住宅への建替えに踏み切ることにした。

　本人は，家の中で一番日当たりが良く暖かい場所に住みたい，息子は，天井の高い，100年もつ家にしたい，息子の妻は高齢になったときに暮らしやすい家にしたい，と要望した。孫は，細かく部屋を区切るのではなく広々とした家にしたいと要望した。

(2)　設計の対応

　家族構成の変化や生活スタイルの変化に追随できるような居間中心の一体型可変プランを追及した計画とした。段差を無くすなどバリアフリーを徹底するとともに，建替えによって本人の日常生活にあまり変化が起きないようなプランを提案した。

　本人は１階での生活を想定した計画とした。１階と２階の書斎が息子夫婦用，２階とロフト階が孫の家族を想定した世帯用とする。60代の夫婦にはリタイア後の生活を家中心にエンジョイできるよう，明るく快適な広々とした空間を，孫にはこれから家族を創

っていくという意味で間仕切り可変のワンルームスタイルを2階に計画した。

中庭に面した一番日のあたるところを本人の部屋とし，常に中庭の自然を鑑賞できるようにする。要望通り，日当たりの良い部屋を提供するとともに，トイレへの動線を短くしたり，家中どこへも移動しやすいように，家の中央に配置した。

居間は吹き抜けで壁面はガラス張りとし，日照を最大限確保できるよう計画した。

さらに，段差の解消とともに，通路部分以外には床暖房を設置し温度差による体への負担のない，安全で快適な生活を提案する。車椅子生活であっても対応できるよう，キッチンや洗面化粧台は足元に空間を持たせる（図10・22，23，24）。また，玄関や通路なども広く取り，建具はすべて引き戸とした（図10・19）。浴室の手すりは現場で本人立会いの上，位置を決定した（図10・25）。

(3) 建て替え後の生活

本人は，段差がないため，動くのが苦ではなくなった。浴室や脱衣所も床暖房で寒くないし，お風呂も浴槽のふちに一度座ってから入れるからまたぎやすく，安心で，億劫ではなくなったと語る。

明るくて広いし，風通しもいいから気持ちがいい。和室は落ち着くうえに，ちょいと座れる高さになっているから楽で，和室まで歩いていこうという気持ちになる。建替えて良かったという。

息子の妻は，間仕切りを変えることによってどんな間取りにもできるため，来客時や季節の移り変わりに合わせて空間を楽しめる。

図10・16　外観

図10・17　玄関ホールから見た坪庭

図10・18　玄関ホール

図10・19　アプローチ（スロープ）

図10・20　本人の部屋からみる

段差がなくなり，電気のスイッチが低い位置に設置されるなど，おばあちゃんが一人で家の中を動けるようになったので，予想はしていなかったが，介護らしいことはほとんど必要なくなったと語る。自分達が歳をとっても安心であるという。

今後は，本人だけでなく，60歳を過ぎた息子夫婦の加齢による体調の変化に伴い，手すりの設置を検討したり，孫の家族構成によって変化する住要求を把握することが大切である。可変性のある間取りが，今後の暮らし方に対応していくものと思われる。

図10・21　本人の部屋からトイレ方向を見る

図10・22　車椅子対応キッチン

図10・23　洗面化粧台

図10・24　車椅子に対応して収納が取り外せる

188　第10章　計画時からバリアフリーとした住まい

図10・25　手すり位置の確認

図10・26　床をあげ和室とリビングのテーブルの高さを揃える

図10・27　近所の人たちを呼んで団らん

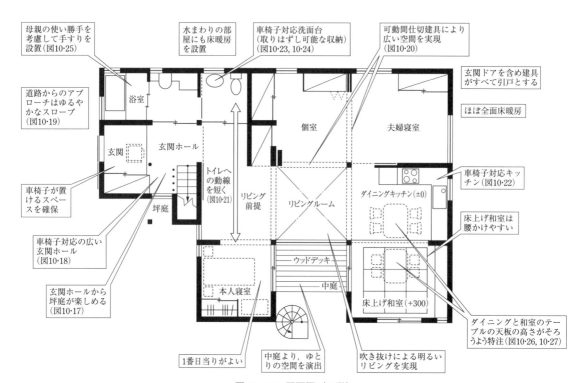

図10・28　平面図（1階）

第11章
ライフステージに配慮した住まい

執筆担当：定行　まり子　　橋本　彼路子

事例3・1　将来を見据えた二世帯隣居の住宅　………190

事例3・2　ライフステージに配慮した新築事例　……194

　本章では，新築時から，家族のライフステージに配慮し，
軽微な変更で，車椅子対応のバリアフリーの住まいに対応
できる事例を紹介する。

190 第11章 ライフステージに配慮した住まい

<table>
<tr><td style="background:#1a7fc4; color:white; text-align:center; font-weight:bold;">事例
3・1</td><td>将来を見据えた二世帯隣居の住宅（都区部の新築事例）
 （A邸，B邸） </td></tr>
</table>

条件の整理

【A邸】

本人	80代女性
身体状況	自立
家族構成	本人と娘夫婦
在宅サービスの利用	特になし
建築種別	木造3階建
福祉用具利用状況	手すり
相談先	スタジオ3　橋本彼路子氏

【B邸】

本人	80代女性
身体状況	歩行困難
家族構成	本人と妹，妹の娘
在宅サービスの利用	デイサービス
建築種別	木造3階建
福祉用具利用状況	手すり
相談先	スタジオ3　橋本彼路子氏

(1) 新築の経緯

2つの世帯の夫婦の夫同士が兄弟であった。夫2人が逝去後，同一敷地内に2世帯隣居の戸建て住宅を計画。A邸では80代女性と娘夫婦，B邸では80代女性と妹，妹の娘が同居することを前提に計画された。80代女性2人は，住み慣れた土地での生活を望んでおり，高齢期での建て替えとなった。

A邸では80代女性を娘が介護すると想定し，屋外空間に駐車スペースを設けることを希望した。一方，B邸では80代女性の妹の娘が介護すると想定し，3人で共に暮らす生活の場を希望した。

その後，A邸では当初の居住予定者の他に娘夫婦の子ども家族（孫家族）の4人が同居している。3階の個室のうち1室を孫家族が寝室として利用し，生活を共にしている。女性の介護は当初の予定通り娘が行っている。B邸では，その後80代女性が逝去し，妹とその娘の2人で生活している。

(2) 設計の対応

同一敷地内で隣居する2つの住戸は，その暮らしも間取りも異なる。

【A邸】

　A邸の1階部分は，玄関の他に女性の寝室と便所，浴室が配置された。敷地を東西で分割したため建築面積及び住宅の平面形状が細長くなり，便所は廊下と平行に配置された。便所を囲む壁面のうち，1面は全部スライドすることができる引き違い戸になっている。便所に隣接するもう一方の引き違い戸のわきには階段収納を設けた。浴室は一般的なユニットバスを設置し，女性は娘の介助で入浴している。廊下部分を始めとして壁下地にベニヤ板を用いているため，必要に応じて手すりを設置できる。女性の寝室は玄関スペースと対面するように配置されていることから，寒さ対策（ヒートショック対策）として，玄関との間に，昼用の扉と夜間用の扉として，開き戸と引き戸を1枚ずつ設け，段階的に区切り，独立性が保てるようにした。全室に床暖房を設置した。

　2階部分に広々としたリビング，ダイニングおよびキッチン（以下LDK）を設けた。

【B邸】

　建て替える以前から，居住予定の3人（本人と妹，妹の娘）で過ごすことが多かったため，建て替えた後も食事をはじめとする生活全般を共にすることを前提としていた。

　そこで，一階部分に寝室，シャワー室（座れるユニットシャワー），トイレ，キッチン，ダイニングを配置し，来客にも対応できるようにした。簡単な改修で車椅子での生活が可能となるように配慮している。

(3) 新築後の生活

【A邸】

　住み始めた頃は80代女性の階段昇降が可能だったため，女性は食事の度にLDKまで階段を昇っていた。現在は階段昇降が困難になり，朝食は前日に，昼食は当日に本人が外出して買いに行き，夕食は娘が2階から運んでいる。

　LDKのキッチンスペースは出窓をカウンターとし，アイランドキッチンも食事スペースとして使用することで，人数が増えても対応できるように配慮している。3階は寝室が2つ設けられ，一方は娘夫婦，もう一方は孫家族が使用している。B邸と共有する壁面側はすべて収納が配置され，両住宅の緩衝材の役割も担っている。

図11・1　外に出やすい工夫

図11・2　直線的動線

図11・3　階段の一段目を玄関の椅子として使用できる

192　第11章　ライフステージに配慮した住まい

図11・4　A邸では，昼夜に利用する扉をかえる

図11・5　外観

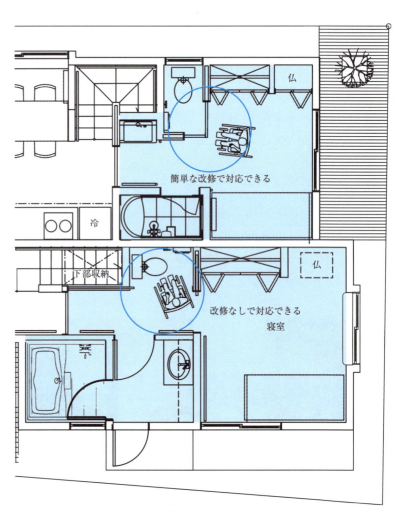

図11・6　改修を見越したプランの工夫

事例3・1　将来を見据えた二世帯隣居の住宅　193

図11・7　平面図

194 第11章　ライフステージに配慮した住まい

事例 3・2　ライフステージに配慮した新築事例

東京都区部（品川区）

条件の整理

家族構成　50代夫婦と子ども2人

身体状況　現在は全員健常

相談先　　スタジオ3　橋本彼路子氏

---

(1)　新築の経緯

耐震性に問題があることから，建て替えを決意した。夫婦の希望は，水回り・仕事場を1階に配置すること，駐車スペースを確保すること，リビングを中心とした，声をすぐにかけられるような，人の気配を感じられる住宅にすること，安全に暮らせることであった。

建て替え時，家族の中に高齢者も介護が必要な人もいなかった。夫婦は，長期ビジョンとして2世帯住宅の可能性は予想していたが，自分達が介護や車椅子生活になるところまでは想定していなかった。しかしながら，設計者の提案を受けて，意識し始める。家族構成は建て替え前後で変わらず，高齢期を迎えた家族もまだいないため，竣工時と同じ状態であるが，将来に備えた，簡単な改修でバリアフリー対応となる住まいとする。

(2)　設計による対応

狭い敷地面積に対して，最大限の広さを持つ戸建て住宅である。夫婦の希望を叶えるべく，3階建てのうち，1階に仕事場，水回り，夫婦寝室，2階にリビング・ダイニング・キッチンスペースをまとめ，3階に2人の子ども部屋，屋上テラスが設けられた。

中でも1階部分は，現在の生活から2世帯での生活になった時，車椅子生活になった時，に対応できるよう，改修可能な間取りとした。

(3)　新築後の生活

現状では，女性の仕事場と夫婦寝室，水まわりを独立して配置しているが，夫婦が子ども夫婦と2世帯住宅として住む際には，仕事場の位置にキッチン設備等を設け，夫婦世帯が1階のみで生活できるように，予め計画されている。また，身体状況により，介護や車椅子が必要になった場合は，水回り空間や出入り口・廊下幅を広くとる必要が出てくる。そのため，間仕切り壁の一部を撤廃，移動させ，夫婦寝室と水回り空間の一体化を図ることができるように配慮されている。

その際の住まいへの出入り口は，現仕事場の長手方向に設けられた開口部が掃き出し窓になっていることから，そこから出入りすることが可能なように計画された。また，浴室ユニットバスも隣接する夫婦寝室の造り付家具を取り外すことでユニットバスを取り出せるだけの幅を確保し，ユニットバスの交換が可能となるように配慮している。

エレベーターの設置は，規模やコストの点

から難しかったため，将来は，1階は親世帯の生活の場として改築し，2階と3階は息子世帯とすることが可能となるようにした。

コンクリート造のため，将来の改修を考えると，壁をどこに入れるか，ということがとても大切になる。前述したように，1階の親世帯の住まいは，少し改装すれば車椅子使用が可能となるようにし，施主の将来の住まい方についても，配慮した計画としている。

図11・8　外観　　図11・9　日照と視線を調整するルーバー

図11・12　リビングとダイニングは連続性のある独立的な空間

図11・10

図11・13　キッチン

図11・11　ルーフテラス

図11・14　学習塾
学習環境性能の向上
（合せ＋ペアガラスの遮音）
（視線を遮り安定した光窓）
（一斉避難できる複数出口）

第11章 ライフステージに配慮した住まい

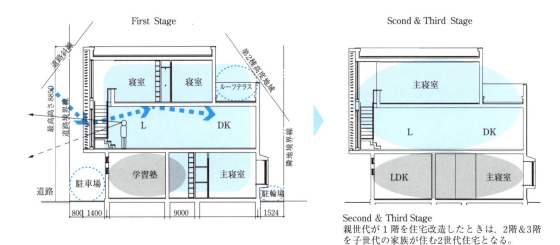

図11・15 ライフステージに対応した断面計画

図11・16 ライフステージに対応した平面計画

参考文献

第1章～第3章

内閣府「平成19年度版高齢社会白書」ぎょうせい 2007年

総理府障害対策推進本部担当室監修「障害者施策の基本」中央法規出版 1995年

障害者福祉研究会編「障害者のための福祉2002年」中央法規出版 2002年

障害者福祉研究会編「ICF国際生活機能分類－国際障害分類改訂版－」中央法規出版 2002年

東京商工会議所編「福祉住環境コーディネーター検定1級テキスト」東京商工会議所 2002年

東京商工会議所編「福祉住環境コーディネーター検定2級テキスト改訂版」東京商工会議所 2001年

東京商工会議所編「福祉住環境コーディネーター検定3級テキスト改訂版」東京商工会議所 2003年

「日経アーキテクチュア2002年6-10号」日経BP社

石川誠編「高齢者ケアとリハビリテーション」厚生科学研究所 2000年

井上千津子「介護福祉とは何か」一橋出版

江草安彦「ノーマリゼーションへの道」全社協 1992年

川内美彦「ユニバーサルデザイン」学芸出版社 2001年

巽和夫 他「住環境の計画2 住宅を計画する」彰国社 1995年

楢崎雄之「図解高齢者・障害者を考えた建築設計」井上書院 2000年

米木克雄「在宅介護時代の家づくり 部屋づくり」寿郎社

第4章

吉川和徳「生活機能向上のためのベッドの選び方・使い方」福祉介護テクノプラス2017.8 2017年

大橋謙策「わが国におけるソーシャルワークの理論化を求めて」日本のソーシャルワーク研究・教育・実践の60年」相川書房 2007年

日本シーティング・コンサルタント協会HP

https://seating-consultants.org/study/assessment/hohherjssc/（参照2018.8.19）

テクノエイド協会編「福祉用具プランナーテキスト第2版」2008年

吉川和徳「福祉用具活用のための基本的考え方」訪問理学療法技術ガイド 文光堂 2014年

吉川和徳「「生活」からみる姿勢と動作のとらえ方」地域リハビリテーション Vol.12No.3 2017年

野村歓編「住環境のバリアフリー・ユニバーサルデザイン」彰国社 2015年

第5章

日本建築学会編「コンパクト建築設計資料集成 バリアフリー」丸善 2002年

野村歓・高山忠雄編著「長寿社会総合講座6 高齢者の住環境」第一法規出版 1993年

日本建築学会編「建築設計資料集成－福祉・医療」丸善 2002年

第6章

World Health Organization「ICF：International Classification of Functioning. Disability and Health」WHO 2001年

日本規格協会編「JISハンドブック2007(38) 高齢者・障害者等」日本規格協会 2007年

テクノエイド協会編「福祉用具プランナーテキスト 福祉用具の適応技術」三菱総合研究所 1997年

テクノエイド協会編「福祉用具プランナーテキスト 住宅改造」三菱総合研究所 1997年

テクノエイド協会編「介護保険福祉用具ガイドブック2001～2002」中央法規出版 2001年

東京商工会議所編「福祉住環境コーディネーター検定2級テキスト改訂版」東京商工会議所 2001年

日本リハビリテーション工学協会福祉用具評価検討委員会編「ベッドの選び方・使い方」日本リハビリテーション工学協会福祉用具評価検討委員会 2000年

シルバーサービス振興会編「福祉用具専門相談員研修用テキスト」中央法規出版 2000年

井上剛伸・Geoff FERNIE・P. L. Santaguida「介助用リフト使用時の介助者の腰部負担」バイオメカニズム学会編，「バイオメカニズム15 −形の動きの探求−」東京大学出版会 2000年

山崎信寿・山本真路・井上剛伸「移乗介助動作の計測と腰部負担の評価」バイオメカニズム学会編「バイオメカニズム16 −生体の物理・運動特性を求めて−」東京大学出版会 2002年

市川　洌「ホイストを活かす吊具の選び方・使い方」三輪書店 1996年

市川　洌「ケアマネジメントのための福祉用具アセスメント・マニュアル」中央法規出版 1998年

井上剛伸・山崎信寿「移乗介助機器使用時の身体的負担」バイオメカニズム学会誌，Vol.25，No.3，123-129，2001

坂本啓治「福祉用具とこれからの住環境 −わが家に住み続けるため−」久美株式会社 2001年

服部一郎「リハビリテーション技術全書　第2版」医学書院 1996年

ピーター・アクセルソン他（日本リハビリテーション工学協会　車いすSIG訳）「手動車いすトレーニングガイド」医学書院 2000年

宮地良樹・真田弘美著「よくわかって役に立つ　褥瘡のすべて」永井書店 2001年

ISO999「Assistive products for persons with disability」Classification and terminology 2007年

上田敏監修　伊藤利之，大橋正洋，千田富義，永田雅章編集「標準リヒバリテーション医学 第3版」医学書院 2012年

第7章

日本建築学会編「コンパクト建築設計資料集成　バリアフリー」丸善 2002年

東京商工会議所編「福祉住環境コーディネーター検定試験2級公式テキスト改訂版」東京商工会議所 2011年

東京商工会議所編「福祉住環境コーディネーター検定試験2級公式テキスト改訂4版」東京商工会議所 2016年

総務省統計局「平成15年住宅・土地統計調査結果」

総務省統計局「平成20年住宅・土地統計調査結果」

総務省統計局「平成25年住宅・土地統計調査結果」

「高齢化対応住宅リフォームマニュアル」(財)日本住宅リォームセンター 1992年

「ハンディキャップ者配慮の設計手引き」日本建築学会設計計画パンフレット26 1981年

「バリアフリーブック　住まいの水まわり編」東陶陶器(株) 2003年

インテリア産業協会「暮らしとインテリア」産能大学出版部 2001年

パナソニックHP「ライフスタイルを考えた，照明器具の選び方」
http://sumai.panaconic.jp/sumai_create/setsubi/201105/（参照2018.2.25）

日本建築学会編「建築設計資料集成−人間」丸善 2003年

インテリア産業協会「高齢者のための照明・色彩計画」産能大学出版部 1999年

岩井彌「高齢者の視覚特性を考慮した照明方法」松下電工技報(Aug.2003)松下電工 2003年

第8章

白濱謙一編「建築計画・設計シリーズ41　新・住宅Ⅰ」市ヶ谷出版社 2003年

日本建築学会編「第2編コンパクト建築設計資料集成〈住宅〉」丸善 2006年

NPO生活・福祉環境づくり21監修「介護保険に係る住宅改修実践事例演習テキスト」厚有出版 2002年

東京商工会議所編「福祉住環境コーディネーター検定試験2級公式テキスト改訂版」東京商工会議所 2011年

熊本県住宅供給公社UDモデル住宅Ⅱ「光の森」パンフレット

「バリアフリーブック　住まいの水まわり編」東陶陶器㈱　2003年

インテリア産業協会「暮らしとインテリア」産能大学出版部　2001年

長澤泰監修・浅沼由紀他「高齢者の住まい」市ヶ谷出版社　2014年

日本建築学会編「コンパクト建築設計資料集成　バリアフリー」丸善　2002年

建設省住宅局監修「長寿社会対応住宅設計マニュアル　戸建住宅編」(財)高齢者住宅財団　1995年

第9章〜第11章

「建築壁材別　手すり施工手順の解説　住宅用手すり編」東陶機器　2002年

「バリアフリーブック　住まいの水まわり編」東陶機器　2002年

日本建築学会編「コンパクト建築設計資料集成　バリアフリー」日本建築学会　2002年

インテリア産業協会・インテリアコーディネートブック編集委員会編「住まいのリフォーム」
　　社団法人インテリア産業協会　2001年

家の光協会「住宅ケアハンドブック　高齢者にやさしい住宅増改築実例集」家の光協会　1997年

シルバーサービス振興会編「事例でみる　住宅改修の実際−介護保険対応版」中央法規出版　2002年

高齢社会住宅設計研究会編「高齢社会住宅設計モデル集　健康に・美しく・住み続ける」
　　新日本法規出版　1998年

増改築相談員テキスト作成委員会編「高齢化対応住宅リフォームマニュアル」住宅リフォーム・紛争処理
　　支援センター　1990年

索　引

あ

ISO 9999 …………63，86，87
ICF …………………20，56
足部……………………100
脚分離形スリング…………82

い

医学モデル…………19，45
移乗動作…………………41
一足一段…………………43
居間……………………147

え

エアマット………………66
エルボークラッチ…………86

お

起上り／横になる動作……37
起上り動作………………37
押しボタン入力装置………94
音声認識装置……………72

か

臥位……………………37
介護支援…………………66
介護負担の軽減…………55
介護保険制度……………23
外出行為…………………49
介助動作…………………112
介助用電動車椅子…………95
階段……………………143
階段，段差昇降動作………43
家具……………………118
覚せい度…………………69
かさ上げ…………………107
下肢装具…………………101
下腿義足…………………100
活動……………………33
環境圧力…………………57

環境制御装置

環境制御装置……………72
関節可動域………………75

き

起居様式…………………8
義肢……………………100
義手……………………101
義足……………………100
キッチン…………………147
基本動作…………33，45
QOL……………………55
共助……………16，5
緊急コール………………127

く

グラブバー………………108
車椅子……………………111
グレーチング……………106

け

頸髄損傷…………………84
玄関……………………157
肩甲帯……………………82
現在時刻…………………102

こ

行為……………………33
後期高齢者………………2
公助……………………16
更生相談所………………67
高齢者が居住する住宅の
　設計に係（かか）る指針
　　　　　　………28，104
高齢者住まい法……………28
高齢者等配慮対策等級……104
呼気スイッチ……………72
国際生活機能分類…20，45，63
互助……………………5
骨粗しょう症……………83

コミュニケーション

コミュニケーション
　ロボット………………102

さ

サービス付き高齢者住宅……29
座位……………………37
座位移乗動作……………41
座位姿勢…………………69
在宅重度障害者住宅改造費
　助成制度………………31
サイドレール…………68，72
座位能力…………………39
作業療法士………………73
サニタリー………………135

し

シート形スリング…………82
JIS規格…………………81
敷居段差…………………107
式台……………………152
支持基底面………………35
四肢マヒ者………………79
自助……………………16
自助具……………………73
姿勢……………………33
姿勢変換…………………69
自走用標準形車椅子………89
下地補強…………………110
社会モデル…………19，45
シャワーキャリー……76，78
シャワーチェア…………76
重心……………………35
重心線……………………35
住生活基本計画………104，27
住生活基本法……………27
住宅改造…………………60
住宅用火災警報器………127

重力‥‥‥‥‥‥‥‥‥‥35
手動車椅子‥‥‥‥‥‥‥88
ジョイスティック‥‥‥‥93
障害者基本法‥‥‥‥‥‥10
障害者差別解消法‥‥‥‥15
障害者住宅整備資金貸付
　制度‥‥‥‥‥‥‥‥‥31
障害者総合支援法‥‥‥‥25
障害者の権利条約‥‥‥‥17
照明方式‥‥‥‥‥‥‥119
食事行為‥‥‥‥‥‥‥‥46
食事室‥‥‥‥‥‥‥‥145
褥瘡‥‥‥‥‥‥‥‥‥‥66
上肢装具‥‥‥‥‥‥‥101
上腕義手‥‥‥‥‥‥‥101
自立支援‥‥‥‥‥‥‥‥66
自立の支援‥‥‥‥‥‥‥54
寝室‥‥‥‥‥‥‥‥‥133
身体障害‥‥‥‥‥‥‥‥10
真のニーズ‥‥‥‥‥‥‥66

す

スケジュール‥‥‥‥‥102
スマートフォン‥‥‥‥102
スライディングシート‥‥80
スリング‥‥‥‥‥‥‥‥81
スロープ‥‥‥‥‥105，98

せ

生活福祉資金貸付制度‥‥31
精神障害‥‥‥‥‥‥‥‥10
設置式リフト‥‥‥‥‥‥84
能動義手‥‥‥‥‥‥‥101
前期高齢者‥‥‥‥‥‥‥2
洗面・脱衣室‥‥‥‥‥135
前腕義手‥‥‥‥‥‥‥101

そ

装具‥‥‥‥‥‥‥‥‥100
装飾用義手‥‥‥‥‥‥101

た

第1号被保険者‥‥‥‥‥24
体幹装具‥‥‥‥‥‥‥101

大腿義足‥‥‥‥‥‥‥100
第2号被保険者‥‥‥‥‥24
多職種協働‥‥‥‥‥‥‥50
立ち上がり／着座動作‥‥40
縦手すり‥‥‥‥‥‥‥109
短下肢装具‥‥‥‥‥‥101
段差‥‥‥‥‥‥‥‥‥‥7
端座位‥‥‥‥‥‥‥‥‥69
段差解消機‥‥‥‥‥‥‥98
単独世帯‥‥‥‥‥‥‥‥4

ち

地域自立生活‥‥‥‥‥‥33
地域包括ケアシステム‥‥15
チームアプローチ‥‥‥‥67
知的障害‥‥‥‥‥‥‥‥10
超高齢社会‥‥‥‥‥‥‥2
長下肢装具‥‥‥‥‥‥101

て

T字杖‥‥‥‥‥‥‥‥‥86
適合‥‥‥‥‥‥‥‥‥‥67
手先具‥‥‥‥‥‥‥‥101
天井走行式リフト‥‥‥‥81
電動介護用ベッド‥‥‥‥68
電動車椅子‥‥‥‥‥‥‥93

と

トイレ‥‥‥‥‥‥‥‥137
道路交通法‥‥‥‥‥‥‥94
把手‥‥‥‥‥‥‥‥‥115

な

ナースコール‥‥‥‥‥‥70

に

ニーズ‥‥‥‥‥‥‥‥‥66
2軸回転機構‥‥‥‥‥‥84
二次障害‥‥‥‥‥‥‥‥67
二足一段‥‥‥‥‥‥‥‥43
入浴行為‥‥‥‥‥‥‥‥48
入浴用リフト‥‥‥‥‥‥77
認知症‥‥‥‥‥‥‥‥102

ね

寝返り‥‥‥‥‥‥‥‥‥69

寝返り動作‥‥‥‥‥‥‥37
熱交換型換気扇‥‥‥‥122

の

能動義手‥‥‥‥‥‥‥101
ノーマライゼーション‥‥14

は

徘徊感知機‥‥‥‥‥‥102
排泄行為‥‥‥‥‥‥‥‥47
バスボード‥‥‥‥‥‥‥77
バリアフリーデザイン‥‥17
バルコニー‥‥‥‥‥‥153
ハンドレール‥‥‥‥‥108

ひ

被介助者‥‥‥‥‥‥‥‥79
引き戸‥‥‥‥‥‥‥‥114
膝継手‥‥‥‥‥‥‥‥100
肘装具‥‥‥‥‥‥‥‥101
肘継手‥‥‥‥‥‥‥‥101
開き戸‥‥‥‥‥‥‥‥114
品確法‥‥‥‥‥‥‥‥‥31

ふ

夫婦のみの世帯‥‥‥‥‥4
フォローアップ‥‥‥‥‥67
幅員‥‥‥‥‥‥‥‥‥‥8
福祉用具専門相談員‥‥‥50
福祉用具の選択‥‥‥‥‥65
福祉用具分類コード95
　（CCTA95）‥‥‥‥‥63
福祉用具法‥‥‥‥‥‥‥63
服薬支援器‥‥‥‥‥‥102
不随意運動‥‥‥‥‥‥‥84
プラットホームクラッチ‥86
不慮の事故‥‥‥‥‥‥‥9

へ

平面計画‥‥‥‥‥‥‥131
ベッド高‥‥‥‥‥‥‥‥69
ベッドボトム‥‥‥‥68，70
ベルト形スリング‥‥‥‥82
便器‥‥‥‥‥‥‥‥‥124

ほ

防湿土間コンクリート	106
ポータブルトイレ	75
ホームエレベータ	99
ホームオフィス	151
歩行器・歩行車	87
歩行周期	42
歩行動作	42
補高便座	74

ま

股義足	100
またぎ動作	43
股継手	100

も

木製椅子型	75

モ

モジュール	111
持ち上げ（リフト）移乗動作	41

ゆ

床走行式リフト	81, 85
床段差	107
床暖房	120
ユニバーサルデザイン	17, 63

よ

要介護認定	24
腰痛	69
浴室	140
浴槽	124
浴槽内昇降機	77
横手すり	109

り

リーチャー	73
立位	41
立位移乗動作	41
リハビリテーション	19
リフト	81

る

ルームエアコン	120

れ

レール走行式	84

ろ

廊下	142
ロフストランド・クラッチ	86

わ

ワンルーム化	113

〔監　修〕　長澤　　泰　Yasushi NAGASAWA
　　　　　　　1968年　東京大学工学部建築学科卒業
　　　　　　　1978年　北ロンドン工科大学大学院修了
　　　　　　　1994年　東京大学工学系研究科建築学専攻　教授
　　　　　　　2015年　工学院大学副学長，建築学部長，
　　　　　　　現　在　東京大学名誉教授，工学院大学名誉教授，工学博士

〔編修・執筆〕　水村　容子　Hiroko MIZUMURA
　　　　　　　1998年　日本女子大学大学院人間生活学研究科　生活環境学専攻修了
　　　　　　　現　在　東洋大学　ライフデザイン学部　人間環境デザイン学科　教授　博士(学術)

〔執　　筆〕　浅沼　由紀　Yuki ASANUMA
（五十音順）　1984年　東京工業大学大学院総合理工学研究科　社会開発工学専攻修了
　　　　　　　現　在　文化学園大学教授，博士(工学)

　　　　　　　井上　剛伸　Takenobu INOUE
　　　　　　　1989年　慶應義塾大学大学院理工学研究科　機械工学専攻修士課程修了
　　　　　　　現　在　国立身体障害者リハビリテーションセンター研究所
　　　　　　　　　　　福祉機器開発部部長，博士(環境学)

　　　　　　　定行まり子　Mariko SADAYUKI
　　　　　　　1988年　東京工業大学大学院理工学研究科　博士課程建築学専攻修了
　　　　　　　現　在　日本女子大学教授　工学博士

　　　　　　　橋本彼路子　Hiroko HASHIMOTO
　　　　　　　1984年　日本女子大学家政学部住居学科卒業
　　　　　　　1989年　東京工業大学大学院理工学研究科建築学専攻修了
　　　　　　　2007年　日本大学大学院理工学研究科建築学専攻博士課程後期(社会人入学)修了
　　　　　　　現　在　STUDIO3，博士(工学)

　　　　　　　吉川　和徳　Kazunori YOSHIKAWA
　　　　　　　2011年　日本社会事業大学大学院社会福祉学研究科　博士前期課程修了
　　　　　　　現　在　一般社団法人福祉用具活用相談センター　理事長，株式会社ふつうのくらし
　　　　　　　　　　　研究所代表取締役，理学療法士

初めて学ぶ　福祉住環境（第三版）

2004 年 8 月 20 日	初　版　発　行	
2008 年 3 月 6 日	新　版　発　行	
2018 年 10 月 15 日	第　三　版　発　行	

　　　　　　監　修　　長　澤　　　泰
　　　　　　発行者　　澤　崎　明　治
　　　　　　　　　印刷/廣済堂　　　　製本/三省堂印刷
　　　　　　　　　図版/丸山図芸社

　　　　　発行所　　株式会社市ヶ谷出版社
　　　　　　　　　　東京都千代田区五番町 5
　　　　　　　　　　電話 03 - 3265 - 3711(代)
　　　　　　　　　　FAX 03 - 3265 - 4008
　　　　　　　　　　http://www.ichigayashuppan.co.jp

Ⓒ 2018　　　　　　　　　　　　　ISBN 978-4-87071-008-5